PyTorch로 시작하는 딥러닝

PyTorch로 시작하는 딥러닝

딥러닝 기초에서 최신 모던 아키텍처까지

비슈누 수브라마니안 지음 김태완 옮김

Packt>
에이콘

나에게 이 책을 집필할 수 있는 영감을 준 제르미 하워드Jeremy Howard와
레이첼 토머스Rachel Thomas 그리고 항상 사랑하는 우리 가족에게

– 비슈누 수브라마니안Vishnu Subramanian

에이콘출판의 기틀을 마련하신 故 정완재 선생님 (1935-2004)

서문

지난 몇 년간 비슈누 수브라마니안과 함께 일했다. 그는 뛰어난 역량과 성과를 내는 열정적인 테크노-분석 전문가다. 빅데이터, 머신 러닝, 인공지능에 대한 뛰어난 통찰을 갖고 있고, 문제와 솔루션의 실제 의미를 파악하고 분석하는 역량이 뛰어나다. 그의 지인이며 Affine의 CEO로서 이 책의 서문을 쓰게 돼 영광이다.

Fortune 500 기업이 딥러닝 솔루션으로 성공하는 사례가 크게 늘어나면서 점차 신속한 프로토타이핑의 중요성이 강조되고 있다. 파이토치는 세상에 공개된 지 1년밖에 안 된 프레임워크다. 데이터 분석 프로젝트에 파이토치를 활용하면 프로토타입 개발 시간을 단축할 수 있다. 또한 딥러닝의 기술 복잡도를 고민할 필요도 없어진다. 이를 통해 솔루션을 더욱 빠르게 제공할 수 있고, 데이터 분석가의 역량을 최대한 강화할 수 있다. 고급 분석 솔루션을 제공하는 기업인으로서, 요즘 파이토치의 역량을 우리 팀에 정착시키는 것을 가장 중요한 목표로 삼고 있다. 이 책에서 비슈누는 파이토치를 사용해 딥러닝 솔루션을 구축하는 기본 과정을 안내하고, 독자 여러분이 최신 딥러닝 기술에 맞는 사고 방식을 가질 수 있도록 돕고 있다.

이 책의 전반부에서는 딥러닝과 파이토치의 몇몇 기본 구성 요소를 소개한다. 또한 과대적합Overfitting, 과소적합underfitting과 같은 주요 개념에 관해 설명하고, 이 문제를 해결하는 데 도움이 되는 기법을 소개한다.

이 책의 후반부에서는 CNN, RNN, LSTM, 미리 계산된 컨볼루션 피처를 이용한 전이 학습, 1D 컨볼루션과 같은 고급 개념을 소개한다. 또한 이 기술을 적용할 수 있는 실세계 예제를 함께 제공한다. 8장, '모던 네트워크 아키텍처'와 9장, '마지막 그리고 새로운 시작'에서는 인셉션, ResNet, DenseNet 모델, 앙상블 모델, 스타일 트랜스퍼와 같은 생성적 신경망, GAN과 언어 모델과 같은 최신 딥러닝 아키텍처를 소개한다.

이 책은 현장에 필요한 실용적인 예제를 다루고, 실습 예제에 대한 명확하고 체계적인 설명을 제공한다. 딥러닝에 입문하는 분들에게 이 책을 추천한다. 기술이 발전하는 속도는 무엇과도 비교할 수 없을 만큼 빠르다. 성숙한 딥러닝 솔루션을 개발하고자 하는 독자 여러분께 좋은 프레임워크는 올바른 사고 방식으로 유도한다는 점을 말씀드리고 싶다.

이 책과 함께 새로운 딥러닝의 세계에서 즐거운 경험을 만끽하기 바란다.

비슈누 수브라마니안과 이 책 모두 큰 성공을 기원한다.

마나스 아가월 Manas Agarwal

Affine Analytics CEO 겸 공동 창업자

인도, 벵갈루루

지은이 소개

비슈누 수브라마니안 Vishnu Subramanian

다수의 빅데이터 분석 프로젝트(인공지능, 머신 러닝 및 딥러닝)에서 프로젝트 리딩, 설계 및 구현 역할을 담당했다. 머신 러닝, 딥러닝, 분산 환경 머신 러닝 및 시각화에 전문성을 갖고 있다. 유통, 금융 및 여행 분야에서 경험을 쌓았다. 비지니스, 인공지능 그리고 엔지니어 팀 간의 이해와 소통을 돕고 조정하는 데 능숙하다.

fast.ai의 제르미 하워드, 레이첼 토머스의 영감과 MOOC이 없었다면 이 책을 완성할 수 없었을 것이다. 인공지능/딥러닝 민주화에 중요한 역할을 해주신 두 분께 감사드린다.

| 기술 감수자 소개 |

푸남 리게이드 Poonam Ligade

프리랜서로 스파크, 플링크Flink, 카산드라와 같은 빅데이터 툴, 머신 러닝과 딥러닝 분야의 전문가다. 탑 캐글 커널 라이터로도 활동하고 있다.

옮긴이 소개

김태완(taewanme@gmail.com)

대우정보시스템에서 자바 웹 개발자로 IT 업계에 입문했다. 대우정보시스템 연구소에서 전사 표준 프레임워크 개발, 보급 및 기술 컨설팅을 수행했다. 그후 오라클에서 WAS, Memory Grid, CEP, DB 동기화 및 자바 엔지니어로 활동했다. 2015년 IBM에 합병된 NoSQL 전문 개발 업체인 Cloudant에서 2년간 CouchDB 개발과 클라우드 서비스 개발에 참여했다. 현재 한국 오라클에서 빅데이터 엔지니어 및 데이터 분석가로 활동하고 있다. 한 분야에 집중하고 꾸준하게 콘텐츠를 만드는 일에 몰입하고 있으며, 콘텐츠 퍼블리싱 공간으로 http://taewan.kim을 운영하고 있다.

옮긴이의 말

2018년에 가장 뜨거웠던 키워드는 아마도 인공지능, 머신 러닝, 딥러닝이라고 생각한다. 이 키워드의 열기는 2019년에도 계속될 것이다. 이 키워드가 큰 관심을 받는 이유는 머신 러닝에 대한 사회적인 관심, 딥러닝의 엄청난 발전 속도 그리고 신기한 능력 때문일 것이다. 아마도 애플리케이션 개발자들은 딥러닝 구현 사례를 보면서 그 매력에 끌려 누구나 딥러닝 책 한두 권쯤은 샀을 거라 생각한다.

딥러닝 수학, 통계학, 머신 러닝, 딥러닝 프레임워크 및 인프라 등 여러 분야의 기술과 학문에 걸쳐 있다. 이런 이유로 딥러닝 기술의 전반적인 흐름을 다루는 입문서를 고르기란 어렵다.

이런 의미에서 이 책은 딥러닝 입문서로 적합한 책이다. 우선 예제가 간결하고 이해하기 쉽다. 파이토치PyTorch 네트워크의 구성 요소를 블록 단위로 처리하기 때문에 이해하기 쉽고 확장하기 편리하다. 또한 수식에 치중하지 않고, 직관적인 개념으로 쉽게 설명하며, 딥러닝 구현에 필요한 머신 러닝 개념을 요약해 효과적으로 전달한다. 이러한 구성으로 인해 딥러닝 입문자의 부담을 줄이고, 반복적인 예제로 파이토치 코드에 익숙해지도록 유도한다.

처음에는 단순한 선형 모델과 회귀 모델로 딥러닝 네트워크를 구성하는 예제에서 시작하지만, 파이토치의 빌딩 블록 개념을 이용해 간단한 모델에서 CNN, RNN, LSTM 및 GAN 모델 등 다양한 유형의 확장된 모델을 발전시켜 나간다. 또한 전이 학습Transfer Learning을 이용해 CNN과 RNN을 더 빠르게 학습시키는 방법과 VGG, ResNet, 인셉션, DenseNet 등 최신 모던 아키텍처를 사용하고 전이 학습 및 앙상블 모델로 응용하는 방법까지 다룬다.

한 권의 입문서에 다양한 내용을 담을 수 있는 것은 파이토치의 힘이다. 파이토치는 공개된 지 2년밖에 안 된 딥러닝 프레임워크지만, 파이토치의 간결성과 유연성 덕분에 딥러닝 분야에서 큰 주목을 받고 있다. 이러한 특징과 함께 복잡한 개념을 빌딩 블록으로 추상화하고, 다양한 유틸리티 기능을 제공하는 파이토치는 딥러닝 입문자에게 가장 적합한 딥러닝 프레임워크라고 생각한다.

딥러닝에 입문하는 분들에게 이 책이 조금이나마 도움이 됐으면 하는 바람으로 이 책을 번역했다.

마지막으로 이 책을 번역할 수 있도록 항상 격려해주신 에이콘출판사 관계자 여러분께 진심으로 감사드린다. 그리고 지난 몇 개월 동안 육아로 고생한 써니와 아빠와 놀러 가는 날만을 기다리는 아들 김민수에게 이 말을 전하고 싶다.

"정말 사랑하고, 이제 놀러가자!"

차례

4장 머신 러닝 입문 97

| 들어가며 |

파이토치PyTorch는 융통성과 사용 편의성 때문에 데이터 과학 전문가와 딥러닝 학습자의 관심을 끌고 있다. 이 책은 딥러닝과 파이토치의 기본 구성 요소를 소개한다. 실용적인 접근 방식을 사용해 실제 문제를 해결하는 방법을 보여준다. 최첨단 연구 문제를 해결하는 데 사용되는 최신 딥러닝 아키텍처 및 기술에 대해 배우게 될 것이다.

이 책은 ResNet, DenseNet, 인셉션 및 Seq2Seq와 같은 다양한 최첨단 딥러닝 아키텍처에 대한 직관을 제공한다. 반면, 수학에 대한 부담은 최소화한다. 또한 전이 학습을 사용하는 방법, 사전 계산된 피처를 사용해 전이 학습 속도를 높이는 방법, 임베딩, 사전 학습 임베딩, LSTM 그리고 1D 컨볼루션을 사용해 텍스트를 분류하는 방법을 소개한다.

이 책이 끝내면 여기서 배운 다양한 기술을 사용해 비즈니스 문제를 해결할 수 있는 능숙한 딥러닝 학습자가 될 것이다.

이 책의 대상 독자

이 책은 딥러닝에 관심이 있는 엔지니어, 데이터 분석가 및 데이터 과학자 그리고 파이토치를 사용해 고급 알고리즘을 탐색하고 구현하려는 사용자를 대상으로 한다. 머신 러닝에 대한 지식은 이 책을 읽는 데 도움이 되지만 필수는 아니다. 그러나 파이썬 프로그래밍은 다룰 줄 알아야 한다.

책의 구성

1장, 파이토치로 딥러닝 시작하기에서는 인공지능AI, Artificial Intellligence과 머신 러닝의 역사를 살펴보고 최근의 딥러닝 성장에 대해 알아본다. 하드웨어와 알고리즘의 다양한 개선이 여러 애플리케이션 분야에서 딥러닝을 구현하는 데 얼마나 큰 성공을 가져왔는지를 설명한다. 마지막으로 페이스북Facebook이 토치Torch를 기반으로 구축한 아름다운 파이토치 파이썬 라이브러리를 소개한다.

2장, 신경망 구성 요소에서는 변수, 텐서 및 nn.module과 같은 파이토치의 구성 요소를 소개한다. 딥러닝 신경망을 개발할 때 구성 요소를 어떻게 사용하는지 알아본다.

3장, 신경망 파헤치기에서는 데이터 준비, 텐서를 배치 처리하기 위한 데이터 로더, 네트워크 아키텍처 생성을 위한 torch.nn 패키지, 파이토치 오차 함수 및 옵티마이저 사용과 같은 신경망을 학습시키는 데 필요한 여러 프로세스를 다룬다.

4장, 머신 러닝 입문에서는 과대적합, 과소적합과 같은 여러 가지 유형의 머신 러닝 문제에 대해 알아본다. 또한 데이터 증식, 드롭아웃, 과대적합을 방지하는 배치 정규화batch normalization와 같은 다양한 기법을 소개한다.

5장, 컴퓨터 비전 딥러닝에서는 1D 컨볼루션, 2D 컨볼루션, 맥스 풀링, 평균 풀링, 기본 CNN 아키텍처와 같은 컨볼루션 신경망CNN, Convolution Neural Network의 구성 요소에 대해 설명한다. 사전에 학습된 모델을 이용하는 전이 학습에 대해 알아보고, 마지막으로 사전에 계산된 컨볼루션 피처를 이용해 전이 학습을 더 빠르게 진행하는 기법을 소개한다.

6장, 시퀀스 데이터와 텍스트 딥러닝에서는 IMDB 데이터셋을 텍스트 분류하는 다양한 아키텍처를 소개한다. 워드 임베딩을 설명하고, 사전 학습된 워드 임베딩, RNN, LSTM과 1D 컨볼루션을 살펴본다.

7장, 생성적 신경망에서는 딥러닝을 이용해 예술적 이미지를 생성하는 방법을 설명한다. 또한 DCGAN을 사용해 새로운 이미지를 생성해보고, 언어 모델을 이용해 텍스트를 생성하는 방법을 알아본다.

8장, 모던 네트워크 아키텍처에서는 최신 컴퓨터 비전 애플리케이션을 지원하는 ResNet, 인셉션 및 DenseNet과 같은 아키텍처에 대해 알아본다. 언어 번역 및 이미지 캡션과 같은 최신 시스템을 지원하는 인코더-디코더 아키텍처에 대해 간략하게 살펴본다.

9장, 마지막 그리고 새로운 시작에서는 앞에서 무엇을 배웠는지 요약하고 딥러닝 분야에서 지속적으로 최신 정보와 상태를 유지하는 방법을 소개한다.

이 책을 최대한 활용하는 방법

1장, '파이토치로 딥러닝 시작하기'와 9장, '마지막 그리고 새로운 시작'을 제외한 나머지 장의 모든 코드는 주피터Jupyter 노트북으로 제공된다. 주피터 노트북은 이 책의 깃허브GitHub 저장소에서 다운로드할 수 있다. 이 책에서는 지면을 고려해 코드를 실행하는 데 필요한 import문과 같은 주변 코드는 본문에 담지 않았다. 이 책의 모든 코드는 주피터 노트북에서 확인할 수 있다. 주피터 노트북의 모든 코드는 실행 가능하다.

이 책은 실용적인 설명에 중점을 두고 있으므로 본문에서 예제를 볼 때, 주피터 노트북을 적극적으로 활용해야 한다.

GPU가 있는 컴퓨터에서 예제를 실행하면 코드 실행 시간이 크게 단축된다. paperspace.com, www.crestle.com과 같은 회사의 서비스를 사용하면 딥러닝 알고리즘을 실행하는 복잡성을 대부분 추상화할 수 있다.

예제 코드 파일 다운로드

한국어판의 예제 코드는 에이콘출판사의 도서 정보 페이지인 http://www.acornpub.co.kr/book/Deep Learning with PyTorch에서 다운로드할 수 있다.

또한 역자의 깃허브 페이지 https://github.com/taewanme/DL_With_PyTorch에서도 다운로드할 수 있으며, http://taewan.kim/tutorial_manual/dl_pytorch/에서 실습 관

련 추가 문서와 동영상을 제공한다.

원서의 예제 코드를 보려면 http://www.packtpub.com/support를 방문해 이메일을 등록하면 파일을 직접 다운로드할 수 있으며, 원서의 Errata도 확인할 수 있다. 또한 깃허브 https://github.com/PacktPublishing/Deep-Learning-with-PyTorch에서도 원서 예제 코드를 다운로드할 수 있다.

컬러 이미지 다운로드

책에서 사용된 스크린샷/도면의 컬러 이미지를 PDF 파일로 제공한다. 컬러 이미지는 출력 변화를 좀 더 쉽게 이해하는 데 도움을 줄 것이다. 파일은 아래 주소에 접속해 다운로드할 수 있다.

https://www.packtpub.com/sites/default/files/downloads/DeepLearningwithPyTorch_ColorImages.pdf

컬러 이미지는 에이콘출판사의 http://www.acornpub.co.kr/book/deep-learning-pytorch에서도 찾아볼 수 있다.

편집 규약

이 책에서는 다양한 종류의 정보를 구별하는 많은 텍스트 스타일이 있다.

본문에서 코드, 데이터베이스 테이블명, 폴더명, 파일명, 파일 확장자, 경로명, URL, 사용자명, 트우터 핸들은 다음과 같이 나타낸다.

```
"The custom class has to implement two main functions, namely __len__(self) and
__getitem__(self, idx)."
```

코드 블록은 다음과 같이 나타낸다.

```
x,y = get_data( ) # x - represents training data,y -
represents target variables

w,b = get_weights( ) # w,b - Learnable parameters

for i in range(500):
    y_pred = simple_network(x) # function which computes wx + b
    loss = loss_fn(y,y_pred) # calculates sum of the squared differences of y and
y_pred
if i% 50 == 0:
        print(loss)
    optimize(learning_rate) # Adjust w,b to minimize the loss
```

커맨드 라인 입출력은 다음과 같이 표기한다.

```
conda install pytorch torchvision cuda80 -c soumith
```

새로운 단어나 중요한 단어는 굵은 글씨체로 표기한다.

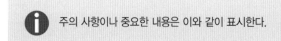

> 주의 사항이나 중요한 내용은 이와 같이 표시한다.

> TIP 유용한 팁이나 요령은 이와 같이 표시한다.

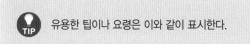

독자 의견

독자들의 피드백은 언제나 환영이다. 이 책의 좋았던 점과 나빴던 점에 관한 솔직한 생각을 알려주길 바란다. 독자들의 피드백은 우리가 독자들이 가장 얻고자 하는 책을 개발하는 데 있어 매우 소중하다.

일반적인 의견은 이 책을 메일 제목으로 해서 feedback@packtpub.com으로 보내면 된다. 특정 분야의 책을 쓰거나 기여하는 데 관심이 있다면 www.packtpub.com/authors에 있는 저자 가이드를 참고하기 바란다.

오탈자

책 내용의 정확성에 만전을 기하지만 실수는 늘 생기는 법이다. 책을 읽다가 문장이나 소스 코드에서 실수가 발견되면 즉시 알려주길 바란다. 이런 협조를 통해 다른 독자들이 겪을 혼란을 줄일 수 있고, 이 책의 다음 버전을 개선하는 데 큰 도움이 될 것이다.

오탈자를 발견하면 http://www.packtpub.com/submit-errata에 접속해 책을 선택하고 Errata Submission Form 링크를 클릭해 오탈자에 관한 상세 사항을 입력하면 된다. 오류 내용이 확인되면 팩트출판사 웹 사이트에 올려지거나 책의 정오표 절에 있는 정오표 목록에 추가된다. 이전에 제출된 정오표를 확인하려면 https://www.packtpub.com/books/content/support 페이지의 검색 필드에 책명을 입력하면 된다.

한국어판은 에이콘출판사의 도서 정보 페이지 http://www.acornpub.co.kr/book/deep-learning-pytorch에서 찾아볼 수 있다.

저작권 침해

인터넷상의 저작권 침해는 모든 매체에 걸쳐 계속 진행되고 있는 문제다. 팩트출판사는 저작권과 라이선스 보호를 매우 심각하게 인식하고 있다. 인터넷에서 팩트출판사 발간물의 불법 복제를 발견하면 이에 관한 조치를 취할 수 있도록 해당 웹 사이트의 주소와 이름을 즉시 알려주기 바란다. 의심되는 불법 복제본의 링크와 함께 copyright@packtpub.com으로 연락하면 된다.

가치 있는 콘텐츠를 제공하려는 저자와 팩트출판사를 보호하기 위한 독자의 도움에 깊이 감사드린다.

문의 사항

이 책에 관한 질문은 questions@packtpub.com으로 문의하기 바라며, 팩트출판사는 문제 해결을 위해 최선을 다한다. 한국어판에 관한 질문은 이 책의 옮긴이나 에이콘출판사 편집 팀(editor@acornpub.co.kr)으로 문의해주길 바란다.

01

파이토치로 딥러닝 시작하기

딥러닝Deep Learning이 산업계 전반에 혁명을 일으키고 있다. 앤드류 응Andrew NG 교수는 예전에 자신의 트위터에 딥러닝을 설명하는 다음과 같은 유명한 트윗을 남겼다.

> 인공지능(Artificial Intelligence)은 새로운 전기다!

전기는 모든 산업을 변화시켰다. 현재는 인공지능이 이 역할을 하고 있다.

최근에 인공지능과 딥러닝이 동의어처럼 사용되고 있지만, 두 용어 사이에는 상당한 차이가 있다. 여러분이 실무자로서 시그널Signal과 노이즈Noise[1]를 구분할 수 있도록 인공지능 업계에서 사용하는 이 두 용어를 설명한다.

---

1 시그널과 노이즈는 전기 공학의 용어다. 시그널은 정상적인 정보를 담는 시간·공간상의 변화이고, 노이즈는 정상적인 시그널을 방해하는 요소다. "인공지능은 새로운 전기다"라는 표현에 대한 연장선상의 비유다. – 옮긴이

1장에서는 다음과 같은 주제에 대해 알아본다.

- 인공지능의 기원
- 실제 현장의 머신 러닝
- 딥러닝 애플리케이션
- 왜 지금 딥러닝인가?
- 딥러닝 프레임워크: 파이토치

인공지능

매일 인공지능Artificial intelligence을 주제로 하는 수많은 콘텐츠가 발표되고 있다. 지난 2년 동안 이런 경향은 계속 증가해왔다. 웹상에서 인공지능에 대한 여러 가지 정의를 찾아볼 수 있다. 그중에서 가장 공감되는 정의는 "인공지능이란 인간이 수행하는 지적인 작업의 자동화"다.

인공지능의 역사

존 맥카시John MaCathy는 1956년에 인공지능을 주제로 한 첫 번째 학술 대회를 개최했고, 이곳에서 인공지능이라는 용어를 처음 사용했다. "기계가 생각할 수 있는가?"라는 논란은 이보다 훨씬 더 오래전에 시작됐다. 인공지능 초기에, 기계는 인간이 풀기 어려운 문제를 풀었다.

예를 들어, 제2차 세계 대전 말기에 독일은 에니그마Enigma 머신을 만들어 군사 통신에 사용했고, 앨런 튜닝은 에니그마 코드를 해독하는 인공지능 시스템을 개발했다. 사람이 직접 에그니마 코드를 분석하는 것은 몇 주가 걸릴 정도로 어려운 일이었다. 반면 앨런 튜닝이 만든 인공지능 머신은 에니그마 코드를 몇 시간 안에 해독할 수 있었다.

사람에게는 쉽고 직관적인 일이지만 컴퓨터에게 시키기는 어려운 일이 있다. 사람은 개와 고양이를 구분하는 것, 파티에 늦어 친구가 화가 났는지를 파악하는 것(감정), 트럭과 자동차를 구별하는 것, 세미나 내용을 기록(음성 인식)하거나 한글로 작성된 노트를 이해하지 못하는 외국인 친구를 위해 영어로 번역하는 것 등은 사람에게 쉽고 직관적인 일이다. 그러나 이런 일을 컴퓨터가 할 수 있도록 프로그래밍하거나 명시적 코드를 작성하는 것은 굉장히 어렵다. 체스를 두는 컴퓨터 프로그램과 같은 초기 인공지능 머신의 지능은 대부분은 하드 코드Hard code로 구현됐다.

인공지능 초기에 많은 연구자는 인공지능을 하드 코딩 규칙으로 구현할 수 있다고 믿었다. 이런 유형의 인공지능을 심벌릭 AISymbolic AI라고 한다. 이런 인공지능은 논리적이고 잘 정의된 문제를 해결하는 데 적합하다. 그러나 심벌릭 AI로는 이미지 인식, 객체 검출, 객체 분할, 언어 번역 및 자연어 이해Neural-Language-Understanding와 같은 복잡한 문제를 해결할 수 없다. 이러한 유형의 문제를 풀기 위해 머신 러닝, 딥러닝과 같은 인공지능에 대한 새로운 접근법이 개발됐다.

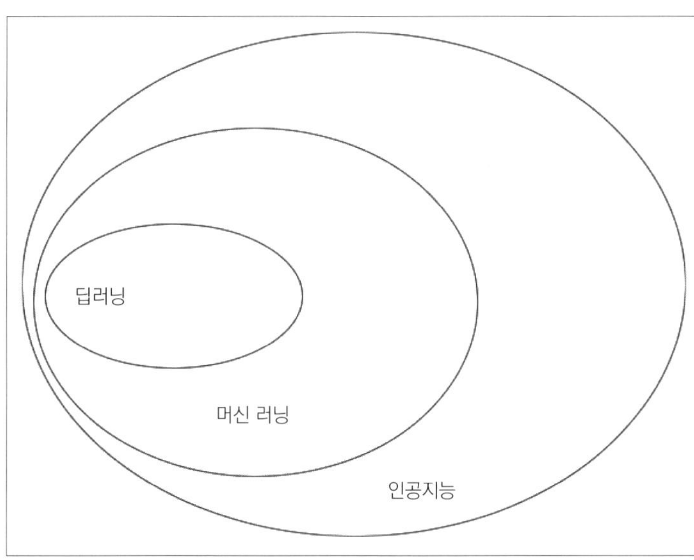

▲ **그림 1.1** 인공지능, 머신 러닝과 딥러닝의 관계

인공지능, 머신 러닝 그리고 딥러닝의 관계를 구체적으로 설명하기 위해 동심원으로 이들을 시각화해봤다. 여기서 첫 번째 가장 큰 동심원은 인공지능을 나타내며, 가장 큰 개념이다. 그 다음 동심원은 머신 러닝을 나타내며, 인공지능 다음을 주도했다. 마지막으로, 가장 안쪽의 동심원은 딥러닝을 나타낸다. 딥러닝이 오늘날의 인공지능 폭발을 주도하고 있다.

머신 러닝

머신 러닝Machine Learning, ML은 인공지능의 하위 분야로 지난 10여 년간 대중적인 인기를 받고 있다. 종종 "인공지능"과 "머신 러닝"은 서로 바꿔 사용되기도 한다. 인공지능은 머신 러닝 외에도 많은 하위 분야를 갖고 있다. 머신 러닝 시스템은 많은 데이터를 살펴봄으로써 만들어지는 반면, 심벌릭 인공지능 시스템은 개발자가 직접 구현한 규칙을 이용해 만들어진다. 머신 러닝 시스템은 기존에 확보한 데이터를 조사하고 분석해 모델을 만들고, 이 모델을 이용해 새로운 데이터의 결과를 예측한다.

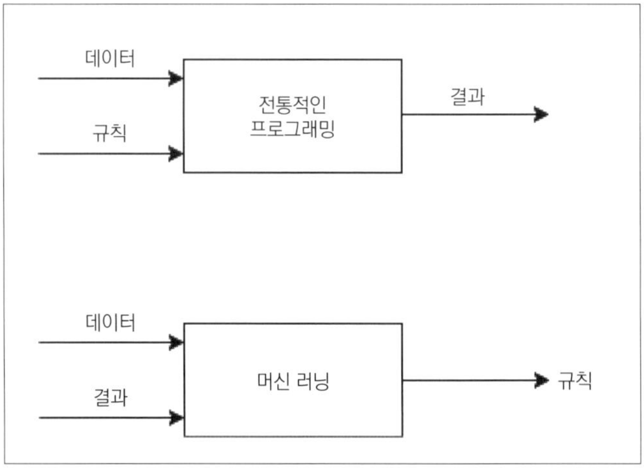

▲ **그림 1.2** 머신 러닝과 전통적 프로그래밍

판매 예측, 추천 시스템 및 마케팅 개인화와 같은 대다수 머신 러닝 알고리즘은 정형 데이터를 입력 데이터로 사용한다. 모든 머신 러닝 알고리즘에서 중요한 요소는 피처 엔지니어링Feature engineering[2]이다. 데이터 과학자는 머신 러닝 알고리즘에 적합한 피처Feature[3]를 만들기 위해 피처 엔지니어링에 많은 시간을 투자한다. 그러나 컴퓨터 비전과 자연어 처리Natural Language Processing, NLP와 같은 분야에서는 수천 차원에서 수만 차원이 넘는 고차원 분석 데이터를 사용하기 때문에 피처 엔지니어링이 상당히 어렵다.

선형 회귀Linear regression와 랜덤 포레스트Random forest 등과 같은 전형적인 머신 러닝 기법을 사용하는 곳에서는 피처 엔지니어링과 높은 데이터 차원 때문에 최근까지도 어려움을 겪고 있다. 크기가 224 × 224 × 3(높이 × 폭 × 채널)인 이미지를 생각해보자. 이 이미지 크기에서 "3"은 컬러 이미지의 컬러 값인 빨간색, 녹색, 파란색을 나타낸다. 이 이미지를 컴퓨터 메모리에 저장하면, 사진 한 장당 150,528차원의 행렬이 만들어진다. 크기가 224 × 224 × 3인 1,000장 이미지를 대상으로 이미지 분류기를 만든다면, 모델의 차원은 150,528의 1,000배가 될 것이다. 머신 러닝의 특별한 분야인 딥러닝에서는 최신 기법과 하드웨어를 이용해 피처 엔지니어링 문제를 해결한다.

실생활 머신 러닝 사례

다음은 머신 러닝을 사용하는 대표적인 사례다.

- **사례 1**: 구글 포트는 "Deep learning for grouping photos"라는 독특한 머신 러닝 기법을 사용한다.
- **사례 2**: 추천 시스템은 머신 러닝 알고리즘의 한 분류로, 넷플릭스, 아마존 그리고 아이튠즈iTunes와 같은 주요 기업에서 영화, 음악 및 상품 추천에 사용된다.

---

2 도메인 지식을 활용해 머신 러닝 알고리즘에 적합한 피처가 무엇인지를 판단하고 만드는 프로세스다. 데이터 과학자 관점에서 피처 엔지니어링은 어렵고 비싼 작업이다. 딥러닝에서는 피처 엔지니어링이 자동화되는 효과가 있다. – 옮긴이

3 머신 러닝에서 피처는 개별적이고 측정 가능한 속성을 의미한다. 통계학에서는 독립 변수라고 부른다. 일반적으로 분석 데이터 는 여러 피처로 구성된다. 관계형 데이터베이스 테이블의 컬럼이 피처에 해당한다. – 옮긴이

딥러닝

전통적인 머신 러닝 알고리즘은 피처 추출을 직접 수행한 후 알고리즘을 학습시키는 반면, 딥러닝 알고리즘에서는 최신 기법을 사용해 이런 피처 추출을 자동화한다.

예를 들어, 대상 이미지가 사람 얼굴을 포함하고 있는지를 예측하는 딥러닝 알고리즘은 첫 번째 레이어에서 모서리edge를 검출하는 피처를 추출하고, 두 번째 레이어에서는 코와 귀 같은 모양을 검출하는 피처를 추출한다. 그리고 마지막 레이어에서는 얼굴형 또는 더 복잡한 골격을 검출하는 피처를 추출한다. 다음 레이어는 이전 레이어에서 출력된 데이터 표현을 학습에 이용한다. 이 설명이 이해하기 어렵다고 해서 걱정할 필요는 없다. 이 책의 후반부에서 이런 네트워크를 직관적으로 구축하고 점검할 수 있도록 자세하게 설명한다.

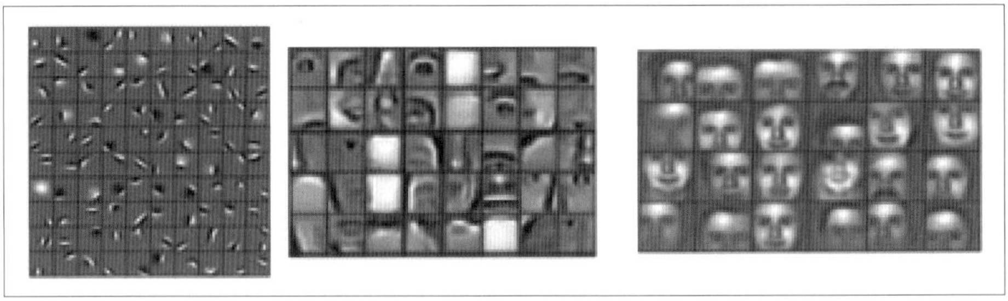

▲ 그림 1.3 중간 레이어 출력 데이터 시각화

(출처: https://www.cs.princeton.edu/~rajeshr/papers/cacm2011-researchHighlights-convDBN.pdf)

GPU, 빅데이터, 아마존 웹 서비스Amazon Web Services, AWS와 구글 클라우드Google Cloud와 같은 클라우드 공급자 및 토치Torch, 텐서플로Tensorflow, 카페caffe 그리고 파이토치와 같은 프레임워크의 급부상과 함께 딥러닝의 사용은 지난 몇 년 동안 크게 증가했다. 이와 함께 큰 기업들은 거대한 데이터셋을 학습시킨 알고리즘을 공개하고 있다. 스타트업은 이렇게 공개된 알고리즘을 이용해 여러 분야에서 적은 노력으로 최첨단 시스템을 구축할 수 있게 됐다.

딥러닝 애플리케이션

딥러닝 기술을 이용하면 다음과 같은 유형의 애플리케이션을 개발할 수 있다.

- 인간 수준의 이미지 분류기
- 인간 수준의 음성 인식기
- 기계 번역
- 자율주행 차량
- 최근 몇 년 동안 더 정확해진 시리Siri, 구글 보이스Google Voice와 알렉사Alexa
- 일본 농부의 오이 분류기
- 폐암 탐지기
- 인간 수준을 뛰어넘는 언어 번역기

텍스트 요약 알고리즘을 사용하면 그림 1.4와 같은 요약문을 만들 수 있다. 컴퓨터는 상당히 긴 단락의 문장을 입력받고, 텍스트 요약 알고리즘을 이용해 여러 문장을 몇 줄로 요약한다.

Source Text

munster have signed new zealand international francis *saili* on a two-year deal . utility back *saili* , who made his all blacks debut against argentina in 2013 , will move to the province later this year after the completion of his 2015 contractual commitments . the 24-year-old currently plays for *auckland-based* super rugby side the blues and was part of the new zealand under-20 side that won the junior world championship in italy in 2011 . *saili* 's signature is something of a coup for munster and head coach anthony foley believes he will be a great addition to their backline . francis *saili* has signed a two-year deal to join munster and will link up with them later this year . ' we are really pleased that francis has committed his future to the province , ' foley told munster 's official website . ' he is a talented centre with an impressive *skill-set* and he possesses the physical attributes to excel in the northern hemisphere . ' i believe he will be a great addition to our backline and we look forward to welcoming him to munster . ' *saili* has been capped twice by new zealand and was part of the under 20 side that won the junior championship in 2011 . *saili* , who joins all black team-mates dan carter , *ma'a nonu* , conrad smith and charles *piutau* in agreeing to ply his trade in the northern hemisphere , is looking forward to a fresh challenge . he said : ' i believe this is a fantastic opportunity for me and i am fortunate to move to a club held in such high regard , with values and traditions i can relate to from my time here in the blues . ' this experience will stand to me as a player and i believe i can continue to improve and grow within the munster set-up . ' as difficult as it is to leave the blues i look forward to the exciting challenge ahead . '

Reference summary

utility back francis *saili* will join up with munster later this year .
the new zealand international has signed a two-year contract .
saili made his debut for the all blacks against argentina in 2013 .

▲ **그림 1.4** 컴퓨터가 만든 텍스트 요약: 입력 데이터와 결과

그림 1.5에서 컴퓨터는 부가 정보 없이 일반 이미지만을 입력받는다. 컴퓨터는 입력된 이미지가 무엇을 담고 있는지 알지 못하는 상태에서 객체 검출과 사전의 도움을 받아 이미지를 설명하는 짧은 캡션[4]을 만든다. 그림 1.5를 보고 컴퓨터는 "두 어린 소녀가 레고 장난감을 갖고 놀고 있다."[5]라는 캡션을 만들었다.

"two young girls are playing with lego toy."

▲ **그림 1.5** 객체 검출과 이미지 캡션(출처: https://cs.stanford.edu/people/karpathy/cvpr2015.pdf)

딥러닝의 과장된 미래

언론 종사자나 인공지능과 딥러닝의 실제 종사자가 아닌 사람들은 인공지능과 딥러닝이 발전하면, 영화 "터미네이터 2: 심판의 날" 스토리와 같은 일이 현실에서 벌어질 것이라고 생각한다. 이들 중 일부는 심지어 인류에게 유익한 것이 무엇인지를 로봇이 결정하고, 로봇이 인간을 통제하는 시점에 대해 얘기한다. 현재 인공지능의 능력은 실제 역량보다 훨씬 더 과장돼 있다. 현재 대부분 딥러닝 시스템은 매우 통제된 환경에 배치되며, 제한된 결정 경계Decision Boundary[6]가 부여된다.

---

4 그림이나 도표, 사진 등의 이해를 돕기 위해 쓰는 간단한 주석문을 의미한다. – 옮긴이

5 컴퓨터가 생성한 캡션 원문은 "two young girls are playing lego toy"다. – 옮긴이

6 분류 문제에서 모델이 클래스를 구분하는 구분선을 의미한다. 여기서는 인공지능이 결과를 결정하는 범위를 의미한다. – 옮긴이

인공지능이 단순한 패턴 매칭을 수행하는 수준을 뛰어넘어 지적인 결정을 내리는 것을 학습하고, 이런 수준의 딥러닝 수백 개 또는 수천 개가 함께 유기적으로 동작하는 시기가 된다면, 아마도 우리는 공상 과학 영화에서 등장하는 로봇처럼 행동하는 로봇을 만날 수 있을 것이다. 현재 우리는 범용적인 인공지능 근처에 가지도 못했다. 범용적인 인공지능은 어떤 지시 없이 무엇인가를 알아서 처리하는 머신을 의미한다. 딥러닝의 현재 상태는 기존 데이터에서 패턴을 찾아내고, 그 패턴을 이용해 새로운 데이터의 결과를 예측하는 수준이다. 우리는 딥러닝 실무자로서 시그널Signal과 노이즈Noise를 구별해야 한다.

딥러닝의 역사

딥러닝이 최근에 큰 인기를 얻고 있지만, 딥러닝 이론은 1950년대에 등장했고, 계속 발전해왔다. 다음 표는 요즘 딥러닝 애플리케이션에 사용되는 가장 인기 있는 기술과 해당 기술이 발표된 시점을 정리한 것이다.

기술	연도
신경망(Neural Networks)	1943
역전파(Backpropagation)	1960년대 초반
컨볼루션 신경망(Convolution Neural Networks)	1979
순환 신경망(Recurrent Neural Networks)	1980
LSTM(Long Short-Term Memory)	1997

그동안 딥러닝은 여러 가지 이름으로 불렸다. 1970년대에는 사이버네틱Cybernetics, 1980년대에는 커넥셔니즘Connectionism이라고 명명됐다. 지금은 딥러닝 또는 신경망으로 불린다. 딥러닝과 신경망은 최근에 같은 의미로 사용된다. 신경망은 흔히 인간의 두뇌가 작동하는 방식으로부터 영감을 받은 알고리즘이라고 소개된다. 그러나 우리는 실무자로서 딥러닝은 수학(선형 대수학 및 미적분학), 통계 (확률) 그리고 소프트웨어 공학 이론으로부터 중대한 영향을 받았다는 것을 이해해야 한다.

왜 지금인가?

딥러닝은 왜 지금 대세가 된 것일까? 주요 원인은 다음과 같다.

- 하드웨어 가용성
- 데이터 및 알고리즘
- 딥러닝 프레임워크

하드웨어 가용성

딥러닝은 수백만 개, 때로는 수십억 개의 파라미터[7]에 복잡한 수학 연산을 수행해야 한다. 지난 몇 년 동안 CPU의 성능이 향상됐지만, 기존 CPU로 이런 연산을 수행하면 처리 시간이 오래 걸릴 수밖에 없다. 그래픽 처리 장치Graphics Processing Unit, GPU라는 새로운 유형의 하드웨어는 행렬 곱과 같은 거대한 수학 연산을 훨씬 더 빠르게 처리한다.

엔비디아Nvidia와 AMD 같은 회사는 처음에 게임 산업에 사용할 목적으로 GPU를 만들었다. 이 하드웨어는 고품질의 비디오 게임을 렌더링하는 것뿐 아니라 딥러닝 알고리즘의 처리 속도를 높이는 데에도 매우 효율적이라는 것이 밝혀졌다. ImageNet 데이터셋을 이용해 이미지 분류기를 학습시킬 때 CPU를 사용하면 약 한 달 정도가 걸리는 반면, 엔비디아의 최신 GPU인 1080Ti를 사용하면 며칠 만에 끝낼 수 있다.

딥러닝용 하드웨어를 구입할 계획이라면, 여러분의 예산에 맞춰 엔비디아의 GPU를 선택할 것을 권한다. 이때 메모리가 큰 GPU를 선택하는 것이 좋다. CPU 메모리와 GPU 메모리는 완전히 다른 것임을 기억하라. Nvidia 1080Ti의 메모리는 11GB이고, 가격은 약 700달러다.

AWS, 구글 클라우드 또는 플로이드Floyd[8]와 같은 다양한 클라우드 서비스를 사용할 수도 있다. 플로이드는 딥러닝에 최적화된 GPU 시스템을 제공한다. 딥러닝을 이제 막 시작하

---

7 원문에서는 함수의 입력값과 학습 모델의 학습 대상 가중치를 모두 "Parameter"로 표현하고 있다. 번역 과정에서 함수의 입력을 나타내는 "Parameter"는 "매개변수"로, 학습 모델의 학습 대상 가중치를 표현하는 "Parameter"는 "파라미터"로 번역했다. – 옮긴이

8 AWS, Azure와 오라클 같은 클라우드 프로바이더는 GPU가 장착된 딥러닝 최적화된 서비스를 제공한다. 이 서비스에는 엔비디아의 GPU인 P100과 V100을 포함한다. – 옮긴이

거나 재정적으로 더 자유로운 조직에서 사용할 컴퓨터를 준비 중이라면 클라우드 서비스를 사용하는 것이 경제적이다.

> 시스템이 최적화되면 성능은 달라질 수 있다.[9]

다음 이미지는 CPU와 GPU의 성능을 비교한 벤치마크 테스트 결과다.

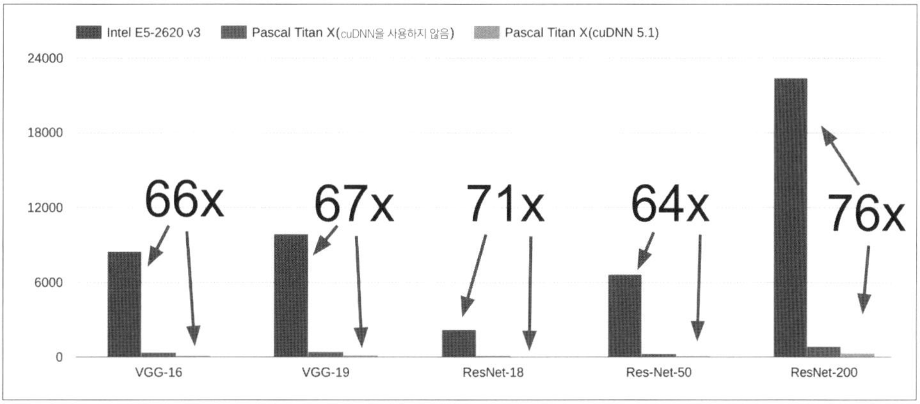

▲ **그림 1.6** CPU 및 GPU의 신경망 아키텍처 성능 벤치마크
(출처: http://cs231n.stanford.edu/slides/2017/cs231n_2017_lecture8.pdf)

데이터와 알고리즘

딥러닝 성공에 가장 중요한 요소는 데이터다. 인터넷 보급 확대와 스마트폰 사용이 증가하면서 페이스북, 구글과 같은 몇몇 회사는 다양한 포맷, 특히 텍스트, 이미지, 비디오 및 오디오와 같은 많은 데이터를 수집할 수 있게 됐다. 컴퓨터 비전 인공지능 알고리즘 성능을 경쟁하는 ImageNet 대회는 학습 데이터로 1,000개의 카테고리에 140만 개의 이미지

9 딥러닝 시스템은 데이터와 신경망 구조 및 하이퍼파라미터(Hyperparameter) 튜닝에 따라 최적의 하드웨어 구성이 달라질 수 있다. 이것은 딥러닝 시스템을 학습시키기 전에는 알 수 없다. 따라서 클라우드 프로바이더의 서비스를 사용해 필요한 인프라 구성을 언제든지 변경하고, 사용한 만큼 비용을 지불하는 운영 방식이 더 효과적일 수 있다. – 옮긴이

데이터셋을 제공한다. 컴퓨터 비전 분야는 ImageNet이 제공하는 데이터셋을 기반으로 비약적인 발전을 이뤘다.

ImageNet은 수작업으로 모든 카테고리에 주석을 달아놓았고, ImageNet 대회에 매년 수백 개의 팀이 경쟁한다. 이 대회에서 성공한 알고리즘으로는 VGG, ResNet, 인셉션, DenseNet 등이 있다. 오늘날 산업계에서는 이런 알고리즘을 사용해 다양한 컴퓨터 비전 문제를 해결하고 있다. 이런 유명 데이터셋을 딥러닝 학습에 이용해 알고리즘의 성능을 벤치마킹하기도 한다. 다음은 딥러닝 세상을 대표하는 데이터셋이다.

- MNIST[10]
- COCO 데이터셋[11]
- CIFAR[12]
- Street View House Numbers[SVHN][13]
- PASCAL VOC[14]
- 위키피디아 덤프[Wikipedia dump][15]
- 20개 뉴스 그룹[16]
- 펜 트리뱅크[Penn Treebank][17]
- 캐글[Kaggle]

딥러닝 프레임워크

초기에 딥러닝 알고리즘을 구현하기 위해서는 C++와 CUDA에 대한 전문 지식이 필요했다. 많은 회사가 자사의 딥러닝 프레임워크를 오픈소스로 공개하면서, 파이썬과 같은 스크립트 언어의 지식을 가진 사람은 누구나 딥러닝 알고리즘을 작성하고 사용할 수 있

10 컴퓨터 비전의 국민 데이터셋이다. 손으로 쓴 0~9까지의 10개 숫자 이미지 6만 장을 제공한다. – 옮긴이

11 80개 카테고리, 이미지당 5개의 캡션을 제공한다. – 옮긴이

12 CIFAR-10과 CIFAR-100이 있다. CIFAR-10은 10개에 6만 장의 32 x 32 이미지를 제공한다. CIFAR-100은 100개의 카테고리로 구성되며, 각 카테고리는 600장의 이미지로 구성된다. – 옮긴이

13 MNIST보다 어려운 숫자 인식 데이터셋이다. 60만 장 이상의 현실 세계 숫자 이미지를 제공한다. –옮긴이

14 파스칼 VOC 챌린지에서 사용하는 데이터셋이다. 이미지에서 객체 검출에 사용된다. – 옮긴이

15 위키피디아는 정기적으로 언어별 덤프 파일을 공개한다. – 옮긴이

16 20개의 뉴스 그룹에서 2만 개의 문서를 균등하게 모은 데이터셋이다. – 옮긴이

17 자연어 처리에 이용되는 데이터셋이다. 구문 주석 말뭉치 400만 어절 규모다. – 옮긴이

게 됐다. 업계에서 널리 사용되는 대표적인 딥러닝 프레임워크에는 텐서플로, Caffe2, 케라스Keras, 씨아노Theano, 파이토치, 체이너Chainer, DyNet, MXNet 및 CNTK가 있다.

이런 딥러닝 프레임워크가 등장하지 않았다면, 오늘날 딥러닝이 이렇게 거대한 물결을 일으키지는 못했을 것이다. 딥러닝 프레임워크는 많은 기반 기술 복잡성을 추상화하고, 애플리케이션에 집중하는 데 도움을 준다. 지금도 여전히 딥러닝은 초기 단계다. 수많은 연구가 진행되고 있고, 획기적인 발전이 매일 일어나고 있다. 이러한 이유로 여러 프레임워크는 각각 장단점을 갖고 있다.

파이토치

파이토치PyTorch와 여러 딥러닝 프레임워크는 두 가지 용도로 사용될 수 있다.

- 넘파이NumPy와 같은 연산을 GPU 가속 연산으로 대체
- 심층 신경망Deep Neural Network 구축

파이토치가 많은 인기를 얻게 된 이유는 사용 편리성과 기술 단순성 때문이다. 다른 대다수 딥러닝 프레임워크는 정적인 계산 그래프Computation graph를 사용하는 반면, 파이토치는 동적인 계산 그래프를 사용하기 때문에 복잡한 아키텍처를 구축할 때 뛰어난 유연성을 제공한다.

파이토치는 클래스, 구문 및 조건, 반복문과 같은 파이썬 개념을 광범위하게 사용하며, 객체지향 방식으로 딥러닝 알고리즘을 작성할 수 있다. 대다수의 다른 딥러닝 프레임워크는 자체 프로그래밍 스타일을 갖고 있다. 다른 프레임워크의 개별적인 프로그래밍 스타일은 때때로 새로운 알고리즘 작성을 복잡하게 하거나 직관적인 디버깅을 어렵게 한다. 2장, '신경망 구성 요소'에서는 계산 그래프에 대해 자세히 알아본다.

파이토치는 최근에 출시됐고 아직 베타 버전 상태지만, 파이토치의 사용 편의성, 성능 향상, 디버깅이 쉬운 특징 및 세일즈포스와 같은 여러 기업의 강력한 지원 등을 이유로 데이터 과학자와 딥러닝 연구자 사이에 큰 인기를 얻고 있다.

파이토치는 연구용으로 제작됐기 때문에 빠른 응답 시간을 요구하는 특정 시나리오의 프로덕션 용도로 사용되는 것은 바람직하지 않다. 그러나 Open Neural Network Exchange^ONNX^ (https://onnx.ai/)[18]라는 새로운 프로젝트가 나오면서 이런 제약은 사라지고 있다. 이 프로젝트는 파이토치로 개발된 모델을 Caffe2 모델로 변환해 프로덕션에 배포하는 데 중점을 두고 있다. 글을 쓰는 시점에 이 프로젝트가 막 시작됐기 때문에 아직은 이 프로젝트를 자세히 설명하기는 어렵다.[19] 이 프로젝트는 페이스북과 마이크로소프트의 지원을 받고 있다.

ONNX^Open Neural Network Exchange^는 상호 운용성이 뛰어나므로 기발한 아이디어를 프로덕션 환경에서 더 빠르게 구현할 수 있다. 데이터 과학자는 ONNX를 통해 작업에서 원하는 프레임워크를 선택할 수 있다. 이와 마찬가지로 개발자는 프로덕션 환경용으로 모델을 준비하는 시간을 줄이고 클라우드와 에지로 모델을 배포할 수 있다.

파이토치, 체이너, CNTK^Microsoft Cognitive Toolkit^, MXNet, ML.Net, 텐서플로, 케라스, 사이킷-런^SciKit-Learn^ 등과 같은 여러 프레임워크에서 ONNX 모델을 만들 수 있다.

앞으로 강력한 딥러닝 애플리케이션을 컴퓨터 비전 및 NLP 분야에서 구축하기 위한 다양한 레고 블록 (작은 개념 또는 기법)에 대해 배울 것이다.

요약

1장에서는 인공지능, 머신 러닝 및 딥러닝이 무엇인지에 대해 소개하고, 이 세 가지의 차이점에 관해 설명했다. 또한 일상생활에서 이 기술을 사용하는 애플리케이션을 살펴봤다. 현재 딥러닝이 많은 인기를 누리고 있는 이유를 심도 있게 다뤄봤다. 마지막으로, 딥러닝 프레임워크인 파이토치의 전반적인 특징을 알아봤다.

2장, '신경망 구성 요소'에서는 파이토치를 이용해 간단한 신경망을 만들고 훈련시켜본다.

---

18 ONNX의 목표는 여러 딥러닝 프레임워크 사이의 호환성을 제공하는 것이다. ONNX를 이용하면 Caffe2, Microsoft Cognitive Toolkit, MXNet 그리고 파이토치에서 학습된 모델을 다른 프레임워크에서 동작하도록 변환할 수 있다. – 옮긴이

19 ONNX 프로젝트도 빠르게 성장하고 있다. 2019년 1월 현재 파이토치, 체이너, CNTK(Microsoft Cognitive Toolkit), MXNet, ML.Net, 텐서플로, 케라스, 사이킷-런이 ONNX를 지원한다. – 옮긴이

02

신경망 구성 요소

복잡한 신경망을 구축하기 위해서는 텐서Tensor, 텐서 연산 및 경사 기울기Gradient descent와 같은 신경망의 기본 빌딩 블록을 이해하는 것이 중요하다. 2장에서는 다음과 같은 주제에 대해 알아보고, 첫 번째 신경망 프로그램으로 HelloWorld를 만들어본다.

- 파이토치 설치
- 첫 번째 신경망 구현
- 신경망 프로그램을 여러 기능 블록으로 분할
- 기본 블록 소개: 텐서, Variable, 오토그레이드autograd, 그레이디언트gradient, 옵티마이저
- 파이토치를 사용한 데이터 로딩

파이토치 설치

파이토치는 파이썬 패키지 형태로 이용할 수 있다. 파이토치는 pip 또는 conda로 설치할 수 있고, 소스 코드를 이용해 직접 빌드할 수도 있다. 이 책에서는 아나콘다 파이썬 3 Anaconda Python 3 배포 버전 사용을 추천한다. 아나콘다 설치 방법은 아나콘다 공식 문서(https://conda.io/docs/user-guide/install/index.html)를 참조하라.[1] 이 책의 모든 예제는 주피터 노트북 형태로 제공하며, 이 파일은 이 책의 깃허브 저장소에서 다운로드할 수 있다.[2]

주피터 노트북을 사용하면 코드를 대화식으로 실행하고 분석할 수 있으므로 매우 효과적이다. 파이토치 학습에 주피터 노트북을 사용할 것을 강력하게 추천한다. 사용하는 컴퓨터에 아나콘다 파이썬이 설치돼 있다면, 다음과 같은 명령으로 파이토치를 설치할 수 있다.

▼ Cuda 8과 GPU 기반 파이토치 설치

```
conda install pytorch torchvision cuda80 -c soumith
```

▼ Cuda 7.5와 GPU 기반 파이토치 설치

```
conda install pytorch torchvision -c soumith
```

▼ CPU 기반 파이토치 설치

```
conda install pytorch torchvision -c soumith
```

1 파이토치 설치와 이 책의 실행 환경에 대해서는 https://bit.ly/2GXRUXr을 참고하라. 이는 파이토치 및 예제 실행을 위한 환경 구성에 대한 문서다. – 옮긴이

2 코드 수정과 한글화 및 주석이 추가된 주피터 노트 저장소는 https://github.com/taewanme/DL_With_PyTorch에서 운영된다. 업데이트된 노트북은 이 저장소에서 다운로드할 수 있다. – 옮긴이

이 책을 집필하는 시점에 파이토치는 윈도우를 공식적으로 지원하지 않는다. 따라서 윈도우 사용자는 가상 머신VM 또는 도커Docker 이미지를 사용해 실습을 진행해야 한다.[3]

옮긴이 보충 설명

파이토치가 업그레이드되면서 파이토치 설치 방법이 개선됐다. 파이토치 홈페이지에서 직관적인 명령을 제공하는 UI를 제공한다. 이 페이지(https://pytorch.org/get-started/locally/)에서 pip, conda, libpytorch, 소스 빌드 명령을 제공한다.

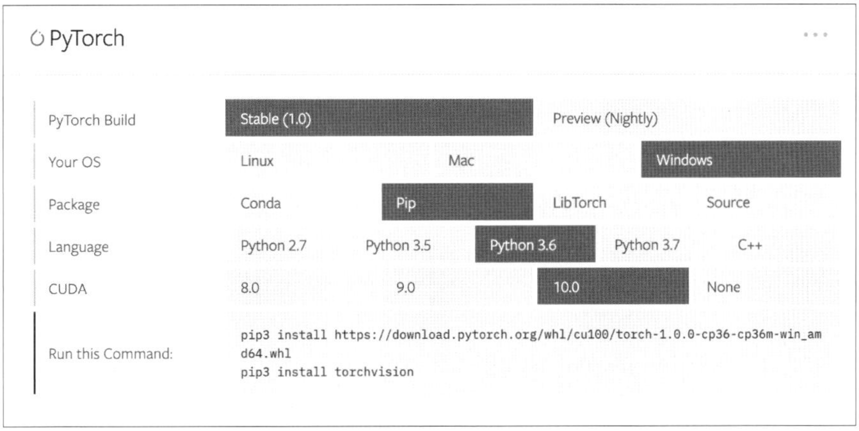

▲ **그림 2.1** 공식 파이토치 설치 명령 안내 페이지

이 책의 예제 실습 환경 설치에 대해서는 http://taewan.kim/ml/dl_pytorch/ 페이지에서 최신 정보를 확인할 수 있다.

첫 번째 신경망

첫 번째 신경망 예제에서는 훈련 데이터(입력 배열)를 출력 데이터로 변환시키는 알고리즘을 학습시켜볼 것이다. 우리는 대형 온라인 스트리밍 회사인 원더무비Wondermovies에

3 2019년 1월 현재 파이토치 1.0 버전에서는 윈도우에 대한 제약이 없어졌다. 윈도우에서 파이토치를 사용하기 위해 가상 머신이나 도커를 사용할 필요가 없다. – 옮긴이

서 일하고 있다고 가정한다. 이 회사는 동영상을 서비스하는 업체다. 첫 번째 신경망 학습에 사용할 데이터셋은 1개 피처Feature만을 갖는다. 이 피처는 원더무비 플랫폼에서 영화를 시청한 사용자의 평균 영화 관람 시간이다. 원더무비는 사용자의 다음 주 영화 관람 시간을 예측하고자 한다. 이것은 단지 가상의 시나리오일 뿐이며, 이 시나리오에 대해 너무 많이 고민할 필요는 없다. 첫 번째 신경망은 다음과 같은 기능 블록으로 구성된다.

- **데이터 준비**: `get_data` 함수는 입출력 데이터를 담는 텐서(배열)를 생성한다.
- **학습 파라미터 생성**: `get_weights` 함수는 임의의 수로 채워진 텐서를 제공한다. 신경망은 이 Tensor를 최적함으로써 영화 관람 시간 예측 문제를 해결한다.
- **네트워크 모델**: `simple_network` 함수는 입력 데이터에 선형 규칙을 적용한 출력을 만든다. 여기서 선형 규칙이란, 입력 데이터에 가중치를 곱한 후 편향Bias 항을 추가($y = Wx + b$)한 모델을 의미한다.
- **오차**: `loss_fn` 함수는 모델 정확도에 대한 정보를 제공한다.
- **옵티마이저**: `optimizer` 함수는 초기에 생성된 임의의 가중치를 조정해, 모델이 더욱 정확하게 목푯값을 계산하도록 돕는다.

이 책을 읽는 독자가 머신 러닝을 처음 접하거나 신규 입문자라고 해서 걱정할 필요는 없다. 2장을 마치면 각 함수가 어떤 역할을 하는지 정확하게 이해하게 될 것이다. 다음 코드는 개념 파악을 돕기 위해 구체적인 파이토치 코드를 생략한 추상화된 예제 코드다. 각 함수의 상세한 기능 구성은 뒷부분에서 자세히 설명한다. 앞에서 설명한 상위 수준의 기능 블록은 일반적으로 머신 러닝과 딥러닝의 공통 요소다. 이 책의 후반부에서는 유용한 애플리케이션을 개발하기 위해 각 기능 블록을 개선하는 기법에 대해 알아본다.

첫 번째 신경망 예제는 다음과 같은 선형 회귀 방정식을 사용한다.

$$y = wx + b$$

파이토치는 첫 번째 신경망 코드를 다음과 같이 작성할 수 있다.

```
x,y = get_data()              # x - 훈련 데이터, y - 목표 변수
w,b = get_weights()           # w,b - 학습 파라미터
for i in range(50000):
    y_pred = simple_network(x) # wx + b 연산 함수
    loss = loss_fn(y,y_pred)   # y와 y_pred의 차의 제곱 합 계산(MSE - Mean Squared Error)
    if i% 5000 == 0:
        print(loss)
    optimize(learning_rate)    # 오차를 최소화하기 위해 w, b 파라미터 조정
```

2장의 후반부에서 각 함수 내부에서 어떤 일이 일어나고 있는지 파악할 수 있을 것이다.

데이터 준비

파이토치는 데이터를 추상화하는 Tensor와 Variable을 제공한다. Tensor[4]는 numpy 배열과 유사한 클래스다. 이 두 타입은 GPU에서도 동작하며, GPU에서 더 향상된 성능을 제공한다. 이 두 클래스는 GPU와 CPU용 객체로 전환하는 간편한 메서드를 제공한다. 데이터를 Tensor 형태로 표현하면, 특정 연산에서 성능이 향상됨을 알 수 있다. 그리고 데이터가 Tensor로 표현될 경우에만, 머신 러닝 알고리즘은 데이터의 형태를 이해할 수 있다. Tensor 클래스는 파이썬 배열과 유사하다. Tensor는 파이썬 배열과 같이 크기를 바꿀 수 있다. 예를 들어, 이미지는 3차원 배열(높이, 무게, 채널(RGB))로 표현된다. 딥러닝에서는 일반적으로 5차원 텐서까지 사용한다. 일반적으로 머신 러닝에 사용되는 텐서의 유형은 다음과 같다.

- 스칼라(0차원 텐서)
- 벡터(1차원 텐서)
- 행렬(2차원 텐서)
- 3차원 텐서

4 이 책에서 Tensor는 행렬 다음 3차원 이상의 데이터 구조와 torch.Tensor 클래스 두 가지 의미로 사용된다. 데이터 구조 Tensor는 한글 "텐서", 클래스명 Tensor는 영문 "Tensor"로 표기한다. – 옮긴이

- 텐서 슬라이싱(텐서 자르기)
- 4차원 텐서
- 5차원 텐서
- GPU 지원 Tensor

스칼라(0차원 텐서)

1개 요소만을 갖는 텐서를 스칼라Scala라고 한다. 일반적으로 파이토치에서 스칼라는 FloatTensor 또는 LongTensor 타입을 사용해 표현된다. 이 책을 쓰는 시점까지, 파이토치는 0차원 텐서를 특별히 지원하지 않는다. 이러한 이유로 다음과 같이 하나의 요소를 가진 1차원 텐서를 사용한다.

```
x = torch.rand(10)
x.size()

출력 - torch.Size([10])
```

옮긴이 보충 설명

파이토치 0.4 버전부터 0차원 Tensor를 지원한다.

```
import torch
x = torch.tensor(10)
print(x)
print(x.dim())

# 출력
0
tensor(10)
```

벡터(1차원 텐서)

벡터Vector는 요소의 배열이다. 예를 들어, 지난주의 평균 온도를 벡터에 저장할 수 있다.

```
temp = torch.FloatTensor([23,24,24.5,26,27.2,23.0])
temp.size()

출력- torch.Size([6])
```

행렬(2차원 텐서)

구조화된 데이터는 대부분 테이블 또는 행렬 형태로 표현된다. 다음 예제 코드는 보스턴 주택 가격 데이터셋을 사용한다. 이 데이터셋은 파이썬 사이킷-런 머신 러닝 라이브러리를 이용해 쉽게 사용할 수 있다. 이 데이터셋은 506개 샘플 또는 행으로 구성된 `numpy` 배열이다. 각 샘플은 13개의 피처로 표현된다. `torch` 모듈은 `numpy` 배열을 `torch`의 Tensor로 변환하는 `from_numpy()` 유틸리티 함수를 제공한다. 다음 예제에서 변환된 Tensor 객체의 형상은 506 × 13이다.

```
boston_tensor = torch.from_numpy(boston.data)
boston_tensor.size()

출력: torch.Size([506, 13])

boston_tensor[:2]

출력:
 Columns 0 to 7
   0.0063 18.0000 2.3100 0.0000 0.5380 6.5750 65.2000 4.0900
   0.0273 0.0000 7.0700 0.0000 0.4690 6.4210 78.9000 4.9671

Columns 8 to 12
   1.0000 296.0000 15.3000 396.9000 4.9800
   2.0000 242.0000 17.8000 396.9000 9.1400
[torch.DoubleTensor of size 2x13]
```

3차원 텐서

여러 행렬을 결합해 1개의 3차원 텐서를 만들 수 있다. 3차원 텐서는 이미지 같은 데이터를 표현할 때 사용된다. 이미지는 여러 행렬이 함께 쌓여 있는 형태로 표현된다. 이미지의 형상이 224, 224, 3이라면, 첫 번째 인덱스는 이미지의 높이, 두 번째 인덱스는 이미지의 폭을 나타낸다. 마지막 인덱스는 이미지의 채널(RGB)을 나타낸다. 다음 코드는 컴퓨터에서 판다 이미지를 보는 방법을 소개한다.

```
from PIL import Image
# PIL 라이브러리를 사용해 디스크에서 판다 이미지를 읽고 numpy 배열로 변환
panda = np.array(Image.open('panda.jpg').resize((224,224)))
panda_tensor = torch.from_numpy(panda)
panda_tensor.size()

출력: torch.Size([224, 224, 3])

# 판다 이미지 출력
plt.imshow(panda)
```

크기가 224, 224, 3인 Tensor 데이터를 출력하면 너무 많은 지면이 필요하므로 데이터 출력은 생략하고 이미지만을 화면에 출력했다. 다음 절에서 이미지를 더 작은 텐서로 자르는 방법을 알아보고 시각화해본다.

▲ **그림 2.2** 3차원 텐서 출력 결과

텐서 슬라이싱(텐서 자르기)

Tensor 객체의 가장 일반적인 작업 중 하나는 Tensor 객체를 잘라 작은 Tensor 객체를 만드는 것이다. 첫 번째 예제는 1차원 Tensor 객체인 sales에서 첫 번째 5개 요소를 선택하는 것이다. Tensor 객체를 자르는 표기법으로 `sales[:slice_index]`를 사용한다. 여기서 `slice_index`는 Tensor 객체를 자르길 원하는 위치 인덱스다.

```
sales = torch.FloatTensor([1000.0,323.2,333.4,444.5,1000.0,323.2,333.4,444.5])

sales[:5]
1000.0000
 323.2000
 333.4000
 444.5000
1000.0000
[torch.FloatTensor of size 5]

sales[:-5]
 1000.0000
  323.2000
  333.4000
[torch.FloatTensor of size 3]
```

이제 판다 이미지로 좀 더 재미있는 작업을 할 수 있다. 판다 이미지에서 특정 채널을 선택해 이미지로 어떻게 출력되는지 확인할 수 있고, 판다의 얼굴을 선택하는 방법을 이해할 수 있다.

판다 이미지에서 채널 1개를 선택하는 코드는 다음과 같다.

```
plt.imshow(panda_tensor[:,:,0].numpy())
# 0은 RGB의 첫 번째 채널
```

위 코드는 다음과 같은 결과를 출력한다.

▲ **그림 2.3** 판다 이미지의 RGB 채널 중 Red Channel의 출력 결과

이제 이미지를 잘라본다. 판다 얼굴 탐지기를 만든다고 가정해보자. 판다 얼굴 이미지만이 필요하다. 판다 얼굴만 포함되도록 텐서 이미지를 잘라야 한다.

```
plt.imshow(panda_tensor[25:175,60:130,0].numpy())
```

위 코드의 결과는 다음과 같이 출력된다.

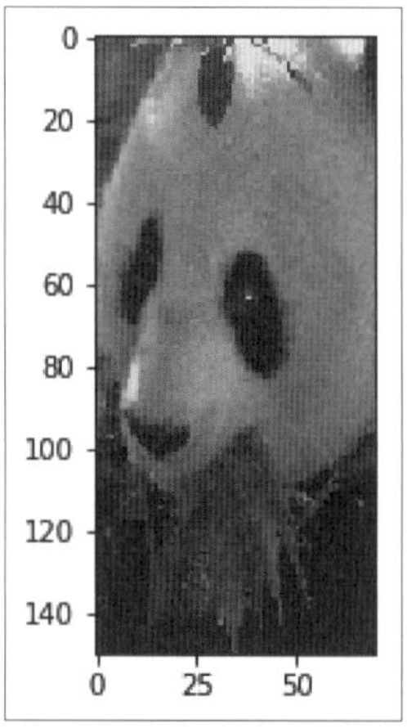

▲ **그림 2.4** 영역을 지정해 자른 Tensor 객체 출력 결과

또 하나의 일반적인 사용 예는 텐서의 특정 요소를 선택하는 것이다.

```
# torch.eye(shape)는 대각 행렬을 만들고, 대각선 요소를 1로 채움
sales = torch.eye(3,3)
sales[0,1]

출력: 0.00.0
```

> 파이토치의 Tensor 연산 대부분은 NumPy 연산과 매우 유사하다.

4차원 텐서

4차원 텐서 타입을 사용하는 대표적인 예는 이미지 배치다. 최신 CPU와 GPU는 여러 데이터에 같은 작업을 수행할 때 더 빨리 처리하도록 최적화돼 있다. 이미지 1개를 처리하는 시간과 몇 장의 이미지를 연속으로 처리하는 시간은 비슷하다. 따라서 한 번에 1개 이미지를 처리하는 방식보다 여러 이미지를 배치로 묶어 처리하는 방식이 더 일반적이다. 배치 크기는 여러 가지 요소에 영향을 받기 때문에 배치 크기를 결정하는 것은 간단하지 않다. 큰 배치 크기 또는 데이터셋 전체 사용에 대한 가장 중요한 제약은 GPU 메모리 크기다. 일반적으로 사용되는 배치 크기는 16, 32 및 64다.

크기가 64 × 224 × 224 × 3인 고양이 이미지 배치를 메모리에 로딩하는 예제를 살펴보자. 여기서 64는 배치 크기로 한 번에 로딩하는 이미지 수를 나타낸다. 244는 이미지의 높이와 너비, 3은 이미지 채널 수를 의미한다.

```
# 디스크에서 고양이 이미지 읽기
cats = glob(data_path+'*.jpg')
# 이미지를 numpy 배열로 변환
cat_imgs = np.array([np.array(Image.open(cat).resize((224,224))) for cat in
cats[:64]])
```

```
cat_imgs = cat_imgs.reshape(-1,224,224,3)
cat_tensors = torch.from_numpy(cat_imgs)
cat_tensors.size()

출력: torch.Size([64, 224, 224, 3])
```

5차원 텐서

5차원 텐서를 사용하는 일반적인 예는 동영상 데이터다. 동영상 데이터는 프레임으로 분할된다. 예를 들어, 공을 갖고 장난치는 판다의 30초 동영상은 30개 프레임을 갖는다면, 이 동영상 데이터는 형상이 (1 × 30 × 244 × 244 × 3)인 텐서로 표현된다. 이런 동영상들의 배치는 형상이 (32 × 30 × 244 × 244 × 3)인 텐서로 표현할 수 있다. 여기서 30은 1개 비디오 클립의 프레임 수, 32는 배치에 포함된 동영상 클립 수를 나타낸다.

GPU 지원 Tensor

지금까지 Tensor로 여러 형태의 데이터를 표현하는 방법을 살펴봤다. Tensor 형태의 데이터를 갖고 일반적으로 수행하는 연산은 덧셈, 뺄셈, 곱셈, 내적Dot product과 행렬 곱이다. 이러한 연산은 CPU와 GPU 모두에서 수행될 수 있다. 파이토치는 `cuda()`라는 함수를 제공한다. 이 함수는 CPU에서 동작하는 Tensor 객체를 복사해 GPU에서 동작하는 Tensor 객체를 새로 만든다. 다음 코드에서 Tensor의 몇 가지 연산을 살펴보고, CPU와 GPU의 행렬 곱 연산 성능을 비교해볼 수 있다.

다음 코드로 텐서 합을 구할 수 있다.

```
# Tensor 덧셈을 실행하는 방법
a = torch.rand(2,2)
b = torch.rand(2,2)
c = a + b
d = torch.add(a,b)
# 인라인 곱셈
a.add_(5)
```

```
# 다른 Tensor와 곱셈
a*b
a.mul(b)
# 인라인 곱셈
a.mul_(b)
```

Tensor 행렬 곱을 CPU와 GPU에서 실행해보고, 그 성능을 비교해본다. 모든 Tensor 객체의 .cuda() 함수를 호출하면, GPU에서 동작하는 새로운 Tensor 객체로 복제된다.

GPU에서 동작하는 곱셈 연산은 다음과 같다.

```
a = torch.rand(10000,10000)
b = torch.rand(10000,10000)

a.matmul(b)

Time taken: 3.23 s

# CPU용 텐서 객체를 GPU 텐서로 변환

a = a.cuda()
b = b.cuda()

a.matmul(b)

Time taken: 11.2µs
```

덧셈, 뺄셈 그리고 행렬 곱과 같은 기본 연산은 컨볼루션 신경망Convolution Neural Network, CNN과 순환 신경망Recurrent Neural Network과 같은 복잡한 연산 구축에 사용된다. CNN과 RNNRecurrent Neural Networks에 대해서는 5장, '컴퓨터 비전 딥러닝'과 6장, '시퀀스 데이터와 텍스트 딥러닝'에서 다룬다.

Variable

일반적으로 딥러닝 알고리즘은 계산 그래프Computation Graphs로 표현된다. 그림 2.5는 예제로 만들어볼 가변 계산 그래프Variable Computation Graph의 간단한 예다.

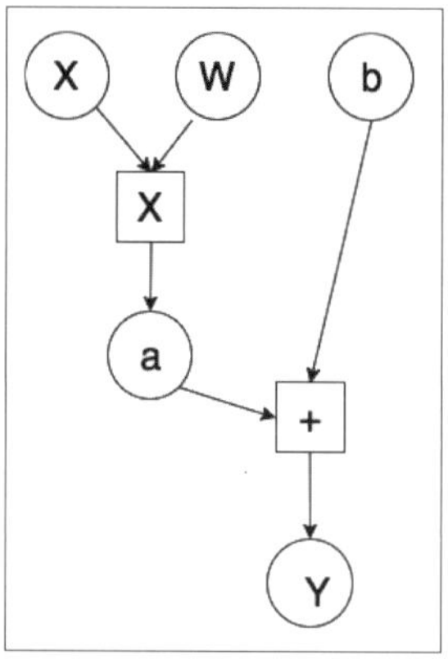

▲ **그림 2.5** 예제로 사용할 가변 계산 그래프(Variable Computation Graph)

위 계산 그래프에서 각 원은 Variable 객체를 나타낸다. 각 변수는 Tensor 객체, 기울기Gradients와 해당 Variable을 생성하는 함수의 참조를 감싸는 형태의 래퍼 클래스다. 다음 그림은 Variable 클래스의 컴포넌트 구성을 설명한다.

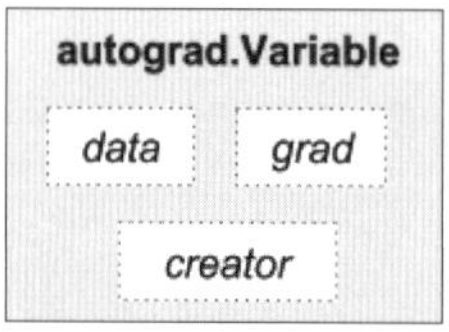

▲ **그림 2.6** Variable 클래스 구성

Variable의 grad는 여러 파라미터(W, b)에 대해 오차 함수loss function의 변화율을 나타낸다. 변수 a의 기울기가 2라면, 변수 a 값의 변화는 변수 Y에 2배 크기로 반영될 것이다. 이 개념이 명확하지 않다고 해서 걱정할 필요는 없다. 대부분의 딥러닝 프레임워크는 이 기울기 계산을 처리해준다. 2장에서 모델 성능을 향상시키기 위해 이 기울기를 사용하는 방법에 대해 알아본다.

기울기 외에도 Variable 객체는 자신을 생성하는 함수의 참조를 갖는다. 이 참조는 각 Variable 객체가 어떻게 생성되는지를 알려준다. 예를 들어 Variable 객체 a는 X와 W의 곱의 결과로 생성됐다는 정보를 갖는다.

다음은 Variable 객체를 만들고 기울기와 함수 참조를 확인하는 예제다.

```
x = Variable(torch.ones(2,2),requires_grad=True)
y = x.mean()

y.backward()

x.grad
Variable containing:
 0.2500  0.2500
 0.2500  0.2500
[torch.FloatTensor of size 2x2]

x.grad_fn
출력 - None

x.data
 1  1
 1  1
[torch.FloatTensor of size 2x2]

y.grad_fn
<torch.autograd.function.MeanBackward at 0x7f6ee5cfc4f8>
```

앞 예제에서 grad(기울기)를 계산하기 위해 Variable 객체의 `backward` 함수를 호출했다. Variable 객체의 grad 초기 기본값은 None이다.

Variable 객체의 `grad_fn`은 자신을 생성한 함수를 참조한다. 위 예제의 변수 x와 같이 사용자가 직접 생성한 변수에서 `grad_fn`이 가리키는 함수 참조는 `None`이고, 변수 y의 경우 `grad_fn`이 지정하는 함수 참조는 `MeanBackward`이다.

Variable 객체의 data 속성을 이용해 해당 변수와 연관된 Tensor 객체에 접근할 수 있다.

신경망에 사용할 데이터 생성하기

첫 신경망 코드에서 get_data 함수는 변수 2개를 생성한다. 함수 get_data가 생성하는 변수 x와 y의 크기는 각각 (17, 1)과 (17)이다. 함수 get_data 내부에서 어떤 일이 벌어지는지 살펴본다.

```
def get_data():
    train_X = np.asarray([3.3,4.4,5.5,6.71,6.93,4.168,
                          9.779,6.182,7.59,2.167,
                          7.042,10.791,5.313,7.997,5.654,9.27,3.1])
    train_Y = np.asarray([1.7,2.76,2.09,3.19,1.694,1.573,3.366,
                          2.596,2.53,1.221,
                          2.827,3.465,1.65,2.904,2.42,2.94,1.3])
    dtype = torch.FloatTensor
    X= Variable(torch.from_numpy(train_X).type(dtype),requires_grad=False).
view(17 ,1)
    y = Variable(torch.from_numpy(train_Y).type(dtype),requires_grad=False)
    return X,y
```

학습 파라미터 생성

예제로 사용하는 신경망에서 학습 파라미터는 w와 b이고, 고정 파라미터는 x와 y다. 함수 get_data()로 변수 x와 y를 만든다. 학습 파라미터는 임의의 값으로 초기화해 만든다. 학습 파라미터를 만들 때 required_grad 매개변수를 True로 설정한다. 앞에서 x와 y를 생성할 때는 required_grade 매개변수를 False로 설정했다. 학습 파라미터를 초기화하는 데에는 여러 가지 방법이 있다. 이 초기화 기법에 대해서는 3장, '신경망 파헤치기'에서 살펴본다. get_weights 함수 구현 코드는 다음과 같다.

```
def get_weights():
    w = Variable(torch.randn(1),requires_grad = True)
    b = Variable(torch.randn(1),requires_grad = True)
    return w,b
```

위 코드는 상당히 명확하다. `torch.randn` 함수는 매개변수로 설정된 형상의 임의의 값을 만든다.

신경망 모델

앞에서 파이토치 Varable 객체로 모델의 입출력을 만들었다. 이제는 입력을 출력에 대응하는 방법을 학습하는 모델을 만들어야 한다. 전통적인 프로그래밍에서는 함수 입력을 처리해 의도한 값을 반환하는 로직을 개발자가 직접 구현하는 반면, 딥러닝과 머신 러닝에서는 이 로직을 학습시킨다. 첫 신경망 예제에서는 입출력의 대응 관계를 학습하는 간단한 신경망을 구현해본다. 이 신경망에서 입출력은 선형 관계임을 가정한다. 선형 관계는 $y = wx + b$로 표현되고, 여기서 w와 b는 학습 파라미터다. 앞으로 개발할 신경망은 w와 b 값을 학습해, $wx + b$의 결과가 실제 y 값에 더 근접하도록 만들 것이다. 그림 2.7은 훈련 데이터셋과 신경망이 학습할 모델을 시각화한 그래프다.

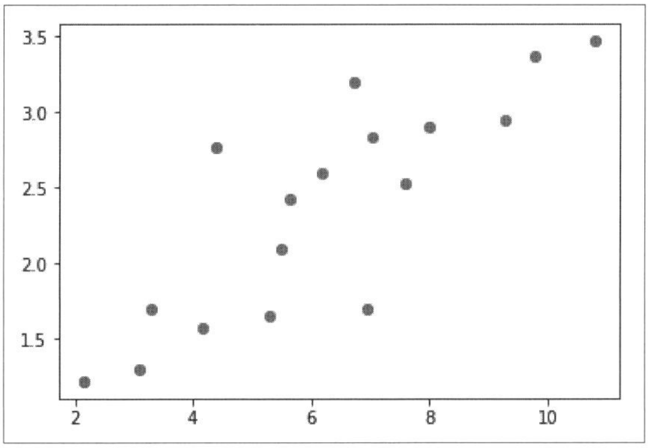

▲ **그림 2.7** 입력 데이터

다음은 입력 데이터에 모델에 선형 모델을 피팅fitting한 그래프다.

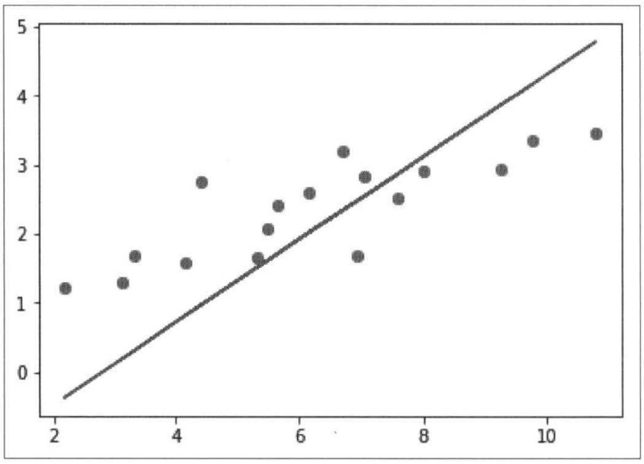

▲ **그림 2.8** 입력 데이터를 학습한 모델

이미지에서 직선은 네트워크가 학습한 모델을 나타낸다.

네트워크 구현

신경망 구현에 필요한 모든 파라미터(x, w, b, y)를 확보했다. 이제 w와 x의 행렬 곱을 계산하고, 그 결과에 편향 b를 합한다. 이 값이 예측값 y다. 이 로직은 함수로 다음과 같이 구현된다.

```
def simple_network(x):
    y_pred = torch.matmul(x,w)+b
    return y_pred
```

파이토치는 고수준 추상화 컴포넌트를 제공한다. 이 컴포넌트는 `torch.nn`에 포함돼 있으며, 이 컴포넌트들을 레이어[Layer]라고 한다. 레이어는 신경망에서 사용하는 대부분의 일반 기술과 연관된 기본적인 초기화 기능과 연산을 대부분 처리한다. 지금까지 각 함수 내부에서 어떤 일이 발생하는지를 파악하기 위해 저수준 함수를 사용해 구현해봤다. 지금부터, 특히 5장, '컴퓨터 비전 딥러닝'과 6장, '시퀀스 데이터와 텍스트 딥러닝'에서는 파이토치 추상화를 사용해 복잡한 신경망과 함수를 구현해본다. 앞에서 구현한 모델은 `torch.nn` 레이어를 사용해 다음과 같이 표현할 수 있다.

```
f = nn.Linear(17,1) # 훨씬 더 단순해진 코드
```

앞에서 예측 결과인 y 값을 계산했다. 이제는 모델이 얼마나 정확한지를 파악해야 하며, 이 정확도는 loss 함수에서 측정된다.

오차 함수

처음에 학습 파라미터 w와 b는 임의의 값으로 초기화되기 때문에 모델의 결과인 y_pred와 실제 y 값의 차이는 상당히 클 것이다. 따라서 모델의 예측값이 실제 값이 얼마나 가까운지를 평가하는 함수가 필요하다. 현재 회귀 문제를 다루고 있으므로 SSE^Sum of Squared Error^라는 오차 함수^Loss Function^를 사용한다. 예측값 y와 실제값 y 사이의 차이를 구하고, 그 결과를 제곱한다. SSE는 예측값이 실제 값과 얼마나 가까운지를 모델이 이해할 수 있도록 돕는다. torch.nn 라이브러리에는 MSELoss와 크로스-엔트로피^Cross-Entropy^와 같은 여러 오차 함수가 이미 구현돼 있지만, 2장에서는 오차 함수를 직접 구현해본다.

```
def loss_fn(y,y_pred):
    loss = (y_pred-y).pow(2).sum()
    for param in [w,b]:
        if not param.grad is None: param.grad.data.zero_()
    loss.backward()
    return loss.data[0]
```

오차를 계산하는 과정에서 backward 메서드를 호출했다. backward는 학습 파라미터 w와 b의 변화 정도를 기울기로 계산한다. 오차 함수를 한 번 이상 호출해야 한다면, grad.data.zero_()를 호출해 앞에서 계산했던 기울기를 먼저 제거해야 한다. 처음으로 backward 함수를 호출하는 시점에, 학습 파라미터의 기울기는 비어 있는 상태다. 따라서 기울기가 None이 아닌 경우에서만, grad.data.zero_()를 호출해 기울기를 "0"으로 만든다.

신경망 최적화

임의의 가중치로 시작해 목푯값을 예측하고 알고리즘의 오차를 계산했다. 최종 loss 변수의 backward 함수를 호출해 기울기를 계산했다. 이 프로세스는 한 에폭epoch[5], 다시 말해 전체 데이터셋에 대해 반복된다. 대부분 딥러닝 실제 사례에서 전체 데이터셋[6]은 작은 데이터셋으로 분할돼 반복적으로 처리되며, 이 반복 처리별로 최적화가 수행된다. 오차가 계산되면 오차를 줄이기 위해 계산된 기울기 값을 이용해 학습 파라미터를 최적화한다. 이러한 최적화 과정을 구현한 코드는 다음과 같다.

```
def optimize(learning_rate):
    w.data -= learning_rate * w.grad.data
    b.data -= learning_rate * b.grad.data
```

학습률Learning rate은 대표적인 하이퍼파라미터hyper-parameter로, 학습 파라미터의 값을 조정할 때 사용하는 기울기의 적용 비율이다. 여기서 기울기는 각 학습 파라미터(w와 b)를 조정하는 크기와 방향을 나타낸다.

Adam, RmsProp, SGD와 같은 다양한 옵티마이저가 이미 파이토치에 구현돼 있다. 이 옵티마이저는 torch.optim 패키지에서 이용할 수 있다.

데이터 로딩

딥러닝 알고리즘에 사용할 데이터 준비 자체가 상당히 복잡한 작업이다. 파이토치는 멀티 스레딩을 통한 데이터 병렬화, 데이터 증식 및 배치 처리와 같은 여러 복잡한 작업을 추상화하는 여러 유틸리티 클래스를 제공한다. 이 절에서는 유틸리티 클래스의 핵심인 Dataset 클래스와 DataLoader 클래스를 살펴본다. 이 두 클래스의 사용법을 이해하기 위

5 전체 학습 데이터를 모두 학습한 것 에폭(Epoch)이라고 한다. 5에폭 신경망이란, 전체 데이터를 다섯 차례 학습했다는 의미다. – 옮긴이

6 일반적으로 학습 데이터는 분할돼 학습되고 최적화된다. 이 분할 단위를 미니배치(mini-batch)라고 한다. 1개 에폭은 여러 개의 미니배치로 구성된다. – 옮긴이

해 캐글(https://www.kaggle.com/c/dogs-vs-cats/data)의 개와 고양이 데이터셋을 가져와 파이토치 Tensor 형태의 이미지 배치를 만드는 것을 데이터 파이프라인으로 만들어본다.

데이터셋 클래스

다음 코드의 DogsAndCatsDataset 클래스는 파이토치 Dataset 클래스를 상속해 만든 사용자 정의 데이터셋 클래스Dataset Class다. 사용자 정의 데이터셋 클래스 만들기 위해서는 Dataset 클래스를 상속하고, __len__(self)와 __getitem__(self, idx) 메서드를 구현해야 한다. Dataset 클래스로 사용되는 사용자 정의 데이터셋 클래스는 다음 코드와 같은 형태를 보인다.

```
from torch.utils.data import Dataset

class DogsAndCatsDataset(Dataset):
    def __init__(self,):
        pass
    def __len__(self):
        pass
    def __getitem__(self,idx):
        pass
```

사용자 정의 데이터셋 클래스에 테이블 인덱스 읽기와 이미지 파일명 읽기와 같은 초기화 작업이 필요하다면, 이러한 로직은 __init__ 메서드에 구현한다. __len__(self) 메서드는 데이터셋의 최대 요소 수를 반환하고, __getitem__(self, idx) 메서드는 데이터셋에 idx 번째 해당 요소를 반환한다. DogsAndCatsDataset 클래스는 다음 코드와 같이 구현될 수 있다.

```
class DogsAndCatsDataset(Dataset):

    def __init__(self,root_dir,size=(224,224)):
        self.files = glob(root_dir)
```

```
        self.size = size

    def __len__(self):
        return len(self.files)

    def __getitem__(self,idx):
        img = np.asarray(Image.open(self.files[idx]).resize(self.size))
        label = self.files[idx].split('/')[-2]
        return img,label
```

DogsAndCatsDataset 클래스를 생성했다면, 다음 코드와 같이 객체를 생성하고, 이 객체를 기반으로 반복을 수행할 수 있다.

```
for image,label in dogsdset:
# 데이터셋에 딥러닝 적용
```

딥러닝 알고리즘을 1개의 데이터 인스턴스 단위로 학습시키는 것은 적합하지 않다.[7] 최신 GPU는 배치 데이터 형태로 처리할 때 더 좋은 성능을 발휘하도록 최적화돼 있다. 따라서 데이터를 배치 형태로 만들어야 효과적이다. DataLoader 클래스는 데이터를 배치로 만드는 작업을 돕는 유틸리티 클래스로, 배치 데이터를 만드는 여러 복잡한 작업을 추상화한다.

DataLoader 클래스

DataLoader 클래스는 파이토치의 utils 모듈에 위치한다. 이 DataLoader 객체는 SequentialSampler, RandomSampler와 같은 다양한 샘플러와 함께 데이터셋 객체를 결합해 만든다. DataLoader 객체는 단일 프로세스 반복자 또는 다중 프로세스 반복자를 위한 배치 이미지를 제공한다. 샘플러 클래스는 딥러닝 알고리즘에 데이터를 제공하는 다양한 전략을 정의한다. 다음은 개와 고양이 데이터셋의 DataLoader의 예제 코드다.

7 딥러닝 알고리즘에 데이터 한 건을 입력하고, 그 오차로 학습 파라미터를 업데이트하는 학습 방식을 의미한다. – 옮긴이

```
dataloader = DataLoader(dogsdset,batch_size=32,num_workers=2)
for imgs , labels in dataloader:
    # 데이터셋에 딥러닝 적용
    pass
```

imgs의 텐서 크기는 (32, 224, 224, 3)이다. 여기서 32는 배치 크기를 의미한다.

파이토치 팀은 또한 두 가지 유용한 라이브러리인 torchvision과 torchtext를 제공한다. 이 두 클래스는 Dataset과 DataLoader 클래스를 기반으로 한다. 이미지 분석과 자연어 처리를 다루는 예제에서 이 두 클래스를 사용한다.

요약

2장에서는 파이토치가 제공하는 다양한 데이터 구조와 연산에 대해 살펴봤다. 또한 파이토치의 기본 블록으로 사용되는 주요 컴포넌트를 구현해봤다. 데이터 준비 단계에서는 알고리즘에 사용될 Tensor 객체를 만들어봤다. 예제로 살펴본 네트워크 아키텍처는 원더무비 플랫폼에서 사용자의 동영상 평균 시청 시간을 예측하는 학습 모델이다. 오차 함수를 사용해 모델의 표준을 확인하고, optimize 함수를 사용해 모델의 학습 파라미터를 조정함으로써 모델의 성능을 향상시켰다.

또한 딥러닝 처리를 병렬화하고 데이터를 증식하기 위해, 발생하는 여러 복잡도를 파이토치가 어떻게 추상화해 데이터 파이프라인을 쉽게 만드는지를 살펴봤다.

3장, '신경망 파헤치기'에서는 신경망과 딥러닝 알고리즘이 어떻게 작동하는지 깊이 있게 살펴본다. 네트워크 아키텍처, 오차 함수와 최적화를 구축하기 위해 파이토치가 제공하는 다양한 내장 모듈에 대해 알아본다. 또한 실제 데이터셋에 파이토치가 제공하는 내장 모듈을 적용해본다.

03

신경망 파헤치기

3장에서는 실세계의 문제를 해결하는 데 사용되는 다양한 학습 아키텍처 모듈에 대해 살펴본다. 2장, '신경망 구성 요소'에서는 파이토치의 저수준 API를 사용해 네트워크 아키텍처, 오차 함수 및 옵티마이저와 같은 모듈을 직접 작성했다. 3장에서는 신경망을 이용해 실제 문제를 해결할 때, 필요한 주요 구성 요소를 소개하고, 딥러닝의 여러 복잡도를 추상화하기 위해 파이토치가 제공하는 여러 고급 기능에 대해 알아본다. 3장의 마지막 부분에서는 회귀, 이진 분류 및 다중 클래스 분류와 같은 실세계의 문제를 해결하는 알고리즘을 만들어본다.

3장에서는 다음과 같은 주제에 대해 알아본다.

- 신경망을 구성하는 구성 요소에 대한 심화 학습
- 딥러닝 아키텍처를 구축하기 위한 파이토치의 상위 수준 기능 소개
- 실세계 이미지 분류 문제에 딥러닝 알고리즘 적용

신경망 구성 요소

2장, '신경망 구성 요소'에서 설명한 것처럼, 딥러닝 알고리즘을 학습하기 위해서는 다음과 같은 절차가 필요하다.

- 데이터 파이프라인 구축
- 신경망 아키텍처 구축
- 오차 함수를 이용해 아키텍처 평가
- 최적화 알고리즘을 이용해 네트워크 아키텍처 가중치 최적화

2장, '신경망 구성 요소'에서 신경망은 파이토치 수치 연산으로 작성된 단순한 선형 모델로 구성된다고 설명했다. 파이토치 수치 연산을 이용해 간단한 학습용 예제 문제의 솔루션을 직접 구축하는 것은 어렵지 않다. 그러나 컴퓨터 비전 및 자연어 처리Neural Language Processing, NLP와 같은 다양한 영역의 실세계의 문제를 해결하는 아키텍처를 만드는 것은 상당히 복잡하고 어려운 일이다. 파이토치, 텐서플로 및 아파치 MXNet과 같은 딥러닝 프레임워크는 이런 여러 복잡도를 제거하고 추상화하는 고급 기능을 제공한다. 일반적으로 이런 고급 기능을 딥러닝 프레임워크에서는 레이어Layer라고 한다. 2장, '신경망 구성 요소'에서 살펴본 것과 같이 레이어는 데이터를 입력받고 변환을 적용한 후, 데이터를 출력한다. 딥러닝 아키텍처는 실세계의 문제를 해결하기 위해 1~150개 또는 그 이상의 레이어로 구성된다. 저수준[1]의 작업을 추상화하고 딥러닝 알고리즘을 학습하는 것은 그림 3.1과 같이 표현될 수 있다.

1 파이토치가 고수준 추상화 기능을 제공하기 때문에 저수준 API를 직접 사용할 필요가 없다는 소개를 자주 한다. 이 선형 레이어가 고수준 API와 저수준 API의 차이를 느낄 수 있는 부분이다. 위 myLayer 객체는 크기가 (1, 10) 텐서를 입력받아 (1, 5)를 출력한다. 내부적으로 (1, 10) 텐서를 (1, 5) 텐서로 변환하기 위해 크기가 (10,5)인 텐서를 만들고 행렬 곱을 한다. 저수준 API를 직접 사용하는 텐서플로는 이런 가중치 텐서를 직접 선언하고 처리해줘야 한다. 고수준 API를 제공하는 파이토치와 케라스는 이런 작업을 자동으로 처리해준다. – 옮긴이

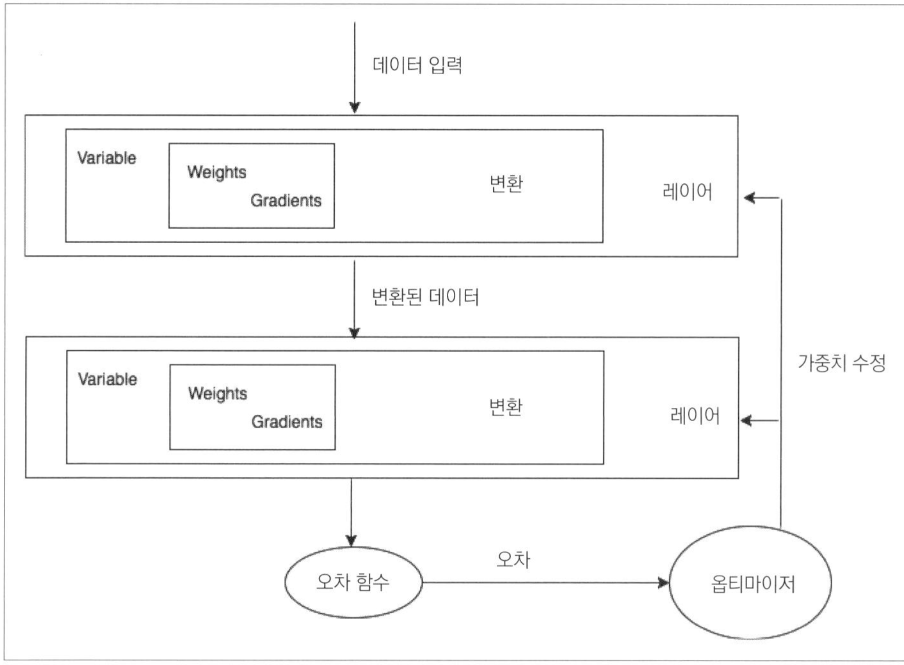

▲ **그림 3.1** 딥러닝 네트워크(신경망) 학습 과정

그림 3.1을 요약하면, 딥러닝 학습은 데이터를 획득하고, 여러 레이어로 구성된 아키텍처를 구축한 후, 오차 함수를 사용해 모델의 정확도를 평가하고 네트워크의 가중치를 조정하는 일련의 작업을 통해 알고리즘을 최적화하는 과정이라고 설명할 수 있다. 3장에서는 파이토치가 제공하는 레이어, 오차 함수 및 옵티마이저와 같은 고급 추상화 기능에 대해 설명하고, 딥러닝 구성 컴포넌트에 대한 이해를 높일 것이다. 그리고 실세계의 문제에 파이토치로 구축된 딥러닝 알고리즘을 적용해보고, 그 문제를 해결해본다.

레이어 – 신경망 기본 블록

이제부터 여러 유형의 레이어를 살펴본다. 우선, 가장 기본적이고 중요한 레이어인 선형 레이어Linear Layer에 대해 알아본다. 선형 레이어는 2장, '신경망 구성 요소'에서 소개한 네트워크 아키텍처와 완전히 같은 것이다. 선형 레이어는 입력 데이터에 선형 변환을 적용한 후, 결과를 출력한다.

$$Y = Wx + b$$

파이토치가 제공하는 선형 레이어가 강력한 이유는 2장, '신경망 구성 요소'에서 작성한 함수 전체를 다음 코드 한 줄로 대체할 수 있기 때문이다.

```
from torch.nn import Linear
myLayer = Linear(in_features=10,out_features=5,bias=True)
```

위 코드에서 myLayer는 크기가 10인 텐서를 입력으로 받고, 선형 변환을 적용한 후, 크기가 5인 텐서를 출력한다. 이 선형 레이어는 다음과 같은 방식으로 사용될 수 있다.

```
inp = Variable(torch.randn(1,10))
myLayer = Linear(in_features=10,out_features=5,bias=True)
myLayer(inp)
```

선형 레이어 객체의 `weight`와 `bias` 속성을 이용해 레이어의 학습 파라미터에 직접 접근할 수 있다.

```
myLayer.weight

출력 :
Parameter containing:
-0.2386 0.0828 0.2904 0.3133 0.2037 0.1858 -0.2642 0.2862 0.2874 0.1141
 0.0512 -0.2286 -0.1717 0.0554 0.1766 -0.0517 0.3112 0.0980 -0.2364 -0.0442
 0.0776 -0.2169 0.0183 -0.0384 0.0606 0.2890 -0.0068 0.2344 0.2711 -0.3039
 0.1055 0.0224 0.2044 0.0782 0.0790 0.2744 -0.1785 -0.1681 -0.0681 0.3141
 0.2715 0.2606 -0.0362 0.0113 0.1299 -0.1112 -0.1652 0.2276 0.3082 -0.2745
[torch.FloatTensor of size 5x10]

myLayer.bias

출력 :
Parameter containing:
```

```
-0.2646
-0.2232
 0.2444
 0.2177
 0.0897
[torch.FloatTensor of size 5
```

선형 레이어는 여러 가지 이름으로 불린다. 다른 프레임워크에서는 덴스 레이어dense Layer 또는 전연결 레이어Fully Connected Layer라고 부르기도 한다. 일반적으로 실무에서 사용하는 딥러닝 아키텍처는 2개 이상의 레이어로 구성된다. 파이토치는 여러 레이어를 구성하는 다양한 방법을 제공한다.

복수 레이어를 구성하는 첫 번째 방법은 다음 레이어에 이전 레이어의 출력을 입력하는 방식이다.

```
myLayer1 = Linear(10,5)
myLayer2 = Linear(5,2)
myLayer2(myLayer1(inp))
```

각 레이어는 개별적으로 학습 파라미터를 갖는다. 여러 레이어를 사용하면 각 레이어는 개별적으로 입력 데이터의 패턴을 학습하고, 다음 레이어는 앞에서 학습한 패턴을 기반으로 학습을 이어간다는 개념이다. 그러나 선형 레이어를 단순하게 쌓기만 하는 아키텍처에는 심각한 문제가 있다. 선형 레이어를 연속으로 쌓아 만든 여러 레이어는 1개 선형 레이어로 표현될 수 있다. 즉, 선형 레이어를 연속으로 쌓는 것은 학습에 전혀 도움이 되지 않는다. 단순히 여러 선형 레이어를 쌓기만 하는 것이 왜 의미가 없는지 간단한 예로 살펴보자.

다음과 같은 가중치를 갖는 2개의 선형 레이어가 있다고 가정한다.

레이어	가중치
Layer1	3.0
Layer2	2.0

연속된 2개의 서로 다른 레이어를 갖는 아키텍처는 하나의 레이어를 갖는 아키텍처로 간단하게 표현될 수 있다. 따라서 단순히 여러 선형 레이어를 쌓는 것은 알고리즘이 새로운 것을 학습하는 데 전혀 도움이 되지 않는다. 즉, 여러 선형 레이어를 연속으로 쌓은 것과 1개 선형 레이어로 간단하게 표현된 두 네트워크가 학습한 결과는 완전히 같다. 아직 이 사실이 불명확하게 느껴질 수 있다. 다음 수학 공식으로 아키텍처를 시각화해보면 좀 더 명확하게 보일 것이다.

$$Y = 2(3X_1) \text{ – 2개 선형 레이어}$$

$$Y = 6(X_1) \text{ – 1개 선형 레이어}$$

이 문제를 해결하기 위해 여러 비선형 함수를 사용할 수 있다. 이런 비선형 함수는 다양한 관계를 학습하도록 돕는다. 비선형 함수와 선형 레이어를 함께 사용하면 선형 관계의 한계를 극복할 수 있다.

딥러닝에는 여러 비선형 함수가 사용된다. 파이토치는 이러한 비선형 함수를 레이어 형태로 제공한다. 선형 레이어와 같은 방식으로 비선형 레이어를 사용할 수 있다.

다음과 같은 비선형 함수가 주로 사용된다.

- Sigmoid
- Tanh
- ReLU Rectified linear unit
- Leaky ReLU

비선형 활성 함수

비선형 활성화 함수는 입력을 받아 수학적 변환을 적용하고 출력을 생성하는 함수다. 실무에서 자주 접하게 되는 몇 가지 비선형 연산이 있다. 이 절에서는 실무에서 자주 사용하는 주요 비선형 활성화 함수를 살펴본다.

시그모이드

시그모이드Sigmoid 활성화 함수는 다음과 같은 간단한 수학 공식으로 표현할 수 있다.

$$\sigma(x) = 1/(1 + e^{-x})$$

시그모이드 함수를 직관적으로 설명하면 실수를 취하고, 0과 1 사이의 숫자를 출력하는 함수라고 할 수 있다. 큰 음수를 입력하면 0에 가까운 값, 큰 양수를 입력하면 1에 가까운 값을 반환한다. 여러 입력에 대한 시그모이드 함수 반환값을 그래프로 그리면 다음과 같이 표현될 수 있다.

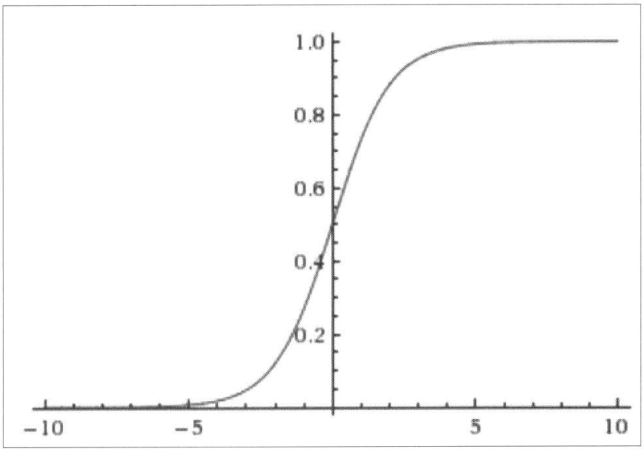

▲ **그림 3.2** 시그모이드 함수의 시각화 다이어그램

시그모이드 함수는 여러 아키텍처에서 오랫동안 사용돼왔다. 그러나 한 가지 큰 단점 때문에 최근에는 잘 사용되지 않는다. 시그모이드 함수의 출력값이 0 또는 1에 가까워지면, 시그모이드 함수의 앞 레이어 기울기는 거의 0이 된다. 따라서 이전 레이어의 학습 파라미터는 0에 가까운 기울기를 갖게 되고, 결과적으로 가중치가 조정되지 않는 현상이 발생한다. 결과적으로 학습되지 않는, 죽은 뉴런이 돼 버린다.

Tanh

Tanh[2] 비선형 함수는 실수를 입력받고, 입력값을 −1과 1 사이의 값으로 변환한다. Tanh도 −1과 1에 가까운 값을 출력할 때, 기울기가 없어지는 시그모이드와 같은 문제가 발생한다. 그러나 Tanh 함수의 출력값은 0을 중심으로 만들어지기 때문에 시그모이드와 비교해 반환값의 변화폭이 더 크다. 따라서 시그모이드보다 기울기가 소멸하는 증상[3]이 줄어든다. 현재 시그모이드보다 더 많이 사용된다.

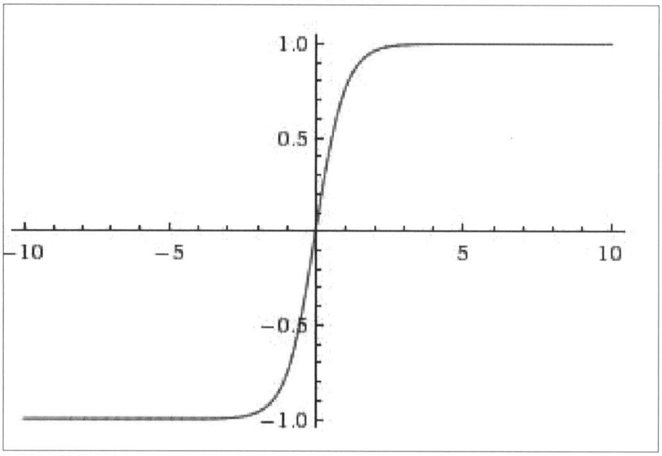

▲ **그림 3.3** Tanh 함수의 시각화 다이어그램

(출처: http://datareview.info/article/eto-nuzhno-znat-klyuchevyie-rekomendatsii-po-glubokomu-obucheniyu-chast-2/)

ReLU

ReLU는 최근 몇 년간 최고의 인기를 얻고 있다. 거의 모든 최신 아키텍처에서 ReLU를 사용하거나 ReLU의 변형된 형태인 Leaky ReLU를 사용한다. ReLU는 다음과 같은 간단한 수식으로 표현될 수 있다.

$$f(x)=max(0,x)$$

2 Tanh는 "(/tæntʃ/)"이라고 발음한다. – 옮긴이

3 은닉층에서 기울기가 점차 소멸하는 현상을 Vanshing Gradient라고 한다. – 옮긴이

ReLU는 음수를 입력하면 0을 출력하고, 양수를 입력하면 입력값을 그대로 반환한다. ReLU 함수는 다음과 같이 시각화할 수 있다.

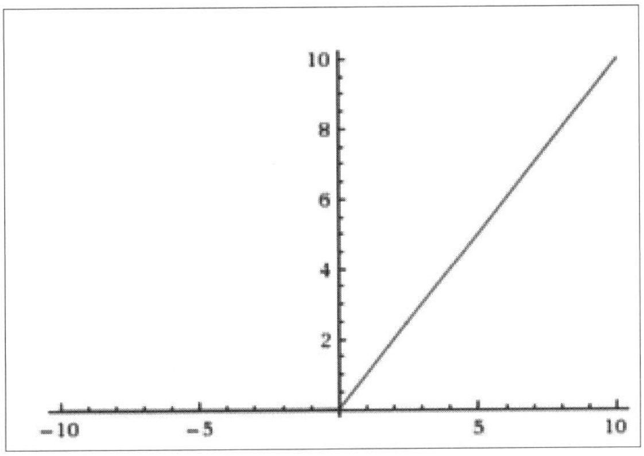

▲ **그림 3.4** ReLU 함수의 시각화 다이어그램

(출처: http://datareview.info/article/eto-nuzhno-znat-klyuchevyie-rekomendatsii-po-glubokomu-obucheniyu-chast-2/)

ReLU는 다음과 같은 장단점을 갖는다.

- ReLU는 옵티마이저가 더 빨리 올바른 가중치를 찾도록 돕는다. 기술적으로 ReLU는 SGD stochastic gradient descent(확률 경사 기울기)가 더 빨리 수렴할 수 있도록 한다.
- 연산 비용이 저렴하다. ReLU는 임곗값을 가질 뿐이며, 시그모이드 함수와 Tanh 함수와 같은 연산을 수행하지 않는다.
- ReLU에도 한 가지 단점이 있다. 역전파를 진행하면서 기울기가 큰 값을 ReLU에 전달하면 종종 응답이 없어진다. 이런 현상을 "Dead Neural(죽은 뉴런)"이라고 부른다. 이 문제는 학습률 Learning rate을 신중하게 설정함으로써 방지할 수 있다. 4장, '머신 러닝 입문'에서 학습률을 조정하는 여러 방법에 대해 설명하고, 특히 학습률을 선정하는 방법에 대해 자세하게 살펴본다.

Leaky ReLU

Leaky ReLU는 0으로 수렴해 더 이상 학습되지 않는 문제를 해결하기 위해 제안된 ReLU의 변형된 형태다. 음수가 입력될 경우에 0이 아닌 0.001과 같은 매우 작은 수를 반환한다. 일부 사례에서 Leaky ReLU는 다른 활성화 함수보다 우수한 성능을 보이기도 한다. 이런 경향은 일관성을 갖지 않는다.

파이토치 비선형 활성화 함수

파이토치는 일반적으로 사용되는 대부분의 비선형 활성화 함수를 제공한다. 이 함수도 레이어와 같은 방식으로 사용할 수 있다. 파이토치에서 ReLU 함수를 사용하는 간단한 예제를 살펴보자.[4]

```
from torch.nn import ReLU
import torch

sample_data = torch.Tensor([[1,2,-1,-1]])
myRelu = ReLU()
myRelu(sample_data)


출력:

Variable containing:
 1 2 0 0
[torch.FloatTensor of size 1x4]
```

위 예제에서는 2개의 양수와 2개의 음수를 갖는 Tensor 객체에 ReLU를 적용한다. ReLU는 입력된 Tensor 객체에 포함된 음수를 0으로 만들고, 양수는 그대로 유지하는 새로운 Tensor 객체를 반환한다.

4 원문에서 이 예제는 torch.Tensor를 Variable 객체로 감싸는 코드로 돼 있다. 파이토치 0.4 버전부터는 Tensor를 사용할 때 Variable로 변환할 필요가 없다. 원문 코드를 파이토치 0.4 버전으로 업데이트했다. – 옮긴이

지금까지 네트워크 아키텍처 구축에 필요한 주요 구성 요소를 살펴봤다. 다음 절에서는 실세계의 문제를 해결하는 데 사용되는 딥러닝 아키텍처를 만들어본다. 2장, '신경망 구성 요소'에서는 학습 알고리즘이 동작하는 방식을 설명하기 위해 간단한 문제를 직접 구현하는 방식으로 진행했다. 더 이상 아키텍처를 구축할 때 직접 구현하는 방식을 사용하지는 않을 것이다. 앞으로는 파이토치가 제공하는 기능을 활용해 파이토치 스타일의 네트워크 아키텍처를 사용한다.

파이토치 딥러닝 알고리즘 구현하기

파이토치의 모든 네트워크는 클래스 형태로 개발된다. 네트워크를 구현하는 클래스는 `nn.Module` 클래스를 상속하고 `__init__`와 `forward` 메서드를 구현해야 한다. `__init__` 메서드에서는 앞에서 다룬 선형 레이어와 같은 레이어들을 초기화한다. `forward` 메서드에서는 `__init__` 메서드에서 초기화한 레이어에 입력 데이터를 전달하고 최종 출력을 반환한다. 비선형 함수는 때때로 `forward` 메서드에서 직접 사용될 수도 있고, `__init__` 메서드에서도 사용된다. 파이토치에서 딥러닝 아키텍처는 다음 코드와 같이 구현된다.

```
class MyFirstNetwork(nn.Module):

    def __init__(self,input_size,hidden_size,output_size):
        super(MyFirstNetwork,self).__init__()
        self.layer1 = nn.Linear(input_size,hidden_size)
        self.layer2 = nn.Linear(hidden_size,output_size)

    def forward(self,input):
        out = self.layer1(input)
        out = nn.ReLU(out)
        out = self.layer2(out)
        return out
```

파이썬이 아직 익숙하지 않은 독자의 경우, 위 코드가 어렵게 느껴질 수도 있다. 이 코드의 핵심은 파이토치로 네트워크를 구현하는 모든 작업은 `nn.Module` 클래스를 상속하고,

__init__ 생성자와 forward 메서드 2개를 구현하는 것만으로 끝난다는 것이다. 파이썬에서는 클래스 인자로 부모 클래스 이름을 전달하는 방식으로 부모 클래스를 상속한다. __init__ 메서드는 파이썬에서 생성자 역할을 담당하고, super는 자식 클래스의 인자를 부모 클래스(위 예제에서 nn.Module)에 전달하는 데 사용된다.

다양한 머신 러닝 문제를 위한 모델 아키텍처

파이토치로 네트워크를 구축할 때 개발자가 해야 할 일은 선형 레이어부터 LSTM에 이르기까지 다양한 레이어 중에서 어떤 유형의 레이어를 사용할 것인지를 결정하는 것이다. 해결하려는 문제의 유형에 따라 마지막 레이어의 유형이 결정된다. 일반적으로 머신 러닝이나 딥러닝 알고리즘은 세 가지 문제 유형에 적용된다. 각 문제 유형이 사용하는 마지막 레이어를 다음과 같이 요약할 수 있다.

- **회귀**: 판매할 티셔츠의 가격을 예측하는 것과 같은 회귀 문제의 경우, 마지막 레이어로 1개의 숫자를 출력하는 선형 레이어를 사용한다. 이 선형 레이어는 연속값을 출력한다.
- **이진 분류**binary classification problem: 입력된 이미지가 티셔츠인지, 셔츠인지를 분류하는 문제에서는 마지막 레이어로 시그모이드 활성화 함수를 사용한다. 시그모이드 활성화 함수는 1 또는 0에 가까운 값을 출력한다.
- **다중 분류**multi-class classification: 입력된 이미지가 티셔츠, 청바지, 셔츠 또는 드레스인지를 분류하는 문제에서 네트워크의 마지막에는 소프트맥스Softmax 레이어가 사용된다. 소프트맥스가 동작하는 방식을 수학적 관점이 아닌 직관적인 방식으로 생각해보자. 예를 들어, 소프트맥스 레이어는 이전 선형 레이어의 출력값을 입력으로 받고, 입력 데이터가 각 클래스로 분류될 확률을 반환한다. 이 예제에서 네트워크는 입력된 이미지가 4개의 유형(티셔츠, 청바지, 셔츠, 드레스)으로 분류될 개별적인 네 가지 확률을 반환한다. 이렇게 소프트맥스가 출력하는 각 분류 확률의 전체 합은 항상 1이다.

오차 함수

지금까지 네트워크 아키텍처를 정의했다. 네트워크를 완성하기까지는 아직 두 가지 중요한 단계가 남아 있다. 하나는 구현한 네트워크가 회귀, 분류의 특정 작업을 수행하는 데 얼마나 적합한지를 측정하는 것이고, 다른 하나는 가중치를 최적화하는 것이다.

그레이디언트 디센트Gradient descent 옵티마이저는 일반적으로 스칼라를 입력받는다.[5] 따라서 오차 함수Loss Function는 스칼라를 반환해야 한다. 머신 러닝에서 학습은 이 오차 함수의 반환값을 최소화하는 반복적인 과정이다. 장애물이 어디에 있는지 예측하고, 보행자에게 장애물을 분류해 알리는 시스템에서는 2개 이상의 오차 함수가 필요하다. 이러한 시나리오에서도 옵티마이저가 오차를 최소화하도록 동작하기 위해서는 여러 오차를 결합해 하나의 스칼라로 만들어야 한다. 4장, '머신 러닝 입문'에서 실제 예제로 여러 오차를 하나의 스칼라로 결합하는 방법을 자세하게 소개한다.

2장, '신경망 구성 요소'에서는 직접 오차 함수를 정의했다. 파이토치는 자주 사용되는 주요 오차 함수 구현체를 제공한다. 회귀와 분류에 사용되는 오차 함수에 대해 살펴본다.

회귀 문제에서 일반적으로 사용되는 오차 함수는 MSE Mean Square Error(평균 제곱 오차)다. 이 오차 함수를 2장, '신경망 구성 요소'에서 구현했다. 다음과 같이 파이토치에서는 MSE 손실 함수의 구현체를 제공하며, 다음과 같이 사용할 수 있다.

```
loss = nn.MSELoss()
input = Variable(torch.randn(3, 5), requires_grad=True)
target = Variable(torch.randn(3, 5))
output = loss(input, target)
output.backward()
```

분류에서는 오차 함수로 교차 엔트로피 오차Cross-entropy loss를 사용한다. 교차 엔트로피에 대한 수식을 살펴보기 전에 교차 엔트로피 오차가 어떻게 작동하는지 이해해보자. 교차

5 여기서 스칼라를 입력받는다는 것은 1개의 숫자를 입력으로 취한다는 의미다. – 옮긴이

엔트로피는 확률을 예측하는 분류 네트워크의 오차를 계산한다. 소프트맥스 레이어에서 이 값의 총합은 1이 된다. 예측한 확률이 실제 맞는 확률에서 벗어날 때 교차 엔트로피 오차가 증가한다. 예를 들어, 분류 알고리즘이 판다 사진을 입력받았고, 이 이미지를 10% 분류 확률로 고양이라고 분류했다면, 크로스 엔트로피의 오차는 증가한다. 이와 반대로 이 분류기의 예측이 실제 레이블로 유사하다면, 교차 엔트로피 오차는 작아진다.

▲ **그림 3.5** 이미지 분류기 입력 데이터: 판다 이미지

교차 엔트로피는 파이썬 코드로 다음과 같이 구현할 수 있다.

```
def cross_entropy(true_label, prediction):
    if true_label == 1:
        return -log(prediction)
    else:
        return -log(1 - prediction)
```

분류 문제에서 교차 엔트로피 오차를 사용하기 위해 반드시 내부 동작 메커니즘을 완벽하게 이해해야 하는 것은 아니다. 기억해야 할 것은 예측이 정확하지 않을 때 오차가 높아지고, 예측이 정확할수록 오차가 낮아진다는 것이다. 파이토치는 교차 엔트로피 오차 함수 구현체를 제공한다. 이 오차 함수는 다음과 같이 사용할 수 있다.

```
loss = nn.CrossEntropyLoss( )
input = Variable(torch.randn(3, 5), requires_grad=True)
target = Variable(torch.LongTensor(3).random_(5))
output = loss(input, target)
output.backward( )
```

파이토치는 다음과 같은 오차 함수를 제공한다.

L1 Loss	정규화에 주로 사용됨(4장, '머신 러닝 입문'에서 다룬다)
MSE Loss	회귀 문제를 다룰 때 주로 사용되는 오차 함수
Cross-entropy Loss	이진 분류와 다중 분류 문제에서 사용되는 오차 함수
NLL Loss	분류 문제에서 특정 가중치를 사용해 데이터셋 불균형을 처리할 때 사용됨
NLL Loss2d	주로 이미지 분할과 관련된 문제에서 픽셀 단위 분류에 사용됨

네트워크 아키텍처 최적화

네트워크 오차를 계산한 후에는 네트워크 오차를 줄이고 알고리즘의 정확도를 높이기 위해 가중치를 최적화한다. 설명을 쉽게 하기 위해 옵티마이저를 블랙박스라고 가정한다. 옵티마이저가 어떻게 동작하는지는 모르지만 오차 함수와 모든 학습 파라미터를 취하고, 네트워크의 성능 향상을 위해 학습 파라미터를 조금씩 변경하는 역할을 담당한다. 파이토치는 일반적으로 딥러닝에서 사용되는 대부분의 옵티마이저를 제공한다. 이런 옵티마이저가 내부적으로 어떻게 작동하는지 알아보고 싶다면 다음 블로그를 참조하라. 다음 참조 문서를 이해하기 위해서는 어느 정도 수학에 대한 배경 지식이 필요하다.

- http://colah.github.io/posts/2015-08-Backprop/
- http://ruder.io/deep-learning-optimization-2017/

파이토치는 다음과 같은 옵티마이저를 제공한다.

- ADADELTA
- Adam
- Adagrad
- SparseAdam

- Adam
- SparseAdam
- Adamax
- ASGD
- LBFGS
- RMSProp
- Rprop
- SGD

4장, '머신 러닝 입문'에서 이 알고리즘의 장단점에 대해 자세하게 알아본다. 옵티마이저 객체는 다음과 같이 생성할 수 있다.

```
optimizer = optim.SGD(model.parameters(), lr = 0.01)
```

위 예제에서 SGD 옵티마이저를 생성했다. 이 옵티마이저는 첫 번째 전달 인자로 학습 파라미터, 두 번째 전달 인자로 학습률을 입력받는다. 여기서 학습률이란, 최적화 단계에서 학습 파라미터를 수정하는 변경 비율이다. 4장, '머신 러닝 입문'에서 옵티마이저의 중요한 매개변수인 학습률과 모멘텀Momentum에 대해 자세하게 알아본다. 옵티마이저 객체를 생성한 후에는 반복문 안에서 zero_grad()를 호출해야 한다. zero_grad()로 기울기를 초기화하지 않으면, 이전에 옵티마이저를 호출하는 과정에서 생성된 기울기가 누적된다. 이러한 이유로 반복문 안에서 옵티마이저의 기울기를 초기화해야 한다.

```
for input, target in dataset:
    optimizer.zero_grad()
    output = model(input)
    loss = loss_fn(output, target)
    loss.backward()
    optimizer.step()
```

오차 함수 객체 loss의 backward 메서드를 호출하면, 기울기가 계산된다. 이 기울기에 따라 학습 파라미터가 변경되는 크기가 결정된다. optimizer.step()을 호출하면 학습 파라미터에 실제 변경이 적용된다.

봤다. 지금까지 학습한 이론을 실습해보기 위해 개와 고양이를 구분하는 복잡한 딥러닝 모델을 구축해본다.

딥러닝을 이용한 이미지 분류

현실 세계의 문제를 해결하는 데 있어서 가장 중요한 부분은 데이터를 확보하는 것이다. 캐글은 다양한 데이터 과학 문제를 주제로 많은 공모전을 운영하는 데이터 과학 플랫폼이다. 2014년에 캐글에 등록된 문제 중 하나를 선택하고, 이 데이터를 이용해 딥러닝 알고리즘을 테스트해본다. 추가로 5장, '컴퓨터 비전 딥러닝'에서 이 알고리즘의 성능을 높이는 방법에 대해 알아본다. 5장, '컴퓨터 비전 딥러닝'에서는 CNN과 이미지 인식 모델의 성능을 높이는 데 적용할 수 있는 고급 기법을 소개한다. 여기에서 예제로 사용할 데이터는 https://www.kaggle.com/c/dogs-vs-cats/data에서 다운로드할 수 있다.[6] 이 데이터셋에는 25,000장의 개와 고양이 이미지가 포함돼 있다. 알고리즘을 구현하기 전에 데이터 전처리와 데이터를 학습, 검증 및 테스트 데이터셋으로 분할하는 작업을 먼저 수행해야 한다. 캐글 이미지 데이터를 다운로드하고 압축을 풀면, 이미지가 다음과 같은 형식으로 포함돼 있을 것이다.

```
chapter3/
    dogsandcats/
        train/
            dog.183.jpg
            cat.2.jpg
            cat.17.jpg
            dog.186.jpg
            cat.27.jpg
            dog.193.jpg
```

▲ **그림 3.6** 캐글에서 다운로드한 개와 고양이 데이터셋

대부분의 프레임워크에서 이미지를 읽고, 레이블을 쉽게 지정하기 위해서는 다음과 같은

6 예제 데이터의 전체 크기는 543MB다. 캐글에서 데이터를 다운로드하기 위해서는 핸드폰 인증이 필요하다. – 옮긴이

형식으로 데이터를 제공해야 한다. 각 클래스의 이미지는 개별적인 폴더에 분리해 저장돼야 한다. 여기에서 모든 고양이 이미지는 cat 폴더, 개 이미지는 dog 폴더에 있어야 한다.

```
chapter3/
    dogsandcats/
        train/
            dog/
                dog.183.jpg
                dog.186.jpg
                dog.193.jpg
            cat/
                cat.17.jpg
                cat.2.jpg
                cat.27.jpg
        valid/
            dog/
                dog.173.jpg
                dog.156.jpg
                dog.123.jpg
            cat/
                cat.172.jpg
                cat.20.jpg
                cat.21.jpg
```

▲ **그림 3.7** 머신 러닝에 입력하기 위해 데이터 레이아웃을 변경한 결과

파이썬을 이용하면 캐글에서 다운로드한 데이터를 위의 분류 체계로 쉽게 변환할 수 있다. 코드를 빠르게 살펴보고, 중요한 부분에 대해 추가 설명을 진행한다.

```
path = '../chapter3/dogsandcats/'

# 폴더 안에 모든 파일 목록을 읽음
files = glob(os.path.join(path,'*/*.jpg'))

print(f'Total no of images {len(files)}')

no_of_images = len(files)

# 데이터 집합을 만드는 데 사용할 셔플 색인 생성
shuffle = np.random.permutation(no_of_images)
```

```
# 검증 이미지를 저장할 검증용 디렉터리 생성
os.mkdir(os.path.join(path,'valid'))

# 레이블명으로 디렉터리 생성
for t in ['train','valid']:
     for folder in ['dog/','cat/']:
          os.mkdir(os.path.join(path,t,folder))

# valid 폴더에 이미지 2000장 복사
for i in shuffle[:2000]:
     folder = files[i].split('/')[-1].split('.')[0]
     image = files[i].split('/')[-1]
     os.rename(files[i],os.path.join(path,'valid',folder,image))

# traing 폴더에 나머지 이미지 복사
for i in shuffle[2000:]:
     folder = files[i].split('/')[-1].split('.')[0]
     image = files[i].split('/')[-1]
     os.rename(files[i],os.path.join(path,'train',folder,image))
```

위 코드는 지정된 폴더 아래의 모든 파일을 검색하고 2,000개 이미지를 선별해 검증 데이터셋을 만든다. 이때 모든 이미지를 고양이와 개의 범주로 구분한다. 일반적으로 머신러닝 알고리즘을 훈련시킬 때는 검증 데이터셋을 만들어 사용한다. 알고리즘을 테스트할 때 학습에 사용했던 데이터셋을 재사용하는 것은 적절치 않다. 검증 데이터셋을 만들 때 이미지 데이터 길이와 같은 랜덤하게 뒤섞인 숫자 목록을 만들어 사용한다. 이렇게 만든 숫자 목록은 검증 데이터셋을 만들기 위한 이미지 선별 색인으로 사용된다. 이제 위 코드를 자세하게 살펴보자.

다음 코드를 사용해 파일 객체 리스트를 만든다.

```
files = glob(os.path.join(path,'*/*.jpg'))
```

glob 함수는 특정 폴더의 모든 파일을 반환한다. 이 함수에 지정된 폴더가 파일을 너무 많이 갖고 있어서 모든 파일명을 메모리에 올리는 것이 부담스러운 상황이라면, iglob를 사용할 수도 있다. iglob는 순차적으로 파일명을 읽어오는 이터레이터[7]를 반환한다. 여기에서 예제로 사용하는 파일은 25,000개로, 파일명을 한꺼번에 메모리에 올리는 것이 문제가 되지 않는다.

다음 코드는 예제 파일을 섞을 때 사용하는 색인 목록을 만든다. 다음 함수는 입력된 숫자 크기의 임의로 뒤섞인 정수 리스트를 반환한다.

```
shuffle = np.random.permutation(no_of_images)
```

앞에 코드는 0에서 25,000 미만의 범위에 있는 뒤섞인 25,000개 숫자 목록을 반환한다. 검증 데이터셋을 만들기 위해 25,000개의 이미지 중에서 2,000개 이미지를 선정할 때 위 코드에서 반환하는 리스트를 사용한다.

다음 코드를 사용해 학습과 검증 데이터셋의 디렉터리 구조를 만든다.

```
os.mkdir(os.path.join(path,'valid'))
for t in ['train','valid']:
     for folder in ['dog/','cat/']:
          os.mkdir(os.path.join(path,t,folder))
```

위 코드에서 valid와 train 폴더를 생성하고, 두 폴더에 데이터 범주를 기준으로 cats와 dogs 디렉터리를 만들었다.

다음 코드로 데이터의 순서를 뒤섞는다.

7 iterator는 next() 함수로 데이터를 순차적으로 반환하는 객체다. 만약 마지막 데이터를 불러오고도 next()를 하거나 next() 함수로 데이터를 가져올 수 없는 경우에는 StopIteration exception을 발생시킨다. - 옮긴이

```
for i in shuffle[:2000]:
    folder = files[i].split('/')[-1].split('.')[0]
    image = files[i].split('/')[-1]
    os.rename(files[i],os.path.join(path,'valid',folder,image))
```

위 코드는 임의의 순서로 섞인 숫자 목록을 이용해 2,000개 이미지 검증 데이터셋을 만든다. 유사한 방식을 사용해 train 디렉터리에 23,000개의 train 학습 데이터셋을 별도로 저장한다.

이제 우리가 필요한 형식으로 데이터와 데이터 레이아웃을 구성했다. 이 이미지 데이터를 파이토치 Tensor 형태로 데이터를 로딩하는 방법을 살펴보자.

파이토치 Tensor로 데이터 로딩

파이토치의 torchvision.datasets 패키지는 ImageFolder라는 유틸리티 클래스를 제공한다. 이 유틸리티 클래스는 앞에서 작업한 형식으로 데이터가 저장돼 있을 때, 관련 레이블과 함께 이미지를 메모리에 올린다. 데이터 전처리 단계에서는 일반적으로 다음과 같은 절차를 수행한다.

1. 모든 이미지의 크기를 같은 크기로 저장한다. 대부분의 딥러닝 아키텍처는 이미지의 크기가 같다는 것을 전제로 한다.
2. 데이터셋의 평균 및 표준 편차로 데이터셋을 정규화Normalization 한다.
3. 이미지 데이터셋을 파이토치 Tensor로 변환한다.

파이토치의 transforms 모듈은 여러 유틸리티 함수를 제공한다. 이 함수를 이용하면 데이터 전처리를 쉽게 할 수 있다. 예를 들어 다음 세 가지 변환을 수행할 수 있다.

- 이미지 크기를 256 × 256 크기로 조정
- 파이토치 Tensor로 변환
- 데이터 정규화(평균과 표준편차를 이용해 데이터를 정규화하는 방식에 대해서는 5장, '컴퓨터 비전 딥러닝'에서 다룬다)

다음 코드는 ImageFolder 클래스를 사용해 변환을 적용하고 이미지를 로딩한다.

```
simple_transform=transforms.Compose([transforms.Scale((224,224)),
                                    transforms.ToTensor(),
                                    transforms.Normalize([0.485, 0.456,
0.406], [0.229, 0.224, 0.225])])
train = ImageFolder('dogsandcats/train/',simple_transform)
valid = ImageFolder('dogsandcats/valid/',simple_transform)
```

train 객체는 데이터셋의 모든 이미지와 관련 레이블을 보관한다. train 객체는 두 가지 중요한 속성을 갖는다. train 객체의 `class_to_idx`는 데이터셋에서 사용하는 각 분류 클래스와 대응되는 인덱스 정보를 제공하고, train 객체의 classes 속성은 분류 클래스 목록을 제공한다.

- `train.class_to_idx - {'cat': 0, 'dog': 1}`
- `train.classes - ['cat', 'dog']`

파이토치는 Tensor 객체로 로딩된 데이터를 시각화하는 효과적인 방법을 제공한다. Tensor 객체를 시각화하려면 Tensor 객체를 Numpy 객체로 변환한 후, 데이터의 형상을 재구성하고 역정규화해야 한다. 이 작업은 다음 함수로 수행할 수 있다.

```
def imshow(inp):
    """Tensor를 이미지로 출력 """
    inp = inp.numpy().transpose((1, 2, 0))
    mean = np.array([0.485, 0.456, 0.406])
    std = np.array([0.229, 0.224, 0.225])
    inp = std * inp + mean
    inp = np.clip(inp, 0, 1)
    plt.imshow(inp)
```

`imshow` 함수는 Tensor 객체를 입력받아 이미지로 출력한다.

```
imshow(train[50][0])
```

위 코드는 다음과 같은 결과를 만든다.

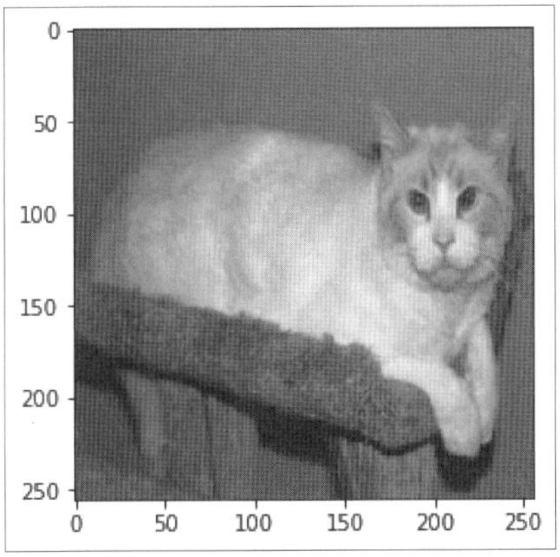

▲ **그림 3.8** Tensor 데이터 시각화 결과

배치 처리 형태 파이토치로 Tensor 로딩하기

최신 GPU와 CPU는 이미지를 배치 형태로 다룰 때 더 빨리 수행하도록 최적화돼 있다. 딥러닝이나 머신 러닝에서도 일반적으로 이미지 데이터를 배치 처리 형태로 다룬다. 배치 크기는 머신 러닝에 사용하는 GPU의 종류에 영향을 받는다. 각 GPU는 2GB에서 12GB까지 다양한 크기의 자체 메모리를 가지며, 상용 GPU의 경우 더 큰 메모리를 갖기도 한다. 파이토치는 `DataLoader` 클래스를 제공한다. `DataLoader` 클래스는 데이터셋을 받아들이고, 일련의 이미지를 반환한다. DataLoader는 데이터 변환을 적용하기 위해 다중 작업자Multi-Worker[8]를 사용하는 것과 같은 배치 처리의 많은 복잡성을 추상화한다. 다음 코드는 앞에서 생성한 학습과 검증 데이터셋을 DataLoader로 변환한다.

8 데이터를 로딩할 때 사용되는 스레드 수다. – 옮긴이

```
train_data_gen =
  torch.utils.data.DataLoader(train,batch_size=64,num_workers=3)
valid_data_gen =
  torch.utils.data.DataLoader(valid,batch_size=64,num_workers=3)
```

DataLoader 클래스는 많은 옵션을 제공하며, 일반적으로 다음과 같은 속성을 주로 사용한다.

- shuffle: true로 설정하면 DataLoader가 호출될 때마다 이미지가 임의의 순서로 섞임
- num_workers: 병렬 처리를 담당. 일반적으로 컴퓨터에서 사용할 수 있는 코어 수보다 작게 설정

네트워크 아키텍처 구축

컴퓨터 비전과 같은 실세계의 문제를 다룰 때는 일반적으로 데이터 분석가가 딥러닝 아키텍처를 직접 구축하지 않는다. 실세계의 문제 해결을 위해 바로 사용할 수 있는 다양한 아키텍처가 이미 존재한다. 예를 들어, 이 절에서는 컴퓨터 비전과 관련해 ImageNet과 같은 여러 대회에서 1등을 수상한 ResNet이라는 딥러닝 알고리즘을 사용한다. ResNet에 대한 이해를 돕기 위해 ResNet 알고리즘은 여러 파이토치 레이어가 정교하게 연결된 것이라고 가정하고 넘어가자. 현재는 ResNet 알고리즘의 내부 동작 방식에 집중할 필요는 없다. ResNet 알고리즘의 핵심 구성 요소에 대해서는 5장, '컴퓨터 비전 딥러닝'에서 설명한다. 파이토치의 torchvision.model 모듈은 유명한 여러 최신 모던 알고리즘을 제공한다. 이 모듈을 이용하면 최신 모던 알고리즘을 쉽게 만들고 사용해볼 수 있다. 다음 예제에서 ResNet 알고리즘을 사용하는 방법을 빠르게 살펴본 후, 라인별로 코드를 자세하게 살펴본다.

```
model_ft = models.resnet18(pretrained=True)
num_ftrs = model_ft.fc.in_features
model_ft.fc = nn.Linear(num_ftrs, 2)
```

```
if is_cuda:
    model_ft = model_ft.cuda()
```

위 코드에서 model.resnet18(pretrained=True) 코드는 ResNet 알고리즘의 인스턴스를 생성한다. 이 인스턴스는 여러 파이토치 레이어로 구성된다. ResNet 인스턴스인 model_ft 객체를 출력해보고, ResNet 알고리즘을 구성하는 요소에 대한 자세한 정보를 확인할 수 있다. ResNet 인스턴스 출력 결과는 수백 줄에 달한다. 다음 출력 결과는 전체 출력의 일부분이다.

```
ResNet (
  (conv1): Conv2d(3, 64, kernel_size=(7, 7), stride=(2, 2), padding=(3, 3), bias=False)
  (bn1): BatchNorm2d(64, eps=1e-05, momentum=0.1, affine=True)
  (relu): ReLU (inplace)
  (maxpool): MaxPool2d (size=(3, 3), stride=(2, 2), padding=(1, 1), dilation=(1, 1))
  (layer1): Sequential (
    (0): BasicBlock (
      (conv1): Conv2d(64, 64, kernel_size=(3, 3), stride=(1, 1), padding=(1, 1), bias=False)
      (bn1): BatchNorm2d(64, eps=1e-05, momentum=0.1, affine=True)
      (relu): ReLU (inplace)
      (conv2): Conv2d(64, 64, kernel_size=(3, 3), stride=(1, 1), padding=(1, 1), bias=False)
      (bn2): BatchNorm2d(64, eps=1e-05, momentum=0.1, affine=True)
    )
    (1): BasicBlock (
      (conv1): Conv2d(64, 64, kernel_size=(3, 3), stride=(1, 1), padding=(1, 1), bias=False)
      (bn1): BatchNorm2d(64, eps=1e-05, momentum=0.1, affine=True)
      (relu): ReLU (inplace)
      (conv2): Conv2d(64, 64, kernel_size=(3, 3), stride=(1, 1), padding=(1, 1), bias=False)
      (bn2): BatchNorm2d(64, eps=1e-05, momentum=0.1, affine=True)
    )
  )
  (layer2): Sequential (
    (0): BasicBlock (
      (conv1): Conv2d(64, 128, kernel_size=(3, 3), stride=(2, 2), padding=(1, 1), bias=False)
      (bn1): BatchNorm2d(128, eps=1e-05, momentum=0.1, affine=True)
```

위 로그에서 확인할 수 있는 것처럼, ResNet 아키텍처는 Conv2d, BatchNorm2d 및 MaxPool2d와 같은 특수한 형태로 결합된 여러 레이어로 구성된다. 이 알고리즘 클래스는 pretrained 라는 인자를 갖는다. 이 pretrained가 True로 설정되면, 알고리즘은 자동차, 선박, 물고기, 고양이, 개 등 1,000가지 카테고리를 예측하기 위해 특정 ImageNet 분류 문제를 미리 학습한 가중치가 설정된다. 이 설정은 ImageNet 데이터를 학습한 ResNet이 최고 성능을 보이는 시점의 가중치를 제공한다. 이러한 가중치는 알고리즘과 함께 공개돼 있으므로 알고리즘 사용 시 쉽게 사용할 수 있다. 알고리즘은 임의의 가중치로 시작할 때보다 정밀하게 튜닝된 가중치로 시작할 때 더 잘 작동하는 경향이 있다. 따라서 이번 예제에서는 사전 학습된 가중치로 시작한다.

ResNet 알고리즘은 1,000개 카테고리 중 하나를 예측하도록 훈련돼 있기 때문에 직접 사용할 수 없다. 이 예제는 개와 고양이 2개 카테고리 중 하나를 예측해야 한다. ResNet 알고리즘이 개와 고양이를 분류하도록 수정해야 한다. 다음 코드와 같이 선형 레이어인 ResNet 모델의 마지막 레이어를 가져와 출력 피처를 2로 변경한다.

```
model_ft.fc = nn.Linear(num_ftrs, 2)
```

이 알고리즘을 GPU 기반 컴퓨터에서 실행하는 경우, ResNet 모델의 cuda 메서드를 호출하면 ResNet 알고리즘은 GPU에서 동작한다. 이런 알고리즘 프로그램은 GPU 기반 컴퓨터에서 실행하는 것이 더 효과적이다. 클라우드 서비스에서는 GPU를 시간당 1,000원 정도 가격으로 제공하기도 한다. 다음 코드의 마지막 줄과 같이 CPU에서 동작하는 모델 인스턴스를 GPU에서 동작하는 인스턴스로 간단하게 변환할 수 있다.

```
if is_cuda:
    model_ft = model_ft.cuda()
```

모델 학습

지금까지 DataLoader 인스턴스와 알고리즘을 생성했다. 이제는 모델을 훈련해본다. 모델을 학습시키기 위해서는 오차 함수와 옵티마이저가 필요하다.

```
# 오차 함수와 옵티마이저
learning_rate = 0.001
criterion = nn.CrossEntropyLoss()
optimizer_ft = optim.SGD(model_ft.parameters(), lr=0.001, momentum=0.9)
exp_lr_scheduler = lr_scheduler.StepLR(optimizer_ft, step_size=7,
  gamma=0.1)
```

위 코드는 CrossEntropyLoss를 이용해 오차 함수를 만들고, SDG를 기반으로 한 옵티마이저를 만든다. StepLR 함수는 학습률을 동적으로 변경하는 기능을 제공한다. 학습률 조정과 관련된 여러 전략에 대해서는 4장, '머신 러닝 입문'에서 다룬다.

다음 train_model 함수는 모델을 가져와 여러 에폭을 실행하고, 오차를 줄임으로써 알고리즘의 가중치를 조정한다.

```
def train_model(model, criterion, optimizer, scheduler, num_epochs=25):
    since = time.time()

    best_model_wts = model.state_dict()
    best_acc = 0.0

    for epoch in range(num_epochs):
        print('Epoch {}/{}'.format(epoch, num_epochs - 1))
        print('-' * 10)

        # 각 에폭은 학습과 검증 단계로 구성
        for phase in ['train', 'valid']:
            if phase == 'train':
                scheduler.step()
                model.train(True) # 학습 모드로 모델 설정
            else:
                model.train(False) # 평가 모드로 모델 설정

            running_loss = 0.0
            running_corrects = 0

            # 데이터 반복
            for data in dataloaders[phase]:
                # 데이터 획득
                inputs, labels = data

                # 데이터 래핑(Variable)
                if is_cuda:
                    inputs = Variable(inputs.cuda())
                    labels = Variable(labels.cuda())
                else:
```

```
                inputs, labels = Variable(inputs), Variable(labels)

            # 파라미터 기울기 최적화
            optimizer.zero_grad()

            # 포워드
            outputs = model(inputs)
            _, preds = torch.max(outputs.data, 1)
            loss = criterion(outputs, labels)

            # 학습 단계에서만 수행(backward + optimize)
            if phase == 'train':
                loss.backward()
                optimizer.step()

            # 통계
            running_loss += loss.data[0]
            running_corrects += torch.sum(preds == labels.data)

        epoch_loss = running_loss / dataset_sizes[phase]
        epoch_acc = running_corrects / dataset_sizes[phase]

        print('{} Loss: {:.4f} Acc: {:.4f}'.format(
            phase, epoch_loss, epoch_acc))

        # 모델 복사(deep copy)
        if phase == 'valid' and epoch_acc > best_acc:
            best_acc = epoch_acc
            best_model_wts = model.state_dict()

    print()

time_elapsed = time.time() - since
print('Training complete in {:.0f}m {:.0f}s'.format(
    time_elapsed // 60, time_elapsed% 60))
print('Best val Acc: {:4f}'.format(best_acc))

# 최적 가중치 로드
model.load_state_dict(best_model_wts)
return model
```

앞의 함수는 다음과 같이 동작한다.

1. 모델에 이미지를 전달하고 오차를 계산
2. 학습 단계에서 역전파를 수행, 유효성 검사/테스트 단계에서는 가중치를 업데이트하지 않음
3. 에폭 동안 각 배치에서 발생하는 오차를 누적
4. 최상의 모델이 저장되고 검증 정확도를 인쇄

위 모델을 25번 에폭으로 학습시키면 검증 정확도가 87%까지 올라간다. 다음은 개와 고양이 데이터셋을 모델에 학습시킬 때 `train_model` 함수가 만든 로그다. 전체 로그가 상당히 길기 때문에 지면을 고려해 마지막 부분의 로그만을 기록했다.

```
Epoch 18/24
----------
train Loss: 0.0044 Acc: 0.9877
valid Loss: 0.0059 Acc: 0.8740

Epoch 19/24
----------
train Loss: 0.0043 Acc: 0.9914
valid Loss: 0.0059 Acc: 0.8725

Epoch 20/24
----------
train Loss: 0.0041 Acc: 0.9932
valid Loss: 0.0060 Acc: 0.8725

Epoch 21/24
----------
train Loss: 0.0041 Acc: 0.9937
valid Loss: 0.0060 Acc: 0.8725

Epoch 22/24
----------
train Loss: 0.0041 Acc: 0.9938
valid Loss: 0.0060 Acc: 0.8725
```

```
Epoch 23/24
----------
train Loss: 0.0041 Acc: 0.9938
valid Loss: 0.0060 Acc: 0.8725

Epoch 24/24
----------
train Loss: 0.0040 Acc: 0.9939
valid Loss: 0.0060 Acc: 0.8725

Training complete in 27m 8s
Best val Acc: 0.874000
```

4장, '머신 러닝 입문'에서는 모델의 성능을 높이고 훨씬 더 빠르게 학습하도록 돕는 여러 고급 기술에 대해 다룬다. 여기에서 사용한 모델은 Titan X GPU에서 실행할 때 약 30분이 걸린다. 앞으로 모델을 더 빠르게 훈련하는 데 필요한 다양한 기술에 대해 알아본다.

요약

3장에서는 파이토치로 개발된 신경망의 전체 실행 과정을 살펴봤다. 여러 유형의 레이어를 구성하고, 활성 함수를 추가했으며, 교차 엔트로피 오차를 계산했다. 마지막으로 SGD 옵티마이저를 사용해 레이어의 가중치를 조정함으로써 오차를 최소화하는 네트워크 성능 최적화를 진행했다.

이진 분류 또는 다중 클래스 분류 문제에 사용할 수 있는 유명한 컴퓨터 비전 알고리즘인 ResNET을 예제에 적용해봤다.

이런 과정을 거쳐 고양이 이미지를 고양이로, 개 이미지를 개로 분류하는 이미지 분류기를 만들어봤다. 이 이미지 분류기는 생선의 종 분류, 여러 종류의 개 식별, 식물 묘목 분류, 자궁 경부암을 유형 1, 유형 2, 유형 3으로 분류하는 다양한 다중 클래스 분류에 적용할 수 있다.

4장, '머신 러닝 입문'에서는 머신 러닝의 기초에 대해 소개한다.

04

머신 러닝 입문

지금까지 이미지 분류와 평균 사용자 뷰 예측과 같은 예제를 살펴봤다. 이 예제를 통해 분류 및 회귀 문제를 딥러닝 모델로 해결하는 방법에 대해 알아봤다. 또한 이러한 방식으로 딥러닝을 구조화하는 방법에 대해 알아봤고, 직관적인 이해를 높였다. 4장에서는 여러 유형의 데이터 분석 문제에 접근하고 공략하는 방식을 소개하고, 딥러닝 모델의 성능 개선을 위해 적용할 수 있는 여러 기법에 대해 알아본다.

4장에서는 다음과 같은 주제에 대해 알아본다.

- 분류와 회귀 이외의 머신 러닝 문제 유형
- 모델 평가, 과대적합과 과소적합 및 문제 해결 기법
- 딥러닝을 위한 데이터 전처리

4장에서 다루는 주제 중에서 드롭아웃을 제외한 나머지는 머신 러닝과 딥러닝 모두에 포함되는 공통 영역이다. 드롭아웃은 딥러닝 모델의 과대적합 문제를 해결하기 위해 사용되는 독특한 기법이다.

머신 러닝의 세 가지 유형

2장, '신경망 구성 요소'와 3장, '신경망 파헤치기'에서는 고양이와 개를 예측하는 분류 문제와 온라인 영화 플랫폼에서 사용자 평균 관람 시간을 예측하는 회귀 문제를 딥러닝 모델로 해결해봤다. 이 두 예제는 머신 러닝 유형 중에 지도학습에 해당한다. 지도학습은 학습 데이터와 목표 데이터 사이의 대응 관계를 학습하고, 여기서 학습한 모델을 이용해 새로운 데이터에 대한 예측을 수행한다.

머신 러닝에 지도학습만 있는 것은 아니다. 지도학습 외에도 다른 유형이 존재한다. 일반적으로 머신 러닝은 다음과 같이 세 가지로 분류된다.

- 지도학습Supervised learning
- 비지도학습Unsupervised learning
- 강화학습Reinforcement learning

이제부터 각 머신 러닝 유형에 대해 자세하게 살펴보자.

지도학습

딥러닝과 머신 러닝에서 성공한 유명한 사례의 대부분은 지도학습이다. 이 책에서 다루는 예제도 대부분 지도학습이다. 지도학습의 대표적인 예는 다음과 같다.

- **분류 문제**Classification Problems : 개와 고양이 이미지 분류
- **회귀 문제**Regression Problems : 주가 예측, 크리켓 경기 점수 예측 등

- **이미지 분할** Image Segmentation : 픽셀 단위 분류. 자율주행 자동차에서 카메라로 촬영한 사진에서 각 픽셀이 어디에 포함돼 있는지를 구분하는 것은 중요하다. 특정 픽셀은 자동차, 보행자, 나무, 버스 등에 포함된 것으로 분할될 수 있다.
- **음성 인식** Speech Recognition : 구글, 알렉사 및 시리와 같은 음성 인식 서비스
- **언어 번역** Language Translation : 특정 언어의 음성을 다른 언어로 번역하는 것

비지도학습

데이터에 레이블 또는 목적 변수가 없으면, 비지도학습을 이용해 데이터를 시각화하고 압축함으로써 데이터를 이해하는 데 유용하다. 비지도학습에서는 일반적으로 다음과 같은 두 가지 기법이 자주 사용된다.

- 클러스터링
- 차원 축소

클러스터링은 모든 유사한 데이터를 함께 그룹화하는 데 유용한 머신 러닝 기법이다. 차원 축소는 데이터의 차원 수를 줄이는 머신 러닝 기법이다. 차원 축소를 이용해 고차원 데이터를 시각화하고, 데이터의 숨겨진 패턴을 찾을 수 있다.

강화학습

강화학습은 요즘 가장 주목받고 있는 머신 러닝 분야다. 아직은 성공한 실제 사용 사례를 찾기 어렵지만, 최근 들어 빠르게 발전하고 있다. 구글 딥마인드 팀은 강화학습을 기반으로 알파고 시스템 개발했다. 이 알파고 시스템은 세계 바둑 챔피언과의 대국에서 압도적인 승리를 거뒀다. 일반적으로 컴퓨터가 프로 바둑기사를 압도하는 기술적 진보를 이루기 위해서는 수십 년 이상 걸릴 것으로 예상됐다. 그러나 딥러닝이 강화학습과 결합하면서 모두의 예상을 깨고, 컴퓨터가 바둑으로 인간을 압도하는 성과를 이뤘다. 강화학습은

이제 막 성공을 시작한 상태이며, 아마도 주류 기술이 되기 위해서는 몇 년이 걸릴 것으로 예상한다.

이 책에서는 주로 지도학습에 대해 중점적으로 살펴보고, GAN Generative Adversarial Networks (생성적 적대 신경망)과 같은 몇 가지 비지도학습에 대해서도 알아본다. GAN은 특정 스타일의 이미지를 생성하는 딥러닝 기술로 8장에서 스타일 트랜스퍼 Style Transfer 를 살펴볼 것이다.

머신 러닝 용어

지금까지 여러 가지 새로운 용어를 사용했다. 아마도 머신 러닝이나 딥러닝에 새로 입문한 분들에게 이런 용어는 매우 생소하게 느껴졌을 것이다. 이 절에서는 머신 러닝에서 자주 사용되는 주요 용어들에 대해 알아본다. 여기서 다루는 용어는 딥러닝에서도 사용된다.

- **사례** Sample, **입력** Input, **데이터 포인트** Data Point : 학습 데이터에서 1건의 데이터를 의미한다. 3장, '신경망 파헤치기'의 이미지 분류에서, 각 이미지를 사례, 입력 또는 데이터 포인트라고 말할 수 있다.[1]
- **예측** Prediction **/출력** Output : 머신 러닝 알고리즘이 만든 출력값이다. 예를 들어 3장, '신경망 파헤치기'의 이미지 분류 예제에서, 이미지 분류 알고리즘이 특정 이미지를 0으로 예측했다. 0은 고양이를 의미하는 레이블이다. 따라서 숫자 0은 해당 이미지에 대한 예측 또는 출력이다.
- **타깃** Target **/레이블** Label : 각 사례에 명시된 목푯값이다. 지도학습에서 '답'이나 '결과'를 의미한다.

1 머신 러닝을 위해 수집한 데이터셋의 1개 데이터는 Sample, Example, Instance, Data Point라는 용어로 표현된다. 개별 데이터를 이렇게 표현하는 것이 생소할 수 있다. 데이터셋은 알고리즘 학습에서 사용되는 과거의 경험이다. 과거의 개별적인 경험이라는 의미에서 Sample과 Example은 각각 "샘플" 또는 "사례"로 번역된다. 이 밖에도 데이터는 여러 컬럼으로 구성된다는 의미에서 인스턴스(Instance)라고 표현하기도 한다. 마지막으로 다차원으로 표현된 데이터의 각 데이터는 벡터다. 이 벡터는 벡터 공간에 데이터 위치를 나타낸다는 의미에서 데이터 포인트(Data Point)라는 용어를 사용하기도 한다. 이 책에서는 데이터셋의 단위 데이터를 "사례"로 번역했다. – 옮긴이

- **오차값**Loss Value**/예측 오류**Prediction Error : 입력된 사례에 대한 알고리즘의 예측값과 실제 값의 차이를 측정한 결과다. 오차값이 작을수록 정확도는 높아진다.
- **클래스**Classes : 주어진 데이터셋에 설정된 레이블의 집합이다. 3장, '신경망 파헤치기'의 이미지 분류 예제는 고양이와 개의 클래스를 갖는다.
- **이진 분류**Binary Classification : 각 입력 데이터를 2개의 상호 배타적인 범주 중 하나로 구분하는 분류 유형이다.
- **다중 클래스 분류**Multi-class Classification : 각 입력 데이터를 3개 이상의 서로 다른 배타적 범주로 구분하는 분류 유형이다.
- **다중 레이블 분류**Multi-label Classification : 1개의 입력 데이터는 여러 개의 레이블을 가질 수 있다. 예를 들어 식당이 제공하는 음식을 기준으로 레이블을 지정한다고 가정할 때, 퓨전 음식점에는 Italian, Mexican 및 Indian과 같이 여러 레이블이 지정될 수 있다. 다중 레이블 분류가 사용되는 다른 예제로는 이미지 객체 감지가 있다. 여기에서 알고리즘은 이미지에서 포함된 여러 객체를 식별한다.
- **스칼라 회귀**Scalar Regression : 각 입력 데이터는 1개의 스칼라 값, 즉 숫자와 연결된다. 이 유형의 대표적인 예로는 주택 가격 예측, 주식 주가 예측 및 크리켓 점수 예측이 있다.
- **벡터 회귀**Vector Regression : 알고리즘이 2개 이상의 스칼라를 예측하는 상황에 해당한다. 대표적인 예는 이미지 안에 물고기 위치를 나타내는 경계 상자를 식별하는 것이다. 경계 상자를 예측하려면 알고리즘은 사각형의 모서리를 나타내는 4개의 스칼라 값을 예측해야 한다.
- **배치**Batch : 일반적으로 배치라고 부르는 입력 데이터 묶음으로 알고리즘을 학습시킨다. 배치 크기는 GPU의 메모리에 따라 2에서 256까지 다양한 크기로 설정된다. 각 배치별로 가중치가 업데이트되기 때문에 단일 데이터 단위로 학습하는 알고리즘보다 배치 단위로 학습하는 알고리즘이 학습 속도가 빠른 경향을 보인다.
- **에폭**Epoch : 학습 데이터셋을 전부 알고리즘에 학습시킨 단위를 에폭이라고 한다. 알고리즘은 여러 에폭을 학습하는 것이 일반적이다.

머신 러닝 모델 평가

3장, '신경망 파헤치기'에서 다뤘던 이미지 분류 예제에서 데이터를 학습 데이터셋과 검증 데이터셋 두 그룹으로 나눠 사용했다. 알고리즘의 성능은 학습에 사용하지 않은 데이터셋, 즉 아직 알고리즘이 경험하지 못한 데이터셋을 갖고 측정해야 한다. 알고리즘 성능 측정에 학습에 사용했던 데이터를 다시 이용할 경우, 알고리즘의 일반화 역량이 사라질 수 있다.[2] 데이터를 학습 데이터셋과 검증 데이터셋으로 나누는 경우, 일반적으로 검증 데이터셋의 정확도를 근간으로 알고리즘을 조정하고 변경하는 작업을 진행한다. 신경망에 레이어 수를 늘리거나, 다른 유형의 레이어를 추가하거나, 4장에서 다룰 여러 기법을 적용하는 등 다양한 방법으로 적용하고 변경 및 검증 절차를 반복해 최적의 알고리즘 상태를 찾는다. 이렇게 알고리즘을 조정하고 변경하는 결정은 검증 데이터셋을 근간으로 진행된다. 이런 방식으로 학습된 알고리즘은 학습 데이터셋과 검증 데이터셋에서는 잘 동작하지만, 아직 경험하지 못한 새로운 데이터에서는 잘 동작하지 않는 일반화가 결여된 특성을 보이기도 한다. 이는 검증 데이터셋의 정보 유출에 기인한다. 여기서 정보 유출이란 알고리즘의 하이퍼파라미터 조정 과정에서 검증 데이터셋이 알고리즘에 영향을 미쳤다는 것을 의미한다.

검증 데이터의 정보 유출을 방지하고, 네트워크의 일반화 성능을 향상시키기 위해 일반적으로 데이터를 학습 데이터셋, 검증 데이터셋 그리고 테스트 데이터셋과 같이 3개로 나누는 방법을 사용한다. 학습 데이터셋을 갖고 알고리즘을 학습시키고, 검증 데이터셋을 이용해 알고리즘의 하이퍼파라미터를 튜닝한다. 알고리즘 학습이 완료되면 테스트 데이터셋을 이용해 알고리즘 성능을 측정한다. 머신 러닝에는 두 가지 유형의 파라미터가 있다. 첫 번째 파라미터는 알고리즘 내부에서 사용되는 가중치로, 옵티마이저에 의해 변경되거나 역전파 과정에서 튜닝된다. 두 번째 파라미터는 하이퍼파라미터로 하이퍼파라미터를 이용해 아키텍처의 형태, 구성, 동작방식을 결정한다. 네트워크를 구성하는 레이

2 알고리즘이 학습 데이터는 잘 예측하지만 새로운 데이터에 대해서는 예측 정확도가 떨어지는 현상이 발생할 때, 이 모델은 '일반화를 지원하지 못한다' 또는 '일반화 역량이 떨어진다'라고 표현한다. 이런 현상은 알고리즘이 학습 데이터의 일반 특징을 추출하기보다는 세부 특성을 암기함으로써 발생한다. – 옮긴이

어 수와 학습률 등이 대표적인 하이퍼파라미터다. 하이퍼파라미터는 일반적으로 수동으로 변경된다.

특정 알고리즘이 학습 데이터셋에서는 잘 동작하지만, 검증 데이터셋이나 테스트 데이터셋에서는 잘 동작하지 않는 현상을 "과대적합Overfitting"이라고 한다. 또는 이런 현상을 알고리즘의 일반화 능력이 부족하다고 표현하기도 한다. 알고리즘이 학습 데이터셋에서 잘 동작하지 않는 반대 현상을 과소적합Underfitting이라고 한다. 앞으로 머신 러닝에서 과대적합과 과소적합 문제를 극복하는 다양한 전략에 대해 살펴본다.

과대적합과 과소적합에 대해 알아보기 전에 데이터셋을 분할하는 데 사용되는 전략을 살펴보자.

학습, 검증 및 테스트 분할

데이터를 학습 데이터셋, 검증 데이터셋 그리고 테스트 데이터셋의 세 부분으로 나누는 방식을 가장 많이 사용한다. 홀드아웃 데이터셋holdout dataset[3]을 사용하는 일반적인 방법은 다음과 같다.

1. 학습 데이터셋으로만 알고리즘을 학습시킴
2. 검증 데이터셋으로 알고리즘의 하이퍼파라미터를 튜닝함
3. 기대 성능이 달성될 때까지 처음 두 단계를 반복적으로 수행함
4. 알고리즘과 하이퍼파라미터를 고정하고, 테스트 데이터셋으로 성능을 평가함

데이터를 두 부분으로 분할하고 알고리즘을 학습시킬 경우, 알고리즘에 정보 유출이 발생할 수 있다. 또한 알고리즘 학습과 테스트에 같은 데이터셋을 사용하면 알고리즘의 일반화를 보장할 수 없다. 따라서 데이터를 두 부분으로 분할하는 방식은 사용하면 안 된

3 알고리즘에 학습에서 배제되는 데이터를 홀드아웃 데이터셋이라고 한다. 홀드아웃(Holdout)에는 "합의하지 않는 사람", "저항하는 사람"의 의미가 있다. 이런 저항과 제외의 이미지를 차용해 학습 과정에 노출되지 않고 알고리즘 성능 측정에만 이용되는 데이터를 "홀드아웃 데이터셋"이라고 부른다. 또한 홀드아웃 데이터셋을 알고리즘에 적용하는 방식을 "홀드아웃 전략"이라고 한다. – 옮긴이

다. 데이터를 훈련 데이터셋과 검증 데이터셋으로 분할하고 홀드아웃 데이터셋을 적용하는 데에는 다음과 같은 세 가지 홀드아웃 전략이 있다.

- 단순 홀드아웃 검증
- K-겹 검증
- 반복 K-겹 검증

단순 홀드아웃 검증

전체 데이터셋의 일정 비율을 테스트 데이터셋으로 나눈다. 이 비율은 머신 러닝 문제 유형에 따라 달라질 수 있다. 특히 사용 가능한 데이터양에 큰 영향을 받는다. 컴퓨터 비전 및 NLP와 같은 분야에서는 레이블 데이터를 수집하는 것이 어렵고, 데이터 수집 비용도 많이 든다. 이런 경우, 전체 데이터의 30%를 학습에서 배제하면, 학습 데이터가 부족해지고, 결과적으로 알고리즘 학습이 어려워지는 문제가 발생할 수 있다. 따라서 데이터의 가용한 크기를 고려해 비율을 조정해야 한다. 테스트 데이터셋을 나눈 후에는 알고리즘과 하이퍼파라미터가 고정될 때까지 테스트 데이터셋을 알고리즘과 격리해야 한다. 문제에 대한 최적의 하이퍼파라미터를 찾기 위해서는 별도의 검증 데이터셋도 확보해야 한다. 과대적합을 피하기 위해서는 일반적으로 그림 4.1과 같이 사용 가능한 데이터를 3개의 데이터셋으로 나눈다.

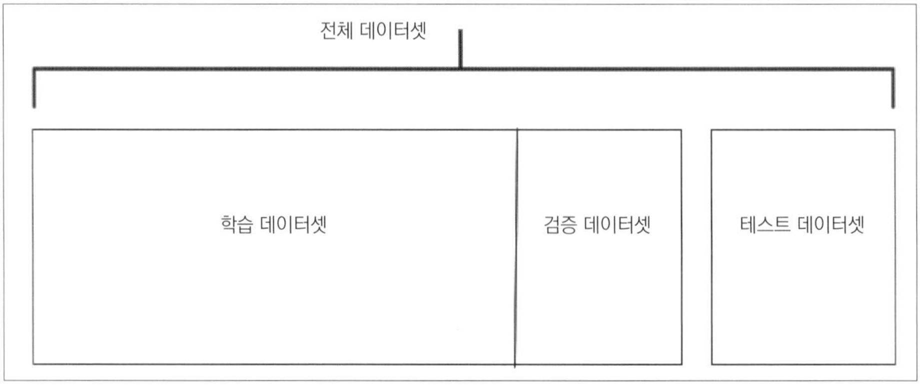

▲ **그림 4.1** 단순 홀드아웃 검증 기법의 데이터셋 분할

3장, '신경망 파헤치기'에서 검증 데이터셋을 만들기 위해 사용했던 코드는 위 그림의 가장 간단한 구현체다. 이 구현 코드를 살펴보자.[4]

```
files = glob(os.path.join(path,'*/*.jpg'))
no_of_images = len(files)
shuffle = np.random.permutation(no_of_images)
# 데이터의 80%를 학습 데이터로 할당
train = files[shuffle[:int(no_of_images*0.8)]]
# 나머지 20%를 검증 데이터로 할당
valid = files[shuffle[int(no_of_images*0.8):]]
```

이 전략은 가장 단순한 형태의 홀드아웃 전략이다. 주로 분석 초기에 사용된다. 데이터셋이 작은 상황에서 이 전략을 사용하면 한 가지 문제가 발생한다. 작은 데이터셋에서 만들어진 검증 데이터셋 또는 테스트 데이터셋은 현재 데이터를 통계적으로 대표하지 않을 수도 있다. 데이터를 분할하기 전에 데이터를 뒤섞어 이 문제를 간단히 해결할 수도 있다. 그러나 알고리즘으로부터 얻은 결과가 일관성이 없다면, 데이터 부족 문제를 극복하고 통계적인 대표 데이터를 확보하기 위해서는 더 고급 기법을 사용해야 한다. 이런 고급 기법에는 "K-겹 검증" 또는 "순환 K-겹 검증" 기법이 있다.

K-겹 검증

데이터셋의 일부를 테스트셋으로 나눠 떼어내고, 나머지 데이터를 K개로 균등하게 분할한다. 여기서 K는 자연수로, 2에서 10까지의 숫자가 될 수 있다. K개로 분할한 각 블록을 "겹(폴드)"라고 한다. 임의의 주어진 반복에서, 1개의 겹을 선택해 검증으로 사용하고, 나머지 겹으로 학습을 진행한다. K번의 학습에서 얻은 모든 점수의 평균을 최종 점수로 한다. 그림 4.2는 K-겹 검증[5]의 절차를 설명한다. 여기서 K는 4다. 데이터는 4개 겹으로 나뉜다.

4 참조한 코드는 3장, '신경망 파헤치기'에서 데이터를 2개 영역으로 나누는 코드다. 사실 이 절에서 다루는 예제로는 적합하지 않다. 데이터를 '단순 홀드아웃 검증' 전략에 적용하기 위해서는 코드에서 valid로 할당한 데이터셋을 test로 할당하고, 80%의 데이터를 할당한 train을 다시 train과 vaid로 분할해야 한다. – 옮긴이

5 K-겹 검증 기법은 교차 검증(Cross Validation)의 한 가지 유형이다. K-겹 검증을 통해 K개의 모델이 만들어지고, 이 모델은 일종의 앙상블 모델(Ensemble Model)이 된다. 앙상블은 여러 모델의 병합한 1개의 모델을 의미한다. K-겹 검증을 통해 아키텍처는 동일하지만 학습 파라미터가 다른 K개의 모델이 만들어지고, 이 모델을 병합해 하나의 모델로 사용하는 방식으로, 작은 데이터셋에서 데이터의 한계를 극복하고 좋은 결과를 얻기 위한 기법이다. – 옮긴이

▲ **그림 4.2** K–겹 검증 데이터 분할 및 학습

데이터셋에 K–겹 검증 데이터셋 기법을 적용할 때 주의해야 할 점은 K–겹 검증을 사용하는 알고리즘은 여러 조각으로 나뉜 데이터를 여러 번 학습하기 때문에 연산량이 상당히 많아진다는 것이다. 학습 시간이 며칠이 걸리고 연산량이 상당히 높은 컴퓨터 비전 알고리즘에 이 방식을 적용할 경우, 학습 비용이 엄청나게 커질 수 있다. 따라서 이 기법은 신중하게 사용해야 한다.

데이터 혼합이 적용된 K–겹 검증

머신 러닝 알고리즘을 한층 더 강건하게 만들기 위해 홀드아웃 검증 데이터셋을 만들 때마다 데이터를 임의의 순서로 섞을 수 있다. 알고리즘의 작은 성능 향상이 비지니스에 큰 영향을 미치는 상황에서 이 기법을 사용하면 매우 유용하다. 이와 반대로 알고리즘의 빠른 빌드와 배포가 중요하고 알고리즘 성능의 몇 퍼센트 차이가 크게 중요하지 않은 상황에서 이 방법은 적합하지 않을 것이다. 이런 기법 적용 여부는 해결해야 하는 문제와 정확성이 무엇을 의미하는 것인지에 따라 달라질 수 있다.

데이터를 분할할 때는 다음과 같은 항목을 고려해야 한다.

- 데이터 표현력Data representativeness
- 시간 민감도Time sensitivity
- 데이터 중복Data redundancy

데이터 표현력

3장, '신경망 파헤치기'에서는 고양이와 개로 이미지를 분류하는 이미지 분류기를 살펴봤다. 이 이미지 분류기를 학습시킬 때, 모든 이미지가 정렬돼 있고 이미지의 앞부분 60%가 개이며, 그다음 고양이 이미지가 배치된 상황이라고 가정해보자. 앞에서부터 80% 데이터를 선택해 학습 데이터셋을 만들었고, 검증 데이터셋을 나머지 데이터로 만들었다. 이때 검증 데이터셋은 고양이 이미지만 갖고 있기 때문에 전체 데이터셋을 대표하지 못한다. 따라서 이 경우에는 데이터를 나누기 전에 데이터를 임의의 순서로 섞거나 층화 추출법Stratified sampling을 사용함으로써 좋은 데이터 조합을 얻을 수 있다. 층화 추출법이란, 데이터를 각 범주로 미리 구분한 후, 각 범주에서 원하는 비율로 데이터 요소를 선택해 검증 데이터셋과 테스트 데이터셋을 만드는 방식이다.

시간 민감도

주가를 예측하는 상황을 생각해보자. 1월부터 12월까지의 데이터가 있다. 이 경우, 데이터를 섞거나 층화 추출법을 사용하면 정보가 노출되는 결과를 낳는다. 주식 가격은 시간에 민감하기 때문이다. 따라서 정보 노출이 없는 검증 데이터셋을 만들어야 한다. 이 경우에는 12월 데이터를 검증 데이터셋으로 선택하는 것이 더 적합할 수 있다. 주식 가격과 같은 분야는 이보다 훨씬 더 복잡하기 때문에 검증 데이터셋을 선정할 때, 해당 도메인에 대한 전문 지식이 필요하다.

데이터 중복

데이터 중복은 자주 발생한다. 학습, 검증 및 테스트 데이터셋의 데이터에 중복이 발생하지 않도록 주의해야 한다. 데이터 분할에서 데이터 중복이 발생하면, 모델이 새로운 데이터에 대해 일반화가 잘 되지 않는 문제가 발생할 수 있다.

데이터 전처리와 특성 공학

지금까지 평가 전략을 세우기 위해 데이터셋을 나누는 여러 가지 방법을 살펴봤다. 대부분의 경우, 머신 러닝을 위해 확보한 초기 데이터는 알고리즘을 학습시키기에 적합하지 않은 형식일 가능성이 매우 크다. 이 절에서는 데이터 전처리와 특성 공학Feature Engineering에 대해 알아본다. 특성 공학은 도메인에 많은 영향을 받는다. 특히, 컴퓨터 비전과 텍스트 분야의 경우, 데이터 전처리 방식은 상당히 다르다. 그러나 여러 도메인에서 공통으로 사용되는 일반적인 특성 공학 기법이 있다. 이 절에서는 범용적으로 사용되는 특성 공학 기법에 대해 알아본다.

신경망을 위한 데이터 전처리는 학습시킬 딥러닝 알고리즘에 적합한 데이터를 만드는 과정이다. 다음은 데이터 전처리 과정에서 공통으로 사용되는 항목이다.

- 벡터화Vectorization
- 정규화Normalization
- 누락 데이터 처리Missing values
- 특성 추출Feature extraction

벡터화

머신 러닝에서는 텍스트, 사운드, 이미지 및 비디오와 같은 다양한 형식의 데이터를 사용한다. 가장 먼저 해야 할 일은 데이터를 파이토치 텐서로 변환하는 것이다. 3장, '신경망 파헤치기'에서 torchvision 유틸리티 함수를 사용해 Python Imaging LibraryPIL 이미지를 Tensor 객체로 변환하는 예제를 살펴봤다. 이미지를 파이토치 텐서로 변환하는 복잡한 과정은 파이토치의 torchvision 라이브러리에서 대부분 추상화돼 있다. 7장, '생성적 신경망'에서 RNN을 다룰 때 텍스트 데이터를 파이토치 텐서로 변환하는 방법을 살펴본다. 테이블 형식의 구조화된 데이터를 다룬다면, 이 데이터는 이미 벡터 형식이다. 이 경우에는 벡터 형식의 데이터를 파이토치 텐서로 변환하기만 하면 된다.

수치 정규화

데이터를 머신 러닝 알고리즘이나 딥러닝 알고리즘에 전달하기 전에 일반적으로 특성을 정규화하는 작업을 먼저 수행한다. 데이터 전처리 과정에서 특성 정규화를 적용한 데이터를 사용하는 알고리즘이 학습이 더 빨리 되고, 더 좋은 성능을 달성하는 경향이 있다. 여기서 특성 정규화란, 데이터셋의 특정을 평균이 0이고, 표준편차가 1인 데이터로 만드는 과정이다.

3장, '신경망 파헤치기'의 개와 고양이 이미지 분류에서 ImageNet 데이터셋의 데이터 평균과 표준 편차로 입력 데이터를 정규화했다. 예제 데이터를 ImageNet 데이터의 평균과 표준 편차로 정규화한 이유는 ImageNet 데이터를 사전에 학습한 ResNet 모델 가중치를 사용하기 때문이다. 이 예제에서 모델이 사전에 학습된 가중치로 사용하지 않는다면, 모든 값이 0과 1 사이의 범위를 갖도록 각 픽셀을 255로 나누는 방법을 사용한다.[6]

정규화는 구조화된 데이터를 다루는 문제에도 적용된다. 주택 가격 예측 문제에 대해 연구하고 있다고 가정해보자. 주택 가격을 예측하는 데 다양한 범위를 갖는 여러 특성을 다루게 될 것이다. 예를 들어, 가장 가까운 공항까지의 거리와 집의 나이가 특성 또는 변수로 사용할 수 있다. 이 두 특성은 완전히 다른 범위를 갖는다. 이 두 특성을 사용해 신경망을 학습시킬 경우, 기울기가 수렴하지 않거나 수렴까지 오래 걸리는 문제가 발생할 수 있다. 간단히 말해, 오차가 예상대로 감소하지 않을 수 있다. 따라서 알고리즘을 학습시키기 전에 데이터를 구성하는 모든 특성에 정규화를 적용하는 것이 좋다. 알고리즘 또는 모델의 성능이 더 향상되려면, 데이터가 다음의 특성을 따라야 한다.

- **작은 값**: 각 특성의 값은 0에서 1 사이의 값을 갖는다.
- **같은 범위**: 모든 특성은 같은 범위를 가져야 한다.

---

6 학습 데이터의 특성 정규화는 각 특성을 정규 분포로 만들고 범위를 일정하게 만드는 과정이다. 일반적으로 '(특성의 값 - 특성 평균) / 특성 표준편차' 공식을 사용한다. 위에서 이미지의 픽셀 정규화를 할 때 255로 나누는 방법을 사용한 이유는 픽셀은 0~255 범위를 가질 뿐이고, 값 분포가 정규 분포일 필요는 없기 때문이다. 여기에서는 이미지 데이터 픽셀 범위를 0부터 1로 통일하는 용도로 정규화를 사용했다. - 옮긴이

누락 데이터 처리

머신 러닝 문제의 데이터를 다루다 보면, 데이터 누락을 자주 접하게 된다. 집값 예측 문제의 학습 데이터를 살펴보면, 집 나이를 나타내는 특정 필드의 값이 빠질 수 있다. 데이터의 빠진 값을 발생하지 않은 숫자로 대체하는 것이 좋을 때도 있다. 또한 별도의 알고리즘을 이용해 해당 특성의 패턴을 찾아내고, 이렇게 찾은 패턴을 이용해 누락된 값을 예측할 수도 있다.[7] 도메인별로 누락 데이터를 처리하는 여러 가지 기법이 존재한다.

특성 공학

특성 공학은 머신 러닝 문제의 데이터에 도메인 지식을 적용해 모델에 전달할 새로운 변수 또는 피처를 만드는 프로세스다. 이해를 높이기 위해 판매 예측 문제를 살펴보자. 판매 촉진 행사일, 휴일, 경쟁사의 시작일, 경쟁사와 거리 그리고 특정 날짜의 판매에 대한 정보를 갖고 있다. 실제 세계에는 상점 실적을 예측하는 데 유용한 수백 가지 특성이 있을 수 있다. 이 중에서 판매 예측에 중요한 정보가 존재할 수도 있지만, 다음과 같이 기존 데이터로부터 파생된 새로운 정보가 판매 예측에 더 중요한 정보로 사용될 수 있다.

- 다음 판매 촉진 행사까지의 남은 일 수
- 다음 휴일 전에 남은 일 수
- 경쟁 업체의 영입일 수

도메인 지식을 이용하면, 기존 데이터로부터 여러 특성을 추출하고 새로운 파생 특성을 만들 수 있다. 머신 러닝 알고리즘 또는 딥러닝 알고리즘이 입력 데이터를 분석하고, 자체적으로 이런 유형의 정보를 직접 추출하고 사용하기는 어려울 것이다. 컴퓨터 비전과 텍스트와 같은 특정 분야의 최신 딥러닝 알고리즘은 특성 공학을 직접 수행하기도 한다.

---

7 특성의 빠진 값은 해당 특성에서 발생할 수 없는 9999999, 0, −1과 같은 값으로 대체하거나 해당 특성의 평균값, 최빈값, 중앙값, 최솟값, 최댓값으로 대체하는 것이 일반적이다. 데이터 경향성이 유사한 다른 특성과의 데이터 패턴을 찾아 유추하기도 한다. – 옮긴이

이런 특수한 분야를 제외한 다른 영역에서는 학습 대상 데이터에 특성 공학을 잘 적용할 경우, 다음과 같은 장점을 얻을 수 있다.

- 작은 연산 자원으로 문제를 더 빠르게 해결할 수 있다.
- 딥러닝 학습 알고리즘은 많은 양의 데이터를 사용할 때 데이터에 특성 공학을 적용하지 않고도 특성을 학습할 수 있다. 그러나 데이터가 부족한 상황이라면, 좋은 특성 공학에 집중하는 것이 바람직하다.

과대적합과 과소적합

좋은 머신 러닝과 딥러닝 모델을 구축하기 위해서는 과대적합[8]과 과소적합에 대한 이해가 필수적이다. 4장을 시작하면서, 과대적합과 과소적합이 무엇인지 간단하게 설명했다. 이 절에서는 과대적합과 과소적합에 대해 자세히 알아보고, 이 문제를 해결하는 방법에 대해 알아본다.

모델이 일반화를 지원하지 않는 학습 데이터의 과대적합은 머신 러닝과 딥러닝에서 발생하는 중요한 문제다. 알고리즘이 학습 데이터셋에서는 잘 동작하지만 새로운 데이터, 검증 데이터셋 그리고 테스트 데이터셋에서는 잘 동작하지 않을 때, 이 알고리즘은 과대적합된 상태라고 말한다. 이 문제는 알고리즘이 학습 데이터셋의 세밀한 패턴까지도 인식하고 식별하기 때문에 발생한다. 학습 데이터가 포함하는 노이즈까지 학습한 결과다. 간단히 말해 과대적합된 알고리즘은 학습 데이터셋을 완전히 암기한 상태다. 알고리즘이 과대적합되는 것을 막기 위해 사용될 수 있는 기법에는 여러 가지가 있다. 다음 목록은 과대적합을 막기 위한 대표적인 기법이다.

- 더 많은 데이터 확보
- 네트워크 크기를 줄임

8 일반적으로 Overfitting를 과적합이라고 번역한다. 이 책에서는 Overfitting과 Underfittting을 함께 다루고 있다. 두 용어를 명확하게 구분하기 위해 Overfiittng을 과대적합, Underfitting을 과소적합으로 번역했다. – 옮긴이

- 가중치 규제Regularization
- 드롭아웃 적용

더 많은 데이터 확보

알고리즘이 학습을 위해 더 많은 데이터를 확보할 수 있다면, 알고리즘은 작은 데이터의 특정 패턴을 암기하기보다는 일반 패턴을 더 집중적으로 학습함으로써 과대적합을 방지할 수 있다. 레이블이 기록된 데이터를 더 많이 확보하는 것이 어려운 몇 가지 경우가 있다.

컴퓨터 비전과 관련된 문제에서는 더 많은 학습 데이터를 확보하기 위해 데이터 증식Data Augmentation과 같은 기법을 사용한다. 데이터 증식은 회전, 자르기, 좌우 반전과 같은 방식으로 이미지를 약간 변형해 데이터를 부풀리는 기술이다. 데이터를 수집하는 비용이 너무 많이 들기 때문에 도메인에 대한 충분한 이해를 하고 있다면 실제 데이터를 추가로 확보하기 어려운 경우에 합성 데이터를 만들어 쓸 수도 있다. 데이터를 더 많이 확보하는 방법 외에도 과대적합을 막는 다른 방법이 있다. 이러한 기법들은 데이터를 더 확보할 수 없는 상황에서 매우 유용하게 활용될 수 있다.

네트워크 크기 줄이기

일반적으로 네트워크의 크기는 레이어 수 또는 네트워크에서 사용하는 가중치 수로 나타낸다. 3장, '신경망 파헤치기'에서 다룬 이미지 분류기에서 사용한 ResNet 모델은 18개의 블록을 가지며, 각 블록은 여러 레이어로 구성된다. 파이토치의 torchvision 라이브러리는 18개 블록부터 최대 152개 블록까지 다양한 크기의 ResNet 모델을 제공한다. 예를 들어, 152개 블록의 ResNet 사용하고 있고, 이 모델이 과대적합돼 있다면 101개 블록 또는 50개 블록의 ResNet으로 변경해 과대적합을 방지할 수 있다. 직접 구축한 네트워크 아키텍처에서 과대적합이 발생할 경우, 중간에 선형 레이어를 제거함으로써 파이토치 모델이 학습 데이터셋을 암기하는 과대적합 현상을 피할 수 있다. 네트워크 크기를 줄이는 것이 정확히 무엇을 의미하는지 다음 예제 코드로 살펴보자.

```
class Architecture1(nn.Module):
    def __init__(self, input_size, hidden_size, num_classes):
        super(Architecture1, self).__init__()
        self.fc1 = nn.Linear(input_size, hidden_size)
        self.relu = nn.ReLU()
        self.fc2 = nn.Linear(hidden_size, num_classes)
        self.relu = nn.ReLU()
        self.fc3 = nn.Linear(hidden_size, num_classes)

    def forward(self, x):
        out = self.fc1(x)
        out = self.relu(out)
        out = self.fc2(out)
        out = self.relu(out)
        out = self.fc3(out)
        return out
```

위 아키텍처는 3개의 선형 레이어를 갖고 있다. 이 네트워크가 학습 데이터에 과대적합된 상태라고 가정해보자. 그렇다면 다음과 같이 용량을 줄인 아키텍처로 변경할 수 있다.

```
class Architecture2(nn.Module):
    def __init__(self, input_size, hidden_size, num_classes):
        super(Architecture2, self).__init__()
        self.fc1 = nn.Linear(input_size, hidden_size)
        self.relu = nn.ReLU()
        self.fc2 = nn.Linear(hidden_size, num_classes)

    def forward(self, x):
        out = self.fc1(x)
        out = self.relu(out)
        out = self.fc2(out)
        return out
```

위 네트워크는 오직 2개의 선형 레이어만을 갖는 아키텍처로 변경됐다. 따라서 용량이 줄어들었다. 결과적으로 학습 데이터셋 과적합을 피할 수 있을 것이다.[9]

가중치 규제 적용

과대적합 또는 일반화 문제를 해결하는 핵심 원리는 단순한 모델을 구축하는 것이다. 단순한 모델을 구축하는 한 가지 방법은 네트워크 크기를 줄임으로써 아키텍처의 복잡도를 줄이는 것이다. 다른 방법은 네트워크의 가중치가 큰 값을 갖지 않도록 하는 것이다. 규제Regularization[10]는 모델의 가중치가 큰 값을 가질 때, 모델에 불이익을 줌으로써 네트워크에 대한 제약을 가한다. 가중치에 규제를 적용하는 방법에는 두 가지가 있다.

- **L1 규제**: 가중치 계수들의 절댓값 합계를 비용cost[11]에 추가한다. L1 규제를 가중치의 L1 노름이라고도 한다.
- **L2 규제**: 모든 가중치 계수들의 제곱합을 비용에 추가한다. L2 규제를 가중치의 L2 노름이라고도 한다.

파이토치에서는 옵티마이저의 weight_decay 매개변수를 설정함으로써 L2 규제를 적용할 수 있다.

```
model = Architecture1(10,20,2)

optimizer = torch.optim.Adam(model.parameters(), lr=1e-4, weight_decay=1e-5)
```

9 과대적합 발생 시 네트워크 레이어를 줄이면, 네트워크의 기억 용량과 기억하는 패턴이 줄어든다. 인식하는 패턴이 줄어들기 때문에 노이즈 및 세밀한 부분에 대한 패턴을 학습하지 못하게 된다. 너무 자세한 내용을 기억하지 못하도록 기억 용량을 줄이는 개념이다. – 옮긴이

10 Regularization은 "정규화" 또는 "규제"라는 용어로 번역될 수 있지만, 최근에 출간되는 머신 러닝 책에서는 정규화로 번역되는 경우가 더 많다. 그러나 Normalization도 일반적으로 "정규화"라고 번역된다. Regularization과 Normalization을 모두 "정규화"로 번역할 경우, 용어의 혼동이 발생할 수 있다. 두 용어를 명확하게 구분하기 위해 이 책에서는 Regularization을 "규제"로 번역했다. – 옮긴이

11 가중치 계수의 절댓값의 합을 비용에 추가한다. 비용은 데이터의 오차 합이다. 각 데이터의 목표값과 예측값의 차이를 오차 또는 비용이라고 한다. 배치 처리하는 전체 입력 데이터의 오차 합이다. – 옮긴이

weight_decay 매개변수의 기본값은 0이다. weight_decay 매개변수에 다른 값을 설정할 수 있다. 일반적으로 1e−5와 같은 작은 값을 설정한다.

드롭아웃

드롭아웃은 딥러닝에서 가장 일반적으로 사용되면서도 가장 강력한 가중치 규제 기법이다. 드롭아웃은 토론토 대학의 힌튼 교수가 개발했다. 드롭아웃은 학습을 진행하는 과정에서 모델의 중간 레이어에 적용된다. 다음 예제에서 10개의 값을 출력하는 선형 레이어의 출력에 드롭아웃을 적용하는 방법을 살펴보자.

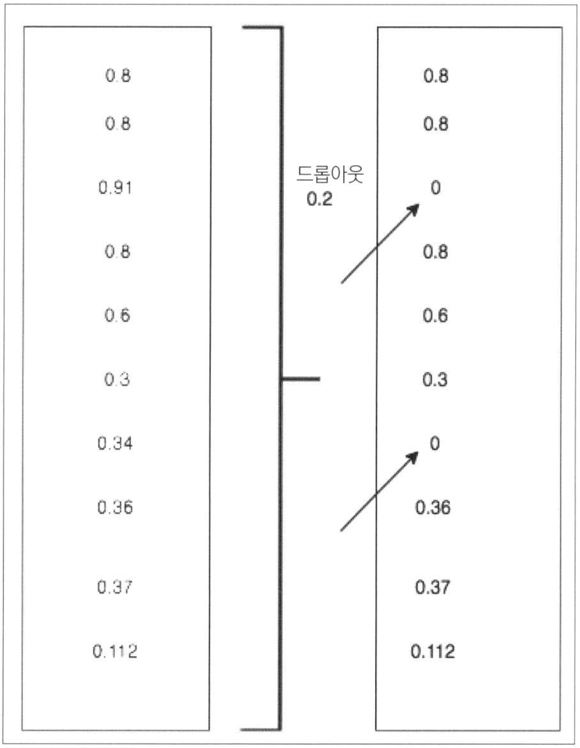

▲ **그림 4.3** 드롭아웃 임곗값 0.2 설정 결과

위 그림은 선형 레이어의 출력에 임곗값이 0.2로 설정된 드롭아웃을 적용하면 어떤 일이 발생하는지 보여준다. 출력 데이터 중에서 20%를 랜덤으로 선정하고, 선정된 출력에 0을 할당해 모델이 특정 가중치 또는 패턴에 종속되지 않도록 만든다. 결과적으로 과적합을 방지할 수 있다. 드롭아웃 임곗값을 0.5로 적용할 경우, 선형 레이어는 다음과 같이 동작한다.

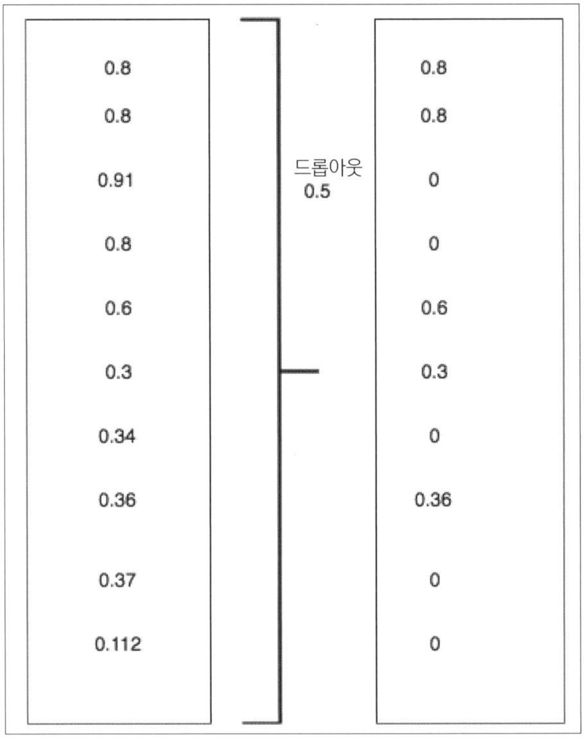

▲ **그림 4.4** 드롭아웃 임곗값 0.5 설정 결과

드롭아웃의 임곗값으로는 0.2에서 0.5까지의 값을 주로 사용되고, 이와 동시에 여러 레이어에 적용된다. 드롭아웃은 알고리즘 학습 단계에서만 사용된다. 알고리즘을 테스트하거나 사용하는 단계에서는 드롭아웃을 사용하지 않는다. 파이토치는 드롭아웃을 레이어 형태로 제공하기 때문에 사용하기 편리하다. 다음 코드는 파이토치에서 드롭아웃 레이어를 사용하는 방법을 소개한다.

```
nn.dropout(x, training=True)
```

드롭아웃 레이어는 training 매개변수를 갖는다. 이 매개변수는 학습 단계에서는 True로 설정되고, 검증 및 테스트 단계에서는 이 매개변수를 False로 설정한다.

과소적합

모델이 학습 데이터로부터 패턴을 학습하지 못하는 상황이 발생하기도 한다. 이것은 모델이 학습 데이터셋에서도 잘 동작하지 않는 상황을 의미한다. 모델이 과소적합됐을 때, 가장 먼저 시도해봐야 할 것은 알고리즘이 학습할 데이터를 더 많이 확보하는 것이다. 이 밖에도 레이어 수를 늘리거나 모델에서 사용하는 가중치 또는 매개변수의 수를 늘려 모델의 복잡도를 높이는 방법이 있다. 과소적합이 발생한 상황에서는 모델이 학습 데이터를 과대적합할 때까지 앞에서 설명한 가중치 규제를 사용해서는 안 된다.

머신 러닝 프로젝트 워크플로

이 절에서는 문제 기술, 평가, 특성 공학 및 과대적합 방지를 모두 활용해 모든 머신 러닝 문제를 해결하는 데 사용할 수 있는 솔루션 프레임워크를 만들어본다.

문제 정의와 데이터셋 만들기

문제를 정의하기 위해서는 두 가지가 필요하다. 바로 입력 데이터와 문제 유형이다.

입력 데이터와 목표 레이블이란 무엇일까? 예를 들어, 고객이 작성한 레스토랑 리뷰로 이탈리아, 멕시코, 중국 및 인도 음식과 같이 레스토랑을 전문 분야로 분류한다고 가정해 보자. 이런 유형의 문제에 대한 작업을 시작하려면, 알고리즘을 학습시키기 전에 모든 학습 데이터의 인스턴스에 범주를 레이블로 설정해야 한다. 일반적으로 이런 작업은 수작업으로 진행된다. 이 단계에서 상당히 어려운 요소는 데이터 가용성[12]이다.

문제의 유형을 파악하면, 이진 분류, 다중 분류, 스칼라 회귀(주택 가격 결정) 또는 벡터 회귀(경계 상자) 여부를 결정하는 데 도움이 된다. 때로는 클러스터링 또는 차원 축소와 같은 비지도학습을 사용해야 할 수도 있다. 문제의 유형을 파악했다면, 어떤 종류의 아키텍처, 오차 함수 및 옵티마이저를 사용할 것인지를 결정하기가 더 쉬워진다.

입력 데이터를 확보하고 문제의 유형을 파악했다면, 이제는 다음과 같은 가정을 전제로 모델을 구축을 시작할 수 있다.

- 데이터에는 입출력의 대응 관계에 대한 숨겨진 패턴이 있다.
- 모델을 학습시킬 수 있는 충분한 데이터를 확보했다.

머신 러닝의 실무자로써 입력 데이터와 목표 데이터만으로 모델을 구축할 수 없다는 것을 이해해야 한다. 주식 가격 예측을 예로 생각해보자. 주식 거래에 대한 과거 가격, 과거 실적 및 경쟁에 대한 세무 정보를 특성으로 갖고 있다고 해도 주식 가격을 예측하는 의미 있는 모델을 만들지 못했을 수도 있다. 실제 주식 가격은 국내외 정치 상황과 태풍이나 장마와 같은 자연 요소와 같은 다양한 요소에 영향을 받는데, 이런 데이터가 입력 데이터에 빠져 있기 때문이다. 이런 상황에서는 머신 러닝이나 딥러닝 모델이 패턴을 식별할 방법이 없다. 따라서 도메인 지식을 바탕으로 목적 변수에 실제 지표가 될 수 있는 특성을 신중하게 선발해야 한다. 목적 변수의 실질적인 지표를 확보하지 못한 것이 의미 있는 모델을 만들지 못한 원인이 될 수 있다.

머신 러닝에는 한 가지 더 중요한 가정이 존재한다. 미래 데이터 또는 경험하지 않은 데이터는 과거 데이터가 묘사하는 패턴과 유사할 것이라는 가정이다. 때때로 특정 패턴이 과거 데이터에 존재하지 않았거나 모델이 학습한 데이터가 특정 계절이나 패턴을 포함하

12 데이터 가용성은 데이터 사용을 보장하는 프로세스다. 수집한 학습 데이터가 아직 전처리되지 않았거나 레이블 설정이 끝나지 않았다면 데이터 가용성이 결여된 상태라고 말한다. – 옮긴이

지 않기 때문에 모델이 새로운 패턴을 감지하지 못하는 문제가 발생할 수 있다.

모델 평가 기준

모델을 평가하는 기준은 비즈니스 목표로 결정된다. 예를 들어, 풍차의 기계 고장을 예측하는 문제에서 가장 중요한 것은 장애를 정확하게 예측하는 횟수다. 이 경우에 단순한 예측 정확도를 모델 평가 지표로 사용하는 것은 적절하지 않다. 풍차에 문제가 없을 때 모델의 예측은 항상 정확하다. 풍차는 대부분 정상적으로 작동하기 때문에 기계 고장이 없다는 예측은 맞을 확률이 높다. 이 장애 예측 모델은 98%의 정확도를 갖지만, 실패에 대한 예측은 매번 틀린다면, 이 모델은 실무에서 사용되기 어렵다. 모델 평가에 대한 올바른 지표를 선정하는 것이 매우 중요하다. 이런 문제는 데이터셋이 불균형한 상황에서 발생한다.

클래스의 데이터 분포가 균등한 문제에서는 ROC와 AUC^Area under the Curve^를 평가 지표로 사용한다. 불균형 데이터셋에서는 정밀도^Precision^와 리콜^Recall^을 사용한다. 랭킹 문제를 다룰 때에는 평가 지표로 mAP^mean Average Precision^를 사용할 수 있다.

평가 프로토콜

모델의 현재 상태를 평가하는 지표를 결정했다면, 이제는 데이터셋을 평가하는 방법을 결정해야 한다. 일반적으로 다음 세 가지 방법 중 하나를 선택해 사용한다.

- **홀드아웃 검증 셋**: 데이터가 충분히 많을 경우, 일반적으로 가장 많이 사용되는 방법이다.
- **K-겹 교차 검증**: 데이터가 제한될 때 이 전략을 사용하면 데이터의 여러 부분에서 평가를 진행할 수 있고, 모델의 성능을 더 잘 파악할 수 있다.[13]

13 데이터 부족과 테스트 데이터와 학습 데이터의 데이터 분포가 달라 평가의 정확도가 떨어지는 문제를 해결할 수 있다. K-겹 교차 검증할 경우, K-겹 검증 데이터셋으로 만들어지는 K개의 모델에 대한 종합적인 평가가 가능해진다. – 옮긴이

- **반복 K-겹 검증**: 모델의 성능을 더 잘 파악하고자 할 경우에 이 기법을 사용할 수 있다.[14]

데이터 준비

다양한 형식의 데이터를 벡터화Vectorization한 후, 이 데이터를 텐서로 만든다. 그리고 모든 특성의 범위가 일정하게 조정됐고, 정규화됐는지 확인한다.

기준 모델

매우 간단한 모델을 기준 모델Baseline Model로 만든다. 이 기준 모델은 기준 점수를 넘어야 한다. 3장, '신경망 파헤치기'에서 다룬 개와 고양이 분류 예제에서 기준 정확도는 0.5였다. 기준 모델도 0.5를 넘어야 한다. 기본 모델이 기준 점수를 넘지 못한다면, 예측하는 데 필요한 정보가 입력 데이터에 포함되지 않은 상황일 수 있다. 이 단계에서는 모델에 규제 또는 드롭아웃을 적용하지 않는다

기준 모델을 만들 때는 세 가지 선택을 해야 한다.

- **모델의 마지막 레이어 선정**: 회귀 문제에서, 기준 모델의 마지막 레이어는 스칼라를 출력하는 선형 레이어를 사용한다. 벡터 회귀 문제의 경우, 기준 모델은 2개 이상의 스칼라 출력을 생성하는 선형 레이어를 마지막 레이어로 사용한다. 경계 박스를 예측하는 기준 모델의 마지막 레이어는 4개의 값을 출력한다. 이진 분류의 경우, 기준 모델은 일반적으로 시그모이드를 마지막 레이어로 사용하고, 다중 분류의 경우 마지막 레이어로 소프트맥스를 사용한다.
- **오차 함수 선택**: 오차 함수는 문제 유형으로 결정된다. 주택 가격 예측과 같은 회귀 문제의 경우, 평균 제곱 오차Mean Square Error, MSE를 사용한다. 분류 문제에서는 범주 크로스 엔트로피cross entropy를 사용한다.

14 K-겹 교차 검증을 지정한 횟수로 반복해 검증하는 방법이다. - 옮긴이

- **최적화**: 적합한 최적화 알고리즘과 하이퍼파라미터를 선택하기는 상당히 어렵다. 최적의 값은 반복적인 여러 모델을 실험함으로써 찾을 수 있다. 많은 경우에 Adam 또는 RMSprop 최적화 알고리즘이 잘 동작한다. 다음 절에서 학습률을 설정할 때 사용할 수 있는 몇 가지 요령에 대해 알아본다.

딥러닝 알고리즘에서 신경망의 마지막 레이어에 사용하는 오차 함수 및 활성화 함수의 종류를 다음과 같이 요약할 수 있다.

문제 유형	활성화 함수	오차 함수
이진 분류	시그모이드	nn.CrossEntropyLoss()
다중 클래스 분류	소프트맥스	nn.CrossEntropyLoss()
다중 레이블 분류	시그모이드	nn.CrossEntropyLoss()
회귀	없음	MSE
벡터 회귀	없음	MSE

과대적합될 정도의 모델

기준 점수를 넘는 충분한 역량을 갖는 모델을 만든 후에는 기준 역량을 늘린다. 다음과 같은 방법을 사용해 아키텍처의 역량을 늘릴 수 있다.

- 기존 아키텍처에 더 많은 레이어 추가
- 기존 레이어의 가중치 늘리기
- 아키텍처의 학습 데이터셋의 학습 횟수(에폭) 늘리기

일반적으로 모델을 충분한 에폭 횟수 걸쳐 학습 데이터셋을 학습시킨다. 학습은 학습 정확도는 계속 증가하지만 검증 정확도는 증가하지 않고, 정확도가 떨어지기 시작하면 학습을 중단시킨다. 이것이 바로 모델이 과대적합되고 있다는 증거다. 이 단계에 도달하면 이제 모델에 가중치 규제 기법을 적용한다.

레이어 수, 레이어 크기 및 에폭 수는 문제별로 달라질 수 있다. 간단한 분류 문제는 작은 아키텍처로 해결할 수 있다. 그러나 안면 인식과 같은 복잡한 문제의 경우, 아키텍처는 충분한 표현력이 필요하다. 이 모델에는 간단한 분류 문제에 비해 더 많은 에폭이 필요하다.

가중치 규제 적용

튜닝할 매개변수가 많기 때문에 모델 또는 알고리즘을 규제하는 가장 좋은 방법을 찾는 것은 정말 까다로운 일이다. 모델을 규제하기 위해 조정할 수 있는 부분은 다음과 같다.

- **드롭아웃 추가**: 여러 레이어에 드롭아웃을 추가할 수 있기 때문에 이 방법은 약간 복잡하다. 보통 실험을 통해 최적의 레이어를 찾는다. 드롭아웃의 비율은 해결하려는 문제에 따라 달라질 수 있다. 일반적으로 드롭아웃 비율은 0.2와 같은 작은 값으로 시작하는 것이 좋다.
- **아키텍처 변경**: 여러 아키텍처를 시도해볼 수 있다. 레이어에 활성화 함수, 레이어수, 가중치 크기를 변경할 수 있다.
- **L1 또는 L2 규제 적용**: 두 규제 기법 중에 1개를 사용할 수 있다.
- **학습률 변경**: 학습률 변경 기법은 다음 절에서 별도로 다룬다.
- **특성 추가 또는 학습 데이터셋 늘리기**: 추가로 더 많은 데이터를 수집하거나 데이터를 인위적으로 증식시키는 방법이 있다.

앞에서 소개한 모든 하이퍼파라미터를 조정하기 위해 검증 데이터셋을 사용한다. 하이퍼파라미터를 반복해 조정하는 과정에서 데이터 유출 문제가 발생할 수 있다. 따라서 테스트에 사용되는 데이터셋은 홀드아웃 데이터인지를 확인해야 한다. 테스트 데이터에서 모델의 성능이 교육 및 검증과 비교할 때 우수하다면 모델이 보이지 않는 데이터에서도 잘 작동할 가능성이 높다. 그러나 모델이 테스트 데이터셋에서는 잘 동작하지 않고, 검증 데이터셋과 학습 데이터셋에서는 잘 동작한다면, 이것은 검증 데이터셋이 실제 데이터 집합을 잘 나타내지 못할 가능성이 크다. 이러한 상황에서 K-겹 검증을 사용하거나 반복 K-겹 검증을 사용할 수 있다.[15]

학습률 선정 전략

모델 학습을 위한 올바른 학습률을 찾는 것은 많은 진전이 이뤄지고 있는 연구 분야다. 파이토치는 학습 속도를 조정하는 몇 가지 기술을 제공한다. 파이토치가 제공하는 학습률 관련 기능은 torch.optim.lr_scheduler 패키지에 포함돼 있다. 이 절에서는 파이토치가 학습 속도를 동적으로 선택하기 위해 제공하는 기능을 소개한다.

- StepLR:이 스케줄러는 두 가지 중요한 매개변수를 갖는다. 하나는 학습 속도를 변경해야 하는 주기를 나타내는 step_size이고, 두 번째 매개변수는 학습률의 변경 정도를 결정하는 gamma다.
  학습 속도가 0.01, step_size가 10, 감마의 크기가 0.1인 경우, 10에폭마다 학습 속도가 감마의 곱으로 변화한다. 즉, 처음 10개 에폭의 경우, 학습률은 0.001로 변경되고, 결국 다음 10개 에폭은 0.0001로 변경된다. StepLR의 구현 코드는 다음과 같다.

```
scheduler = StepLR(optimizer, step_size=10, gamma=0.1)
 for epoch in range(100):
     scheduler.step()
     train(...)
     validate(...)
```

15 딥러닝 모델은 학습 데이터셋으로부터 적절한 학습 파라미터(가중치)를 찾고 검증 데이터셋으로부터 문제에 맞는 모델 구조를 확정한다. 이는 학습 파라미터가 학습 데이터에 과대적합되지 않는 구조를 찾아가는 과정이다. 이렇게 만들어진 모델이 학습 과정에서 경험하지 못한 검증 데이터셋에는 잘 동작하지만, 테스트 데이터셋에서는 잘 동작하지 않는다면, 검증 데이터셋과 테스트 데이터셋의 데이터 분포가 다르다는 증거다. K-겹 검증 기법은 검증 데이터셋의 데이터 분포를 보편적인 학습 데이터의 데이터 분포로 확대하는 과정이다. – 옮긴이

- **MultiStepLR**: MultiStepLR은 StepLR과 유사하게 작동하지만, 학습률이 변경되는 주기를 일정한 간격으로 유지하지 않는다. 학습률을 변경하는 구간은 목록으로 제공된다. 예를 들어 10, 15, 30의 목록으로 주어지며, 각 단계에서 학습률은 기존 학습률에 감마 값을 곱한 값으로 변경된다. MultiStepLR의 구현 코드는 다음과 같다.

```
scheduler = MultiStepLR(optimizer, milestones=[30,80], gamma=0.1)
for epoch in range(100):
    scheduler.step()
    train(...)
    validate(...)
```

- **ExponentialLR**: 각 에폭에 대해 감마 값을 사용해 학습률의 배수로 학습률을 설정한다.
- **ReduceLROpPlateau**: 일반적으로 사용되는 학습률 전략 중 하나다. 학습 오차, 검증 오차 또는 정확도와 같은 특정 측정 항목이 정체될 때 학습률을 변경한다. 학습률을 초깃값의 2 ~ 10배까지 줄이는 것이 일반적이다. ReduceLROnPlateau의 구현 코드는 다음과 같다.

```
optimizer = torch.optim.SGD(model.parameters(), lr=0.1,
  momentum=0.9)
scheduler = ReduceLROnPlateau(optimizer, 'min')
for epoch in range(10):
    train(...)
    val_loss = validate(...)
    # validate() 함수를 호출한 후에 step 메서드가 호출돼야 함
    scheduler.step(val_loss)
```

요약

4장에서는 머신 러닝 또는 딥러닝 문제를 해결하는 데 사용되는 공통적인 사항과 아키텍처에 적용할 수 있는 주요 모범 사례를 살펴봤다. 문제 기술, 알고리즘 선택, 기본 점수 설정, 데이터셋을 과대적합할 때까지 모델의 용량 증가, 과대적합이 방지하는 규제 기술 적용, 일반화 역량 강화, 모델 또는 알고리즘의 파라미터 튜닝에 대해 알아봤다. 또한 딥러닝 모델을 최적화하고 신속하게 학습하는 데 사용할 수 있는 여러 학습 전략을 소개했다.

5장, '컴퓨터 비전 딥러닝'에서는 최신의 CNN 구축을 담당하는 여러 구성 요소에 대해 알아본다. 학습 데이터를 부족한 상황에서 이미지 분류기를 학습시키는 데 도움이 되는 전이 학습도 소개한다. 또한 이러한 알고리즘을 보다 신속하게 학습시키는 데 도움이 되는 기법에 대해서도 다룬다.

05

컴퓨터 비전 딥러닝

3장, '신경망 파헤치기'에서 ResNet이라는 CNN 아키텍처를 사용해 이미지 분류기를 만들어봤다. 3장, '신경망 파헤치기'에서는 이 모델을 블랙박스로 간주하고, 이 모델을 사용하는 방법에 대해서만 다뤘다. 5장에서는 CNN의 주요 구성 요소에 대해 살펴본다.

5장에서는 다음과 같은 주제에 대해 알아본다.

- 신경망 소개
- CNN 모델 구축
- VGG16 모델 생성 및 구조 이해
- 사전 계산된 컨볼루션 피처
- CNN 모델의 학습에 대한 이해
- CNN 레이어의 가중치 시각화

주위에서 쉽게 접할 수 있는 이미지 분류 문제를 예제로 아키텍처를 처음부터 직접 구축하는 방법에 대해 알아본다. 또한 전이 학습을 사용하는 방법을 소개한다. 전이 학습은 작은 데이터셋을 사용해 이미지 분류기를 만드는 데 유용하게 사용될 수 있다.

CNN을 사용하는 방법을 살펴본 후, 이 합성곱 신경망이 무엇을 학습하는지 그 실체에 대해 알아본다.

신경망 첫걸음

지난 몇 년 동안 CNN은 이미지 인식, 객체 감지, 이미지 분할 및 컴퓨터 비전 분야의 여러 분야에서 널리 이용돼왔다. 자연어 처리 분야에서도 CNN을 사용하는 시도가 점차 늘어나고 있지만, 아직은 널리 사용되지는 않은 상태다. 전연결 레이어와 컨볼루션 레이어의 근본적인 차이점은 가중치가 중간 레이어에 연결되는 방식에 있다. 전연결 또는 선형 레이어가 어떻게 작동하는지 묘사하는 이미지를 먼저 살펴보자.

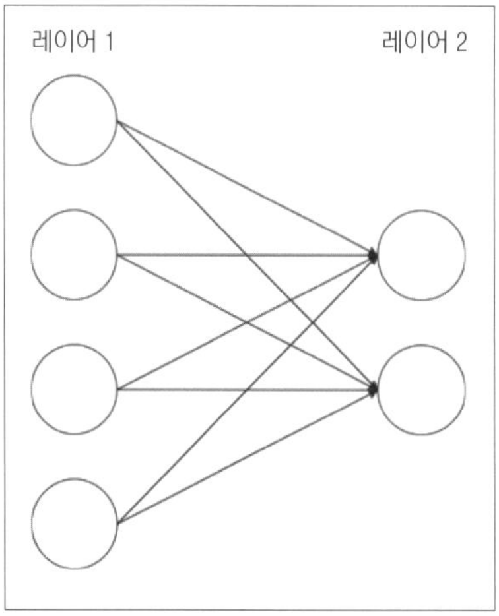

▲ **그림 5.1** 전연결 레이어의 작동 방식

컴퓨터 비전에 선형 레이어 또는 전연결 레이어를 사용할 때 가장 큰 문제점은 모든 공간 정보를 잃어 버리고 전연결 레이어가 사용하는 가중치의 복잡성이 너무 크다는 것이다. 예를 들어 224픽셀 정사각형 이미지를 배열로 표현하면 크기가 150,528(224 × 224 × 3 채널)인 배열이 만들어진다. 이렇게 이미지가 1차원 배열 형태로 변환되는 과정에서 모든 공간 정보가 유실된다. 이제 CNN의 단순한 버전이 어떻게 동작하는지 살펴보자.

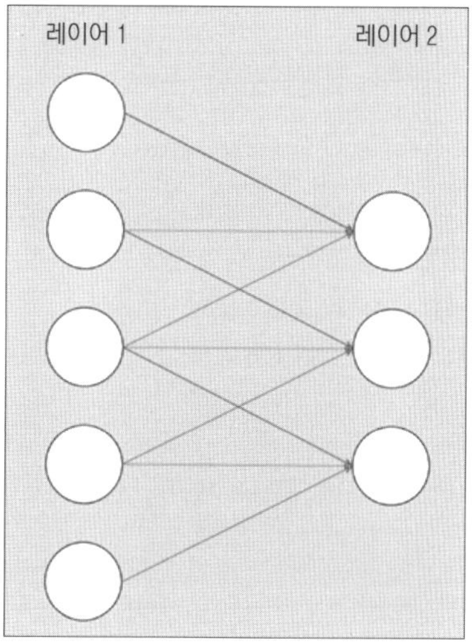

▲ **그림 5.2** 컨볼루션 연산 작동 방식

모든 컨볼루션 레이어가 수행하는 작업은 이미지에 필터라는 가중치 윈도우를 적용하는 것이다. 컨볼루션과 다른 구성 컴포넌트에 대해 자세하게 살펴보기 전에 MNIST 데이터셋을 위한 간단하지만 강력한 이미지 분류기를 작성해본다. 이 이미지 분류기를 구축하면서 네트워크의 각 구성 요소를 살펴본다. 다음 단계로 이미지 분류기를 만들어본다.

- 데이터 가져오기
- 유효성 검사 데이터셋 만들기
- CNN 모델 구축
- 모델 학습 및 검증

MNIST – 데이터 가져오기

MNIST 데이터셋은 0에서 9까지의 자필 숫자 이미지로 구성되며, 6만 장의 학습 데이터셋과 1만 장의 테스트셋으로 구분돼 있다. PyTorch.torchvsion 라이브러리는 MNIST 데이터셋을 데이터를 다운로드하고 쉽게 사용할 수 있는 방법을 제공한다. 파이토치가 제공하는 datasets 패키지의 MNIST 함수를 사용하면 데이터셋을 로컬 시스템에 가져온 후, DataLoader를 감싼다. torchvision 라이브러리의 변환 기능을 사용해 데이터를 파이토치 텐서로 변환하고, 데이터를 정규화한다. 다음 코드는 파이토치로 MNIST 데이터셋을 다운로드하고 데이터를 정규화한 후, DataLoader로 감싸는 작업을 수행한다.

```
transformation =
  transforms.Compose([transforms.ToTensor(),
  transforms.Normalize((0.1307,), (0.3081,))])

train_dataset =
  datasets.MNIST('data/',train=True,transform=transformation,
    download=True)
test_dataset =
  datasets.MNIST('data/',train=False,transform=transformation,
    download=True)

train_loader =
  torch.utils.data.DataLoader(train_dataset,batch_size=32,shuffle=True)
test_loader =
  torch.utils.data.DataLoader(test_dataset,batch_size=32,shuffle=True)
```

위 코드로부터 학습 데이터셋과 테스트 데이터셋을 위한 DataLoader 객체를 만들 수 있다. 학습 대상 데이터에 대한 이해를 얻기 위해 몇 개 이미지를 시각화해보자. MNIST 이미지를 시각화하는 코드는 다음과 같다.

```
def plot_img(image):
    image = image.numpy()[0]
    mean = 0.1307
```

```
std = 0.3081
image = ((mean * image) + std)
plt.imshow(image,cmap='gray')
```

이제 plot_img 함수를 이용해 데이터셋을 시각화할 수 있다. 다음 코드를 이용해 DataLoader에서 데이터를 가져온 후, 이미지로 그릴 수 있다.

```
sample_data = next(iter(train_loader))
plot_img(sample_data[0][1])
plot_img(sample_data[0][2])
```

위 코드는 다음과 같은 형태로 출력될 것이다.

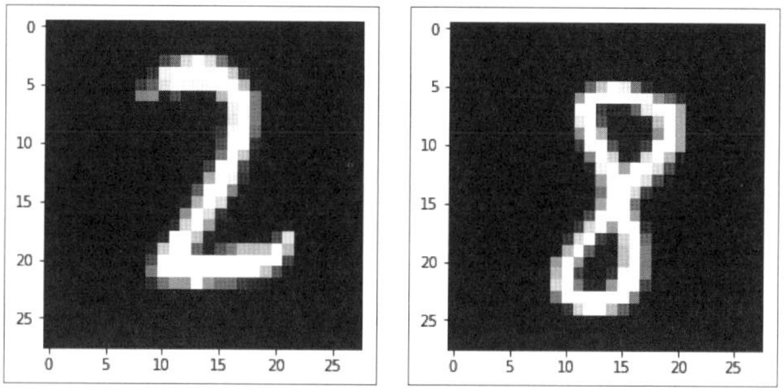

▲ **그림 5.3** MNIST 데이터 로딩 후 이미지를 출력한 결과

CNN 모델 구축

이 절에서는 밑바닥부터 아키텍처를 직접 만들어본다. 여기서 만들 네트워크 아키텍처는 다음과 같은 여러 레이어의 조합으로 구성될 것이다.

- Conv2d
- MaxPool2d
- ReLU
- 뷰
- 선형 레이어

그림 5.4와 같은 아키텍처를 이 절에서 구현한다.

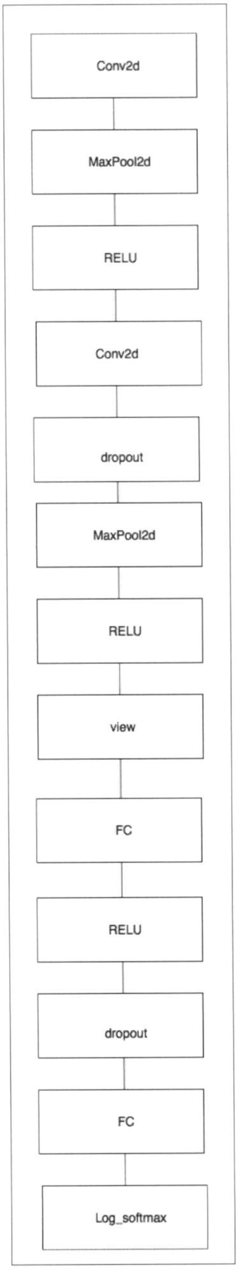

▲ **그림 5.4** MNIST 이미지 분류기 아키텍처

파이토치로 이 아키텍처를 구현한 후 개별 레이어의 기능을 살펴본다.

```
class Net(nn.Module):
    def __init__(self):
        super().__init__()
        self.conv1 = nn.Conv2d(1, 10, kernel_size=5)
        self.conv2 = nn.Conv2d(10, 20, kernel_size=5)
        self.conv2_drop = nn.Dropout2d()
        self.fc1 = nn.Linear(320, 50)
        self.fc2 = nn.Linear(50, 10)

    def forward(self, x):
        x = F.relu(F.max_pool2d(self.conv1(x), 2))
        x = F.relu(F.max_pool2d(self.conv2_drop(self.conv2(x)), 2))
        x = x.view(-1, 320)
        x = F.relu(self.fc1(x))
        x = F.dropout(x, training=self.training)
        x = self.fc2(x)
        return F.log_softmax(x)
```

각 레이어가 어떤 일을 하는지 자세히 살펴보자.

CONV2D

Conv2d는 MNIST 이미지에 컨볼루션 필터를 적용한다. 컨볼루션을 1차원 배열에 적용하는 방법을 먼저 이해한 후, 2D 컨볼루션을 이미지에 적용하는 방법으로 넘어가보자. 그림 5.5는 길이가 7인 텐서에 크기가 3인 필터(커널)를 `conv1d`로 처리하는 절차를 설명한다.

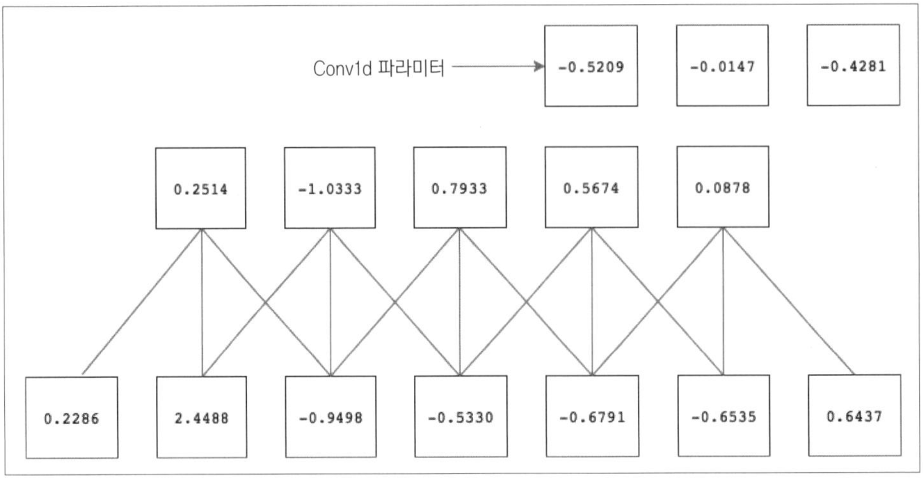

▲ **그림 5.5** 1D 컨볼루션 연산 처리 절차

그림 5.5에서 아래쪽 7개의 상자는 입력 텐서를 나타낸다. 그리고 위에 상자는 크기가 3인 컨볼루션 필터를 적용한 결과를 나타낸다.[1] 그림 5.5의 오른쪽 위에 위치하는 3개의 상자는 Conv1d 레이어의 가중치 또는 매개변수다. 컨볼루션 필터는 윈도우와 같이 적용된다. 컨볼루션 필터를 적용한 후, 1개 값을 건너뛰고 다음 값으로 이동한다. 이렇게 건너뛰는 값의 수를 스트라이드stride라고 하며, 기본값으로 1이 설정된다. 다음 공식은 위 그림에서 첫 번째와 마지막 출력값을 계산하는 컨볼루션 연산 수식이다. 이와 같은 계산식을 통해 컨볼루션 필터를 적용하는 방법을 이해할 수 있을 것이다.

출력 1 → $(-0.5209\ x\ 0.2286) + (-0.0147\ x\ 2.4488) + (-0.4281\ x\ -0.9498)$

출력 5 → $(-0.5209\ x\ -0.6791) + (-0.0147\ x\ -0.6535) + (-0.4281\ x\ 0.6437)$

이제는 컨볼루션 연산이 어떻게 계산되는지 이해했을 것이다. 컨볼루션은 스트라이드의 값에 따라 이동하며, 필터(또는 커널)를 입력에 적용한다. 여기서 필터는 가중치의 집합이다. 앞의 예에서는 필터를 한 번에 하나씩 이동했다. 스트라이드 값이 2로 설정된다면, 한 번에 두 칸씩 이동한다. 파이토치 구현 코드를 통해 Conv1d의 작동 방식을 이해해보자.

1 가운데 상자 5개는 크기가 7인 입력에 크기가 3인 필터를 컨볼루션 연산을 수행한 결과다. – 옮긴이

```
conv = nn.Conv1d(1,1,3,bias=False)
sample = torch.randn(1,1,7)
conv(Variable(sample))

# 컨볼루션 필터의 가중치 확인
conv.weight
```

패딩padding이라는 또 다른 중요한 매개변수가 있다. 패딩은 컨볼루션과 함께 자주 사용된다. 앞의 예제를 자세히 살펴보면, 데이터가 모자라서 스트라이드를 할 수 없기 때문에 필터를 데이터 끝까지 적용할 수 없을 때 컨볼루션은 중지된다. 패딩은 텐서의 양쪽 끝에 0을 추가해 이 문제를 방지한다. 패딩이 어떻게 작동하는지 1차원 예제를 다시 살펴보자.

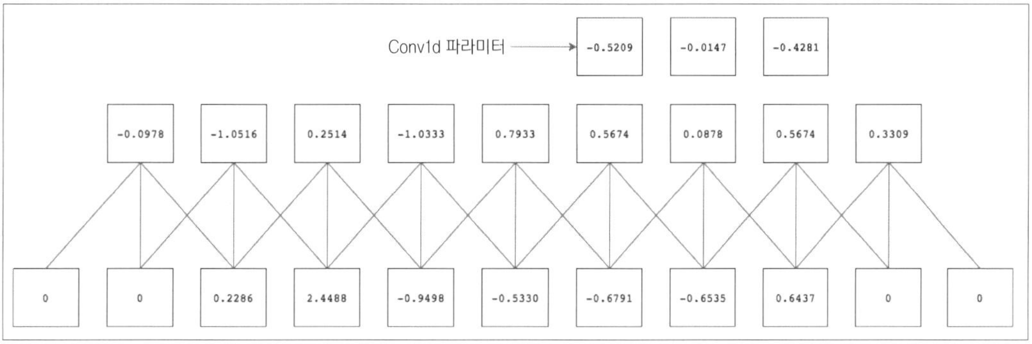

▲ **그림 5.6** 패딩이 2, 스트라이드가 1인 1D 컨볼루션 연산 절차

위 이미지에서는 패딩이 2, 스트라이드가 1인 Conv1d 레이어를 입력 데이터에 적용해봤다. 이제 이미지에 Conv2d를 적용하는 방법을 살펴보자.

Conv2d의 작동 방식을 살펴보기 전에 setosa.io 블로그의 이미지 커널 관련 문서(http://setosa.io/ev/image-kernels/)를 확인해볼 것을 강력하게 추천한다. 이 문서는 컨볼루션의 라이브 데모를 포함한다. 이 데모를 살펴본 후 다음 내용으로 넘어가는 것이 효율적일 것이다.

이 데모에서 어떤 일이 일어나는지 살펴보자. 이 블로그 문서에서 두 이미지 사이에 9개의 정사각형의 박스가 배치돼 있는 것을 확인할 수 있다. 이 박스 안과 아래에 두 종류의 숫자들이 출력된다. 상자에 표시된 숫자는 왼쪽 이미지 위에 빨간색 테이블로 강조되는 9개의 픽셀값이다. 상자 아래에 출력되는 숫자는 이미지를 선명하게 만드는 필터(커널)의 값이다. 9개 박스 아래에 위치한 셀렉트 박스에는 여러 필터가 등록돼 있다. 여기에서 필터를 변경하면, 데모에서 사용하는 필터 값이 변경된다. 데모에서는 이미지를 선명하게 만드는 Shapen 필터를 사용한다. 이전 예제와 마찬가지로, 같은 위치의 요소끼리 곱셈을 수행하고, 모든 값을 합해 오른쪽 이미지의 픽셀 값을 생성한다. 생성된 값은 오른쪽 위에 있는 빨간색 상자로 강조 표시된다.

이 예제에서 커널의 값을 지정해 사용했지만, CNN에서는 값을 직접 지정하지 않고 랜덤으로 초기화해 사용한다.[2] 그리고 경사 하강법Gradient Descent과 역전파Backpropagation를 사용해 커널 값을 조정한다. 학습된 커널은 선, 곡선 및 눈과 같은 여러 형태를 식별하는 역할을 담당한다. 그림 5.7은 스프레드시트에서 행렬을 나타내는 숫자들을 지정한 필터로 컨볼루션 연산을 수행하는 과정을 소개한다.

0.8643	-0.9223	-0.6164	-0.0553	-0.1823	-0.9787			Kernel	
-0.3225	-1.69	0.9717	0.9717	-1.6914	0.2931		0	0	1
0.1787	0.6866	0.1085	-0.4997	0.7529	2.0344		-1	-1	-1
-0.4454333	0.967	0.8795	-0.3055	0.5616	3.4627		0.1	0.2	0.3
-0.7882333	1.77145	1.24195	-0.5277	1.0292	4.96925				
-1.1310333	2.5759	1.6044	-0.7499	1.4968	6.4758				
	Output								
0.61214									

▲ **그림 5.7** 스프레드시트에서 이미지 데이터의 2D 컨볼루션 연산 재연

2 CNN은 컨볼루션 레이어와 선형 레이어로 구분된다. 컨볼루션 레이어에서 신경망이 학습하는 학습 파라미터는 커널의 파라미터다. 각 컨볼루션 레이어의 선형 레이어에서 이미지 분류하기 좋은 형태로 입력 데이터를 필터로 변경시키는 작업을 수행한다. CNN의 학습 과정에서 컨볼루션 레이어의 목표는 이미지를 가장 효과적인 변환 커널을 학습하는 것이다. 이렇게 CNN 컨볼루션 레이어의 학습 대상은 커널 파라미터가 된다. – 옮긴이

위의 스크린샷에서 6 × 6 행렬은 이미지를 나타낸다. 그리고 3 × 3 크기의 컨볼루션 필터를 적용한 후 출력이 어떻게 생성되는지 보여준다. 간단하게 유지하기 위해 행렬의 강조 표시된 부분을 계산한다. 출력은 다음 계산식을 수행해 생성된다.

$$출력 \rightarrow 0.86 \times 0 + -0.92 \times 0 + -0.61 \times 1 + -0.32 \times -1 + -1.69 \times -1 + \ldots\ldots$$

Conv2d 함수에서 사용되는 또 다른 중요한 매개변수는 커널의 크기를 결정하는 kernel_size이다. 일반적으로 사용되는 커널 크기는 1, 3, 5, 7이다. 커널 크기가 클수록 필터를 적용하는 영역이 커진다. 초기 레이어에는 일반적으로 크기가 7이나 9인 필터를 사용한다.

풀링

컨볼루션 레이어 다음에 풀링pooling 레이어를 추가하는 것이 일반적이다. 풀링 레이어는 피처 맵Feature Map[3]의 크기와 컨볼루션 레이어의 출력을 줄이는 역할을 담당한다.

풀링은 두 가지 기능을 제공한다. 하나는 처리할 데이터의 크기를 줄이는 것이고, 다른 하나는 알고리즘이 이미지 위치의 작은 변화에 집중하지 않도록 만드는 것이다. 예를 들어, 안면 인식 알고리즘은 사진에서 얼굴의 위치와 관계없이, 사진 안의 얼굴을 인식할 수 있어야 한다.

MaxPool2d가 어떻게 작동하는지 살펴보자. 풀링도 커널 크기 및 스트라이드에 대한 동일한 개념을 갖는다. 풀링이 컨볼루션과 다른 점은 가중치가 없다는 것이다. 이전 레이어의 각 필터에 의해 생성된 데이터에 작용한다. 커널 크기가 2 × 2이면 해당 영역에서 최댓값을 선정한다. 그림 5.8을 통해 MaxPool2d의 작동 방식을 명확하게 이해할 수 있을 것이다.

3 입력 이미지에 필터를 적용한 결과를 피처 맵, 피처 맵에 활성화 함수를 적용한 결과를 액티베이션 맵(Activation Map)이라고 한다. – 옮긴이

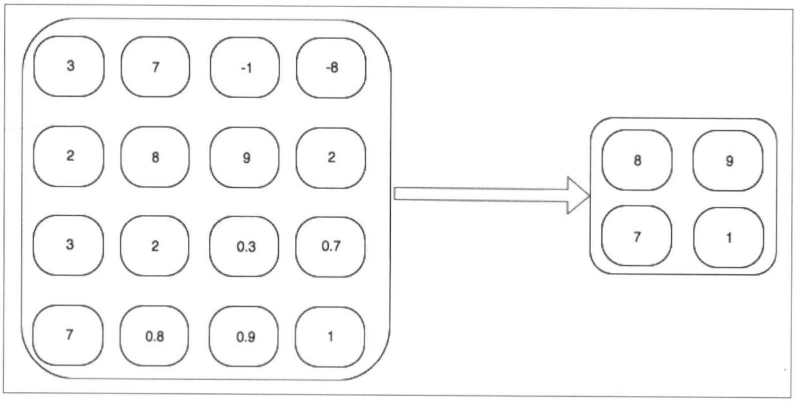

▲ **그림 5.8** 맥스 풀링(MaxPool2d) 동작 방식

왼쪽 상자에는 피처 맵의 값이 표시된다. 맥스 풀링을 적용한 출력은 오른쪽 상자에 표시된다. 위 그림에서 출력이 계산되는 방법을 생각해보자. 오른쪽 상자의 첫 번째 줄에 위치하는 2개 출력값의 각 계산식은 다음과 같다.

출력 1 → $Maximum(3, 7, 2, 8) \rightarrow 8$

출력 2 → $Maximum(-1, -8, 9, 2) \rightarrow 9$

일반적으로 사용되는 다른 풀링 기법으로는 평균 풀링Average Pooling이 있다. Maximum 함수는 Average 함수로 대체된다. 다음 이미지는 평균 풀링의 작동 방식을 설명한다.

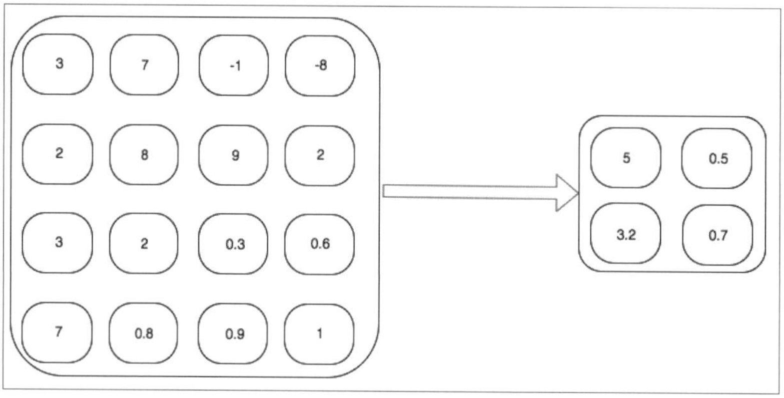

▲ **그림 5.9** 평균 풀링 동작 방식

이 예제에서는 4개의 최댓값을 계산하는 대신, 4개의 평균값을 만들었다. 오른쪽 상자의 첫 번째 줄에 위치하는 2개 출력값의 각 계산식은 다음과 같다.

출력 1 → $Average(3, 7, 2, 8) \rightarrow 5$

출력 2 → $Average(-1, -8, 9, 2) \rightarrow 0.5$

비선형 활성화 레이어- ReLU

일반적으로 컨볼루션을 수행한 후, 맥스 풀링을 적용한다. 그런 다음 비선형 레이어를 연결하는 형태를 주로 사용한다. 대다수의 네트워크 아키텍처는 비선형 활성 레이어로 ReLU를 사용하거나 약간 변형된 형태의 ReLU를 사용한다. 이렇게 적용된 비선형 함수는 피처 맵의 모든 요소에 적용된다. 비선형 활성화 레이어를 보다 직관적으로 설명하기 위해 다음 예제를 살펴보자. 다음 예제는 맥스 풀링이 적용된 피처 맵에 ReLU를 적용한 결과를 보여준다.

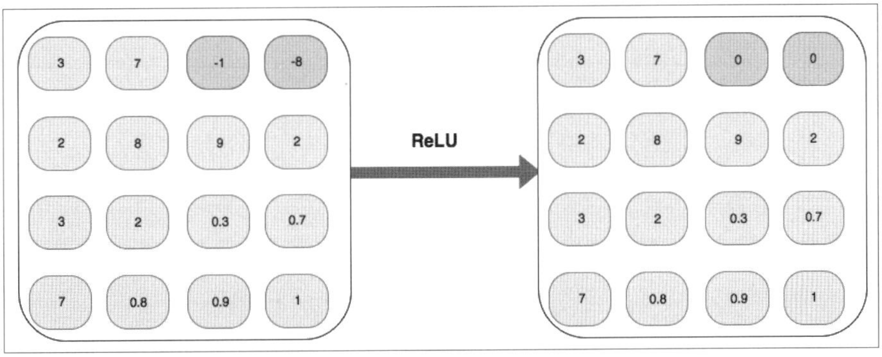

▲ **그림 5.10** 피처 맵에 ReLU 비선형 활성 함수를 적용해 액티베이션 맵으로 변환

뷰

이미지 분류 문제를 다루는 네트워크는 대부분 마지막에 전연결 또는 선형 레이어를 배치하는 것이 일반적인 모습이다. 앞에서 2D 컨볼루션을 사용하는 방법에 대해 알아봤다. 컨볼루션 레이어는 숫자 행렬을 입력받아 다른 행렬을 출력했다. 컨볼루션의 출력을 선형 레이어에 연결하기 위해 2차원 텐서를 1차원 벡터로 변형해야 한다. 그림 5.11은 뷰가 동작하는 방식을 소개한다.

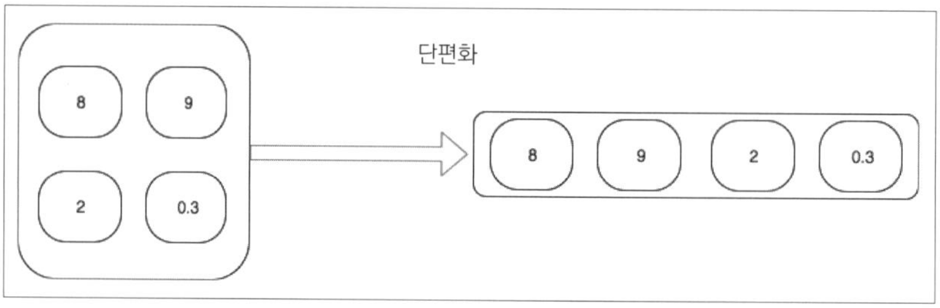

▲ **그림 5.11** 다차원 텐서를 1차원 벡터 형태로 변환(단편화)

위와 같은 작업은 다음과 같은 코드로 구현될 수 있다.

```
x.view(-1, 320)
```

앞에서 소개한 `view` 메서드는 n차원 텐서를 1차원 텐서로 만든다. 앞으로 사용할 네트워크에서 첫 번째 차원은 각 이미지를 나타낸다. 배치 처리를 적용한 입력 데이터의 크기는 32 × 1 × 28 × 28이며, 첫 번째 숫자는 배치 크기 32를 나타낸다. 이 데이터는 높이가 28, 폭이 28인 이미지 32장을 나타낸다. 이 이미지는 1개 채널을 갖는다. 즉 흑백 이미지다. 데이터를 1차원 배열로 만들 때, 서로 다른 이미지 데이터가 섞이면 안 된다. 뷰 함수에 전달하는 첫 번째 인수는 파이토치가 첫 번째 자원에서 데이터를 병합하지 않도록 지시한다. 다음 이미지를 통해 뷰가 어떻게 작동하는지 살펴보자.

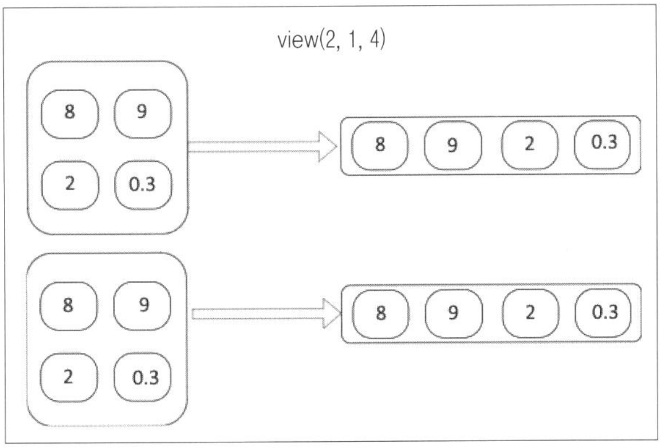

▲ **그림 5.12** view(2, 1, 4) 변환

위 그림에서 데이터의 크기는 2 × 1 × 2 × 2다. 이 데이터에 `view` 함수를 적용하면 크기가 2 × 1 × 4인 텐서로 변환된다.

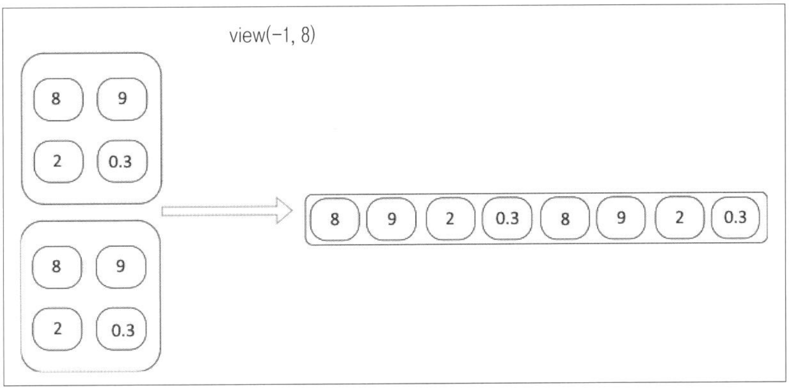

▲ **그림 5.13** view(−1, 8) 변환

매개변수로 −1을 지정하면 데이터 크기를 지정하지 않고 다음 차원의 크기로 데이터 수를 산정하겠다는 의미다. 그림 5.13에서 2 × 1 × 2 × 2인 입력 데이터를 `view` 함수로 변환할 때 첫 번째 인자를 −1로 지정한다는 것은 그 다음 인자의 크기로 첫 번째 인자를 계산하겠다는 의미다. 위 그림에서 입력 데이터의 요소 수는 총 8개, `view` 함수의 인자를 (−1, 8)로 지정했다. 이 설정은 변환된 출력 데이터의 건을 8개 요소로 만들겠다는 의미이며, 이 예제에서 출력 데이터 건수는 1건이 된다.

선형 레이어

2차원 텐서를 1차원 텐서로 데이터를 변환한 후, 데이터를 선형 레이어에 전달한다. 그리고 그 출력을 다시 비선형 활성화 레이어에 전달한다. 5장의 예제 아키텍처에서는 2개의 비선형 활성화 레이어를 사용한다. 하나는 ReLU이고, 다른 하나는 주어진 이미지에 포함된 숫자를 예측하는 `log_softmax`다.

모델 학습

모델을 학습시키는 것은 3장, '신경망 파헤치기'의 개와 고양이 이미지 분류 문제에서 했던 것과 동일한 과정이다. 제공된 데이터셋을 이용해 모델을 학습시키는 코드는 다음과 같다.

```
def fit(epoch,model,data_loader,phase='training',volatile=False):
    if phase == 'training':
        model.train()
    if phase == 'validation':
        model.eval()
        volatile=True
    running_loss = 0.0
    running_correct = 0
    for batch_idx , (data,target) in enumerate(data_loader):
        if is_cuda:
            data,target = data.cuda(),target.cuda()
        data , target = Variable(data,volatile),Variable(target)
        if phase == 'training':
            optimizer.zero_grad()
        output = model(data)
        loss = F.nll_loss(output,target)

        running_loss += F.nll_loss(output,target,size_average=False).data[0]
        preds = output.data.max(dim=1,keepdim=True)[1]
        running_correct += preds.eq(target.data.view_as(preds)).cpu().sum()
        if phase == 'training':
            loss.backward()
            optimizer.step()
```

```
    loss = running_loss/len(data_loader.dataset)
    accuracy = 100. * running_correct/len(data_loader.dataset)

    print(f'{phase} loss is {loss:{5}.{2}} and {phase} accuracy is {running_
correct}/{len(data_loader.dataset)}{accuracy:{10}.{4}}')
    return loss,accuracy
```

위 코드에서 fit 메서드는 학습과 검증 단계를 구분해 다른 로직을 수행한다. 이렇게 학습과 검증 단계에 다른 로직을 사용하는 데는 두 가지 이유가 있다.

- 학습 모드에서는 드롭 아웃을 적용해 일정 비율의 값을 제거한다. 드롭아웃은 검증 또는 테스트 단계에서는 적용되면 안 된다.
- 학습 모드의 경우, 기울기를 계산하고 모델의 파라미터 값을 변경한다. 그러나 검증 및 테스트 단계에서는 이러한 역전파를 수행하고 파라미터를 변경하는 작업이 필요 없다.

위 코드에서 fit 메서드는 대부분 상당히 직관적이다. 4장, '머신 러닝 입문'의 기초 개념을 이해했다면 이 코드의 의미는 어렵지 않게 이해할 수 있을 것이다. fit 함수는 특정 에폭에 대한 모델의 오차와 정확도를 반환한다.

위 fit 함수를 20번의 반복 수행해 모델을 학습시키고, 학습과 검증의 오차와 정확성을 그래프로 만들어보자. 이 그래프를 통해 네트워크가 동작하는 방식을 이해할 수 있을 것이다. 다음 코드는 데이터셋을 20회 반복해 학습하고 테스트하도록 fit 메서드를 실행한다.

```
model = Net()
if is_cuda:
    model.cuda()

optimizer = optim.SGD(model.parameters(),lr=0.01,momentum=0.5)
train_losses , train_accuracy = [],[]
val_losses , val_accuracy = [],[]
for epoch in range(1,20):
    epoch_loss, epoch_accuracy = fit(epoch,model,train_loader,phase='training')
```

```
    val_epoch_loss , val_epoch_accuracy = fit(epoch,model,test_
loader,phase='validation')
    train_losses.append(epoch_loss)
    train_accuracy.append(epoch_accuracy)
    val_losses.append(val_epoch_loss)
    val_accuracy.append(val_epoch_accuracy)
```

다음 코드는 학습과 검증 오차를 그래프로 만든다.

```
plt.plot(range(1,len(train_losses)+1),train_losses,'bo',label = '학습 오차')
plt.plot(range(1,len(val_losses)+1),val_losses,'r',label = '검증 오차')
plt.legend()
```

위 코드는 다음 그래프를 생성한다.

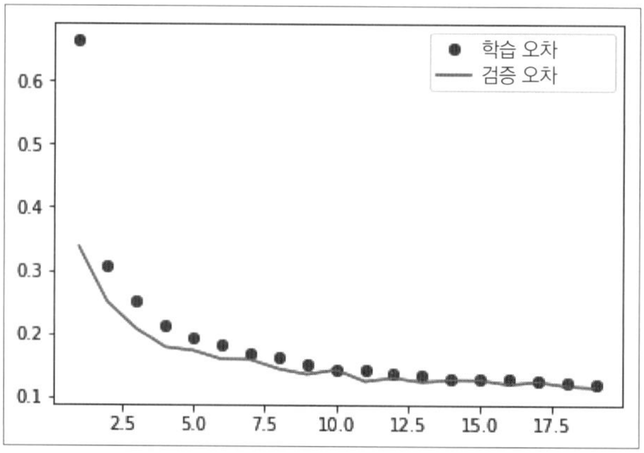

▲ **그림 5.14** MNIST 데이터셋 이미지 분류기 오차 그래프

다음 코드는 학습 및 검증 정확도를 그래프로 만든다.

```
plt.plot(range(1,len(train_accuracy)+1),train_accuracy,'bo',label = '학습 정확도')
plt.plot(range(1,len(val_accuracy)+1),val_accuracy,'r',label = '검증 정확도')
plt.legend()
```

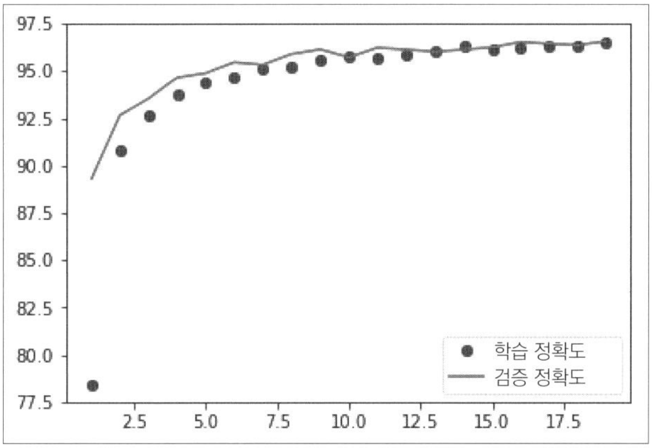

▲ **그림 5.15** MNIST 데이터셋 이미지 분류기 정확도 그래프

20회 에폭을 마친 아키텍처는 테스트 정확도를 98.9% 달성했다. 간단한 컨볼루션 모델을 작동시켜 거의 최상의 결과를 얻었다. 다음 절에서는 3장, '신경망 파헤치기'에서 사용했던 개와 고양이 데이터셋을 동일한 네트워크 아키텍처에 적용해보고, 어떤 일이 발생하는지 살펴본다. 5장에서 사용할 예제는 3장, '신경망 파헤치기'의 데이터를 그대로 사용하고 MNIST 예제의 아키텍처를 약간 변경해 사용한다. 아키텍처를 학습시키고 난 후, 이 단순한 아키텍처가 얼마나 잘 수행되는지 모델을 평가해보자.

CNN을 이용한 개와 고양이 분류

이 절에서는 앞에서 사용한 아키텍처에 작은 변경을 적용한 거의 동일한 아키텍처를 사용한다. 이 절에서 사용할 아키텍처에는 다음과 같은 변경이 적용된다.

- 고양이 및 개 이미지의 크기가 256 × 256이므로 첫 번째 선형 레이어의 입력 크기를 변경한다.
- 모델에 더 많은 유연성을 부여하기 위해 선형 레이어를 추가한다.

네트워크 아키텍처 구현체로 다음과 같은 코드를 사용한다.

```
class Net(nn.Module):
    def __init__(self):
        super().__init__()
        self.conv1 = nn.Conv2d(3, 10, kernel_size=5)
        self.conv2 = nn.Conv2d(10, 20, kernel_size=5)
        self.conv2_drop = nn.Dropout2d()
        self.fc1 = nn.Linear(56180, 500)
        self.fc2 = nn.Linear(500,50)
        self.fc3 = nn.Linear(50, 2)

    def forward(self, x):
        x = F.relu(F.max_pool2d(self.conv1(x), 2))
        x = F.relu(F.max_pool2d(self.conv2_drop(self.conv2(x)), 2))
        x = x.view(x.size(0),-1)
        x = F.relu(self.fc1(x))
        x = F.dropout(x, training=self.training)
        x = F.relu(self.fc2(x))
        x = F.dropout(x,training=self.training)
        x = self.fc3(x)
        return F.log_softmax(x,dim=1)
```

MNIST 데이터를 다룰 때와 같은 학습 수행 코드를 사용한다. 지면 관계상 이 코드는 생략했다. 다음은 위 아키텍처를 20회 반복 학습시킬 때, 만들어진 그래프를 살펴보자.

학습과 검증 데이터셋의 오차 그래프는 다음과 같다.

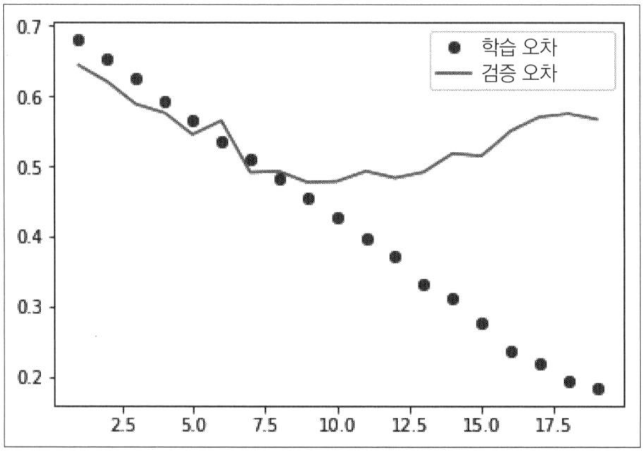

▲ **그림 5.16** 개와 고양이 데이터셋에 대한 CNN 모델 학습/검증 오차

학습과 검증 데이터셋의 정확도 그래프는 다음과 같다.

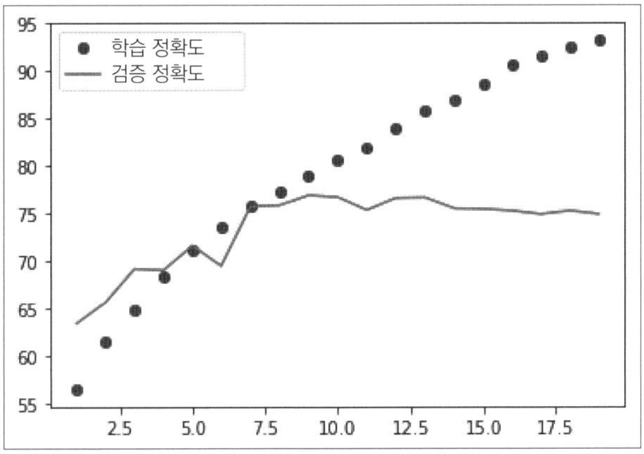

▲ **그림 5.17** 개와 고양이 데이터셋에 대한 CNN 모델 학습/검증 정확도

위 그래프를 통해 학습이 반복될 때마다 학습 오차는 계속 감소하지만, 검증 오차는 그렇지 않음을 확인할 수 있다. 또한 학습이 진행됨에 따라 학습 데이터셋의 정확도는 계속 증가하지만, 검증 데이터셋의 정확도는 75%를 최댓값으로 정체되는 것을 알 수 있다. 이 알고리즘은 현재 일반화되지 않는 문제를 갖고 있다. 다음 절에서는 전이 학습이라는 새로운 기법에 대해 알아본다. 전이 학습을 이용하면 더 정확한 모델을 만들 수 있다. 또한 전이 학습은 더 빨리 학습을 진행하는 방법을 제공한다.

전이 학습을 이용한 개와 고양이 분류

전이 학습Transfer Learning은 사전에 학습된 알고리즘을 유사한 데이터셋에 재사용하는 기능이다. 전이 학습을 사용하면 새로운 데이터셋을 처음부터 학습하지 않아도 된다. 인간은 수천 개의 유사한 이미지를 분석해 새로운 이미지를 인식하는 법을 배운다. 인간은 특정 동물을 실제로 구별하는 다양한 특징을 이해하고 있다. 사람은 여우를 구분하기 위해 여우의 고유한 선, 눈 및 다른 작은 특징을 학습할 필요가 없다. 이 절에서는 사전 훈련된 모델을 사용해 아주 적은 양의 데이터로 최첨단 이미지 분류기를 만드는 방법을 알아본다.

CNN 아키텍처의 처음 몇 레이어는 선이나 곡선이 어떻게 보이는지와 같이 작은 특징에 중점을 둔다. CNN의 그 다음 레이어의 필터는 눈과 손가락과 같은 더 높은 수준의 특징을 배우고, 마지막 몇 개의 레이어는 정확한 카테고리를 식별하는 방법을 배운다. 사전에 훈련된 모델pre-trained model이란, 유사한 데이터셋으로 이미 학습된 알고리즘을 의미한다. 유명한 알고리즘 중 대다수는 이미지넷 데이터셋으로, 사전 학습해 1,000개의 카테고리를 식별하는 모델을 제공한다. 이러한 사전 훈련된 모델은 다양한 패턴을 식별할 수 있도록 조정된 필터 가중치를 갖는다. 따라서 사전 훈련된 가중치를 어떻게 활용할 수 있는지를 살펴본다. 예제로 ImageNet 대회에서 가장 성공한 초기 알고리즘 중 하나인 VGG16이라는 알고리즘을 이용한다. 더 뛰어난 최신 알고리즘이 많지만, VGG16은 아키텍처를 이해하고 사용하기가 쉽기 때문에 전이 학습을 설명하기에 가장 적합한 알고리즘이다. VGG16 모델의 아키텍처를 살펴본 후, 아키텍처를 이해하고 이미지 분류기를 학습하는 데 어떻게 사용할 수 있는지에 대해 알아본다. 모든 알고리즘 파라미터는 1,000개 카테고리를 분류하는 최고의 결과를 얻도록 조정된다.

VGG16 아키텍처는 5개의 VGG 블록으로 구성돼 있다. 각 블록은 여러개의 컨볼루션 레이어와 비선형 활성화 함수 및 맥스 풀링 함수를 포함한다. VGG16 알고리즘의 모든 매개변수는 1,000개 카테고리를 분류하는 데 최적화돼 있다. VGG16은 배치 형태의 데이터를 입력받는다. 입력 데이터는 전처리 단계에서 이미지넷 데이터셋의 평균과 표준편차로 정규화된다. 전이 학습에서는 사전에 학습된 아키텍처를 재사용한다. 이렇게 사전 학습된 아키텍처에서 대부분 레이어의 파라미터는 그대로 변경 없이 사용한다. 일반적으로 전이 학습은 컨볼루션 레이어의 파라미터는 그대로 사용하고, 네트워크의 마지막에 위치하는 전연결 레이어만을 미세 조정한다. 예제에서는 마지막 몇 개의 선형 레이어만 트레이닝하고 컨볼루션 레이어는 그대로 사용한다. 컨볼루션으로 학습한 특성은 이미지가 유사한 속성을 공유할 때 다른 종류의 이미지 문제에도 사용될 수 있다. 이 절에서는 전이 학습을 사용해 VGG16 모델을 훈련하고, 개와 고양이 이미지를 분류해본다. 이제부터 전이 학습으로 이미지 분류기를 구현하는 과정을 단계별로 살펴보자.

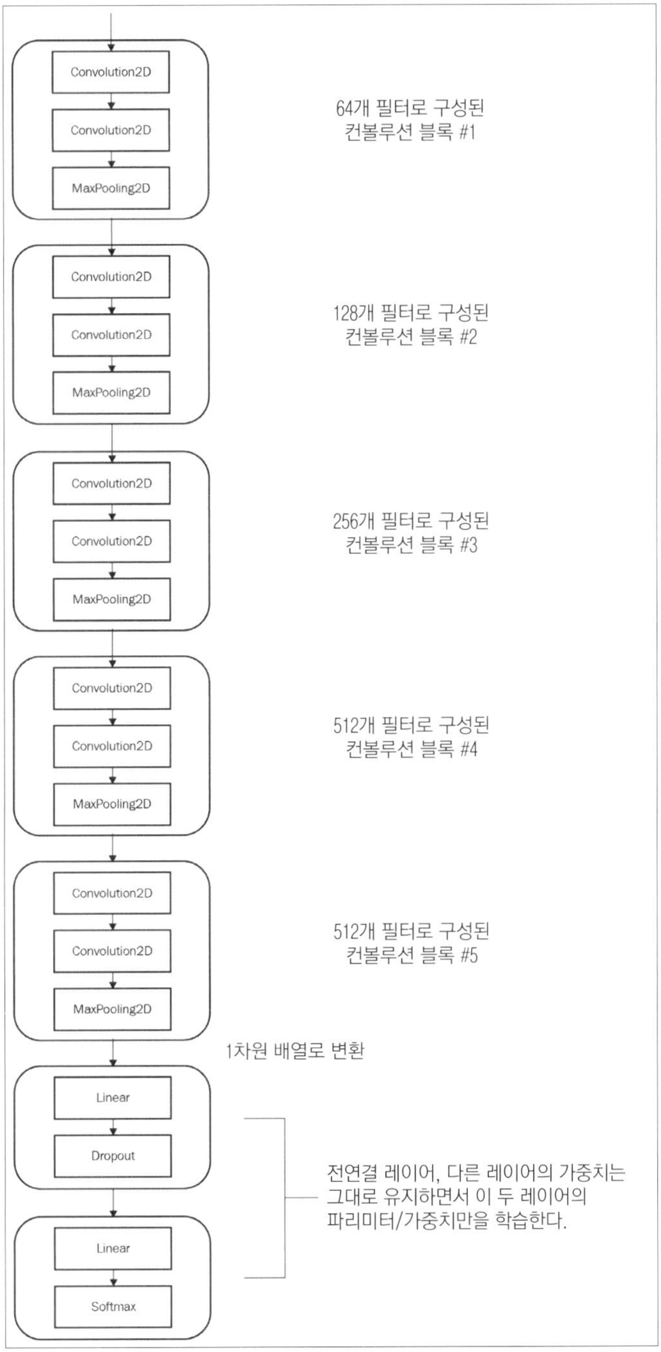

▲ **그림 5.18** VGG16 모델의 아키텍처

VGG16 모델 생성과 탐색

파이토치의 torchvision 라이브러리는 사전에 훈련된 다수의 모델을 제공한다. Torchvision가 제공하는 모델은 대부분 pretrained라는 인자를 갖는다. 이 pretrained 인자가 True로 설정되면, ImageNet 분류 문제에 학습되고 최적화된 가중치를 다운로드해 사용한다. VGG16 모델을 생성하는 코드는 다음과 같다.

```
from torchvision import models
vgg = models.vgg16(pretrained=True)
```

이제 VGG16 모델을 사용해 사전 학습된 가중치를 사용할 준비가 됐다. 코드를 처음 실행하면 인터넷 속도에 따라 몇 분이 걸리기도 한다. 가중치의 크기는 약 500MB 정도가 될 것이다. VGG16 모델의 구조를 인쇄해 살펴볼 수 있다. 이 네트워크가 어떻게 구현되는지 이해하는 것은 최신 아키텍처를 사용할 때 매우 유용하다. VGG16 모델의 구조를 살펴보자.

```
VGG (
  (features): Sequential (
    (0): Conv2d(3, 64, kernel_size=(3, 3), stride=(1, 1), padding=(1, 1))
    (1): ReLU (inplace)
    (2): Conv2d(64, 64, kernel_size=(3, 3), stride=(1, 1), padding=(1, 1))
    (3): ReLU (inplace)
    (4): MaxPool2d (size=(2, 2), stride=(2, 2), dilation=(1, 1))
    (5): Conv2d(64, 128, kernel_size=(3, 3), stride=(1, 1), padding=(1, 1))
    (6): ReLU (inplace)
    (7): Conv2d(128, 128, kernel_size=(3, 3), stride=(1, 1), padding=(1, 1))
    (8): ReLU (inplace)
    (9): MaxPool2d (size=(2, 2), stride=(2, 2), dilation=(1, 1))
    (10): Conv2d(128, 256, kernel_size=(3, 3), stride=(1, 1), padding=(1, 1))
    (11): ReLU (inplace)
    (12): Conv2d(256, 256, kernel_size=(3, 3), stride=(1, 1), padding=(1, 1))
    (13): ReLU (inplace)
```

```
    (14): Conv2d(256, 256, kernel_size=(3, 3), stride=(1, 1), padding=(1, 1))
    (15): ReLU (inplace)
    (16): MaxPool2d (size=(2, 2), stride=(2, 2), dilation=(1, 1))
    (17): Conv2d(256, 512, kernel_size=(3, 3), stride=(1, 1), padding=(1, 1))
    (18): ReLU (inplace)
    (19): Conv2d(512, 512, kernel_size=(3, 3), stride=(1, 1), padding=(1, 1))
    (20): ReLU (inplace)
    (21): Conv2d(512, 512, kernel_size=(3, 3), stride=(1, 1), padding=(1, 1))
    (22): ReLU (inplace)
    (23): MaxPool2d (size=(2, 2), stride=(2, 2), dilation=(1, 1))
    (24): Conv2d(512, 512, kernel_size=(3, 3), stride=(1, 1), padding=(1, 1))
    (25): ReLU (inplace)
    (26): Conv2d(512, 512, kernel_size=(3, 3), stride=(1, 1), padding=(1, 1))
    (27): ReLU (inplace)
    (28): Conv2d(512, 512, kernel_size=(3, 3), stride=(1, 1), padding=(1, 1))
    (29): ReLU (inplace)
    (30): MaxPool2d (size=(2, 2), stride=(2, 2), dilation=(1, 1))
  )
  (classifier): Sequential (
    (0): Linear (25088 -> 4096)
    (1): ReLU (inplace)
    (2): Dropout (p = 0.5)
    (3): Linear (4096 -> 4096)
    (4): ReLU (inplace)
    (5): Dropout (p = 0.5)
    (6): Linear (4096 -> 1000)
  )
)
```

위에서 출력된 모델 요약 정보로부터 VGG16은 순차 모델인 features와 classifier로 구성됨을 확인할 수 있다. 여기서 feature 순차 모델에 포함된 레이어의 학습 파라미터는 전이 학습 과정에서 고정될 것이다.

레이어 고정

이 절에서는 features 모델의 모든 레이어를 고정시키는 설정을 VGG16에 적용해본다. Features 모델에는 컨볼루션 블록이 포함돼 있다. 레이어에서 가중치를 고정하는 설정을 통해 컨볼루션 블록의 학습 파라미터가 더는 학습되지 않도록 보호한다. VGG16의 가중치는 많은 주요 특성을 인식하도록 훈련돼 있다. 사전에 학습된 모델의 파라미터를 재사용하면, 현재 모델을 학습하는 첫 번째 반복부터 동일한 기능을 수행할 수 있다. 원래 다른 유스케이스에 대해 훈련된 모델 가중치를 사용하는 학습 형태를 전이 학습이라고 한다. 다음 코드로 레이어의 가중치 또는 매개변수를 고정할 수 있다.

```
for param in vgg.features.parameters():
            param.requires_grad = False
```

이 코드는 옵티마이저가 가중치를 업데이트하지 못하도록 한다.

세부 조정: VGG16

VGG16 모델은 1,000개 카테고리를 분류하도록 학습됐다. 따라서 개와 고양이를 분류하도록 훈련시키기 위해서는 마지막 레이어의 출력을 1,000에서 2로 변경해야 한다. 다음 코드로 출력 수를 변경할 수 있다.

```
vgg.classifier[6].out_features = 2
```

`vgg.classifier`는 순차 모델 내부의 모든 레이어에 대한 접근을 허용한다. vgg.classifier는 6개의 요소로 구성돼 있다. VGG16 모델을 전이 학습시킬 때, classifier 내부 요소만을 학습시킬 것이다. 다음과 같이 `classifier.parameters`를 옵티마이저에 전달한다.

```
optimizer =
  optim.SGD(vgg.classifier.parameters(),lr=0.0001,momentum=0.5)
```

VGG16 모델 학습

지금까지 모델과 옵티마이저를 만들었다. 개와 고양이 데이터셋을 사용하기 때문에 앞에서 사용했던 데이터 로더 코드와 fit 함수를 사용해 모델을 학습시킬 수 있다. 모델을 학습시킬 때 classifier 내부의 매개변수만 변경된다는 점을 기억하자. 다음 코드를 수행하면 모델을 20에폭 학습하고, 검증 정확도 98.45%를 달성하는 모델이 만들어진다.

```
train_losses , train_accuracy = [],[]
val_losses , val_accuracy = [],[]
for epoch in range(1,20):
    epoch_loss, epoch_accuracy = fit(epoch,vgg,train_data_
loader,phase='training')
    val_epoch_loss , val_epoch_accuracy = fit(epoch,vgg,valid_data_
loader,phase='validation')
    train_losses.append(epoch_loss)
    train_accuracy.append(epoch_accuracy)
    val_losses.append(val_epoch_loss)
    val_accuracy.append(val_epoch_accuracy)
```

학습 오차와 검증 오차를 시각화해보자.

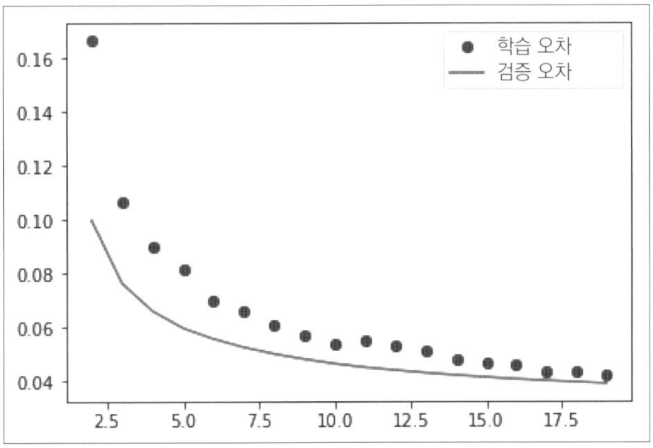

▲ **그림 5.19** 전이 학습 VGG16 모델의 학습 오차 그래프

학습 정확도와 검증 정확도를 시각화해보자.

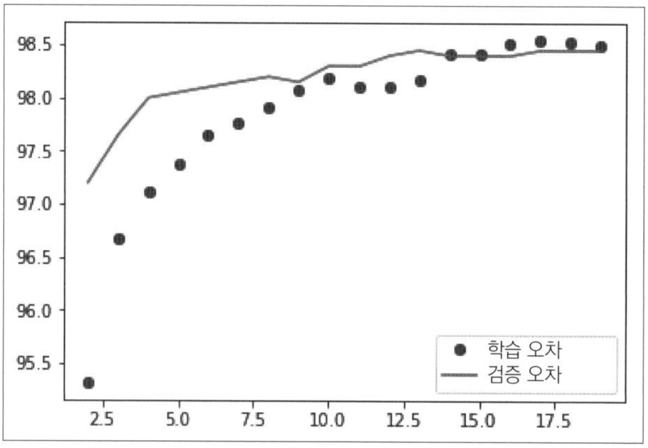

▲ **그림 5.20** 전이 학습 VGG16 모델의 학습 정확도 그래프

데이터 증식과 같은 여러 기법을 적용하거나 모델의 일반화 기능을 개선하기 위해 다른 드롭아웃 값을 설정할 수 있다. 다음 코드는 VGG의 classifier 모듈의 드롭아웃 값을 0.5에서 0.2로 변경하고 모델을 학습시킨다.

```
for layer in vgg.classifier.children():
    if(type(layer) == nn.Dropout):
        layer.p = 0.2

# 학습
train_losses , train_accuracy = [],[]
val_losses , val_accuracy = [],[]
for epoch in range(1,3):
    epoch_loss, epoch_accuracy = fit(epoch,vgg,train_data_
loader,phase='training')
    val_epoch_loss , val_epoch_accuracy = fit(epoch,vgg,valid_data_
loader,phase='validation')
    train_losses.append(epoch_loss)
    train_accuracy.append(epoch_accuracy)
    val_losses.append(val_epoch_loss)
    val_accuracy.append(val_epoch_accuracy)
```

위 코드를 통해 VGG 모델의 드롭아웃을 비율을 변경한 후, 3에폭 학습을 통해 추가적인 성능 개선을 이룰 수 있다. 드롭아웃을 조정하는 방법 이외에 모델의 일반화 성능을 높이는 데에는 더 많은 데이터를 수집하는 방법과 데이터를 증식하는 방법이 있다. 이미지를 수평으로 뒤집거나 작은 각도로 이미지를 회전해 데이터 증식하는 방법에 대해 알아본다. 파이토치의 torchvision 라이브러리는 데이터를 증식하는 다양한 기능을 제공한다. 파이토치는 데이터 증식과 관련된 기능을 동적으로 수행하며, 데이터는 에폭별로 변경된다. 다음 코드를 사용하면 데이터 증식을 구현할 수 있다.

```
train_transform =transforms.Compose([transforms.Resize((224,224)),
                                     transforms.RandomHorizontalFlip(),
                                     transforms.RandomRotation(0.2),
                                     transforms.ToTensor(),
                                     transforms.Normalize([0.485, 0.456, 0.406],
[0.229, 0.224, 0.225])
                                      ])

train = ImageFolder('dogsandcats/train/',train_transform)
valid = ImageFolder('dogsandcats/valid/',simple_transform)

# Training

train_losses , train_accuracy = [],[]
val_losses , val_accuracy = [],[]
for epoch in range(1,3):
    epoch_loss, epoch_accuracy = fit(epoch,vgg,train_data_
loader,phase='training')
    val_epoch_loss , val_epoch_accuracy = fit(epoch,vgg,valid_data_
loader,phase='validation')
    train_losses.append(epoch_loss)
    train_accuracy.append(epoch_accuracy)
    val_losses.append(val_epoch_loss)
    val_accuracy.append(val_epoch_accuracy)
```

위 코드를 실행하면 다음과 같은 결과가 출력한다.

```
# 출력 결과

training loss is 0.041 and training accuracy is 22657/23000 98.51
validation loss is 0.043 and validation accuracy is 1969/2000 98.45
training loss is 0.04 and training accuracy is 22697/23000 98.68
validation loss is 0.043 and validation accuracy is 1970/2000 98.5
```

증식된 데이터로 모델을 2에폭 더 학습시켰다. 단, 2에폭 학습으로 모델 정확도가 0.1% 향상됐다. 에폭을 더 늘리면 추가적인 성능 개선이 가능하다. 이 예제를 GPU를 사용해 학습할 경우에 1에폭을 학습하는 데 2분 이상 걸린다. 다음에는 1에폭 학습 시간을 초 단위로 줄이는 기법에 대해 알아본다.

사전 계산된 컨볼루션 피처 사용

컨볼루션 레이어의 학습 파라미터를 고정하고 모델을 학습할 때, 전연결 레이어 또는 덴스 레이어(vgg.classifier)에 입력은 항상 데이터별로 같은 값이 입력된다. 앞에서 다룬 예제에서 컨볼루션 블록(예제에서는 vgg.features)은 학습에 참여하지만, 학습 과정에서 학습 파라미터 변경이 발생하지 않는다. 따라서 입력 데이터별로 컨볼루션 블록의 계산 결과를 저장하고 재사용하면, 학습 속도를 상당히 높일 수 있다. 모든 에폭에서 컨볼루션 블록 계산을 반복하는 것이 아니라 첫 번째 에폭에서 계산한 컨볼루션 블록의 결과를 재사용하기 때문에 모델 학습 시간은 줄어든다. 이해를 돕기 위해 그림 5.21을 먼저 살펴보고, 컨볼루션 사전 계산 컨볼루션 피처의 구현 코드를 소개한다.

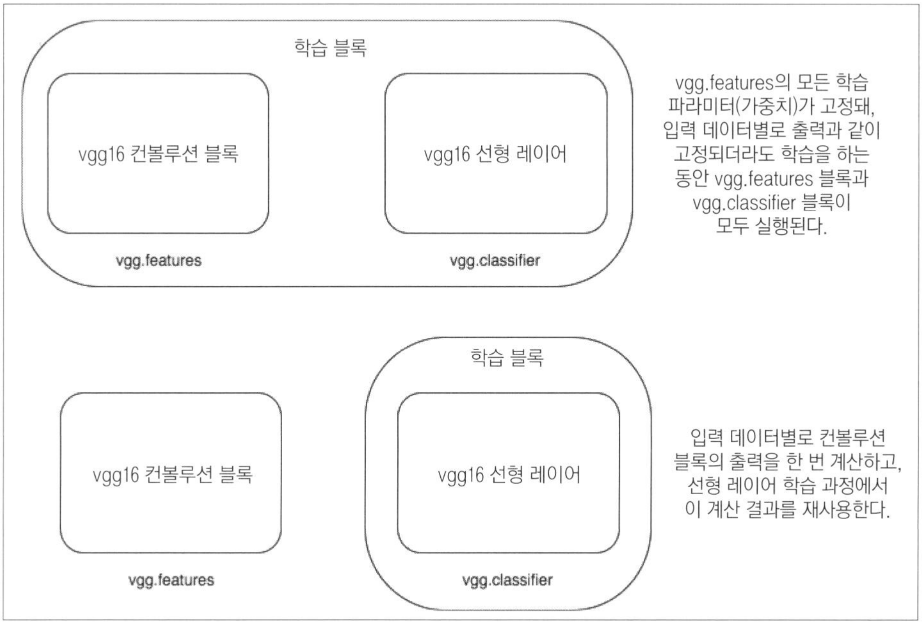

▲ **그림 5.21** 전이 학습 모델의 학습 범위: 사전 계산 컨볼루션 피처 사용 시 변화

위 그림에서 첫 번째 상자는 일반적으로 학습이 진행되는 방식을 묘사한다. 컨볼루션 블록의 출력값이 변경되지 않지만, 모든 에폭에서 컨볼루션 특성 연산이 수행되기 때문에 학습 속도가 느리다. 다음 상자에서 컨볼루션 특성을 한 번 계산하고, 선형 레이어만 학습을 진행한다. 미리 컨볼루션 특성을 계산하기 위해 모든 학습 데이터를 컨볼루션 블록을 통과시키고 그 결과를 저장한다. 이 작업을 수행하려면 VGG 모델의 컨볼루션 블록만을 선택해야 한다. 다행히 VGG16의 파이토치 구현체는 2개의 순차 모델로 구성돼 있다. 컨볼루션 블록인 첫 번째 순차 모델을 선택하고 개별적으로 실행할 수 있다. 다음은 VGG16에서 컨볼루션 블록을 선택하고, 학습 데이터셋과 검증 데이터셋을 실행시켜 그 결과를 저장하는 기능을 구현하는 코드다.

```
vgg = models.vgg16(pretrained=True)
vgg = vgg.cuda()
features = vgg.features
```

```
train_data_loader = torch.utils.data.DataLoader(train,batch_size=32,num_
workers=3,shuffle=False)
valid_data_loader = torch.utils.data.DataLoader(valid,batch_size=32,num_
workers=3,shuffle=False)

def preconvfeat(dataset,model):
    conv_features = []
    labels_list = []
    for data in dataset:
        inputs,labels = data
        if is_cuda:
            inputs , labels = inputs.cuda(),labels.cuda()
        inputs , labels = Variable(inputs),Variable(labels)
        output = model(inputs)
        conv_features.extend(output.data.cpu().numpy())
        labels_list.extend(labels.data.cpu().numpy())
    conv_features = np.concatenate([[feat] for feat in conv_features])

    return (conv_features,labels_list)

conv_feat_train,labels_train = preconvfeat(train_data_loader,features)
conv_feat_val,labels_val = preconvfeat(valid_data_loader,features)
```

위 코드에서 preconvfeat 함수는 데이터셋과 vgg 모델을 인자로 받고, 모든 데이터셋의 컨볼루션 피처 목록과 라벨 목록을 반환한다. 나머지 코드는 다른 예제에서 데이터 로더 및 데이터셋을 작성하는 것과 유사하다.

학습 데이터셋과 검증 데이터셋에 대한 컨볼루션 연산 결과를 저장한 후, Dataset 클래스를 생성해 새로운 클래스를 만들고, 이 클래스를 이용해 DataLoader 객체를 생성한다. Dataloader 객체를 이용하면 학습 과정을 간단하게 만들 수 있다. 컨볼루션 특성을 위한 데이터셋 클래스를 정의하고, DataLoader 객체를 생성하는 코드는 다음과 같다.

학습 및 검증 데이터셋에 대한 컨볼루션 기능이 있으면 파이토치 데이터셋 및 DataLoader 클래스를 만들어 교육 과정을 간소화한다. 다음 코드는 컨볼루션 기능을 위한 데이터셋 및 데이터 로더를 만든다.

```
class My_dataset(Dataset):
    def __init__(self,feat,labels):
        self.conv_feat = feat
        self.labels = labels

    def __len__(self):
        return len(self.conv_feat)

    def __getitem__(self,idx):
        return self.conv_feat[idx],self.labels[idx]

train_feat_dataset = My_dataset(conv_feat_train,labels_train)
val_feat_dataset = My_dataset(conv_feat_val,labels_val)

train_feat_loader =
  DataLoader(train_feat_dataset,batch_size=64,shuffle=True)
val_feat_loader =
  DataLoader(val_feat_dataset,batch_size=64,shuffle=True)
```

레이블과 컨볼루션 피처로 배치를 생성하는 새로운 데이터 로더를 만들었기 때문에 다른 예제에서 사용했던 동일한 학습 코드를 사용할 수 있다. 이제 레이블과 함께 복잡한 배치 처리 기능을 생성하는 새로운 데이터 로더가 있으므로 다른 예제에서 사용한 것과 동일한 열차 기능을 사용할 수 있다. 이제 vgg.classifier를 모델로 옵티마이저 객체와 fit 함수를 만들면 학습을 진행할 수 있다. 학습 성능을 높인 개와 고양이 분류기는 다음과 같은 코드로 학습시킬 수 있다. 이 모델을 Titan X GPU를 이용해 학습할 경우, 각 에폭이 처리되는 시간은 5초 미만으로 줄어든다. GPU를 사용하지 않을 경우 몇 분이 소요된다.

```
train_losses , train_accuracy = [],[]
val_losses , val_accuracy = [],[]
for epoch in range(1,20):
    epoch_loss, epoch_accuracy = fit_numpy(epoch,vgg.classifier,train_feat_
loader,phase='training')
    val_epoch_loss , val_epoch_accuracy = fit_numpy(epoch,vgg.classifier,val_
feat_loader,phase='validation')
```

```
    train_losses.append(epoch_loss)
    train_accuracy.append(epoch_accuracy)
    val_losses.append(val_epoch_loss)
    val_accuracy.append(val_epoch_accuracy)
```

CNN 학습에 대한 이해

일반적으로 딥러닝 모델은 해석할 수 없다고 말한다. 그러나 이러한 모델의 내부에서 일어나는 일을 해석하기 위해 여러 연구가 진행 중이며, 실제로 다양한 기법이 존재한다. 이미지의 경우, CNN이 학습한 특성을 해석할 수 있다. 이 절에서 CNN이 학습한 특성을 해석하는 두 가지 기법을 소개한다. 이 기법을 사용하면 CNN에 대한 이해를 높일 수 있을 것이다.

중간 레이어의 출력 시각화

중간 레이어의 출력을 시각화해보면 입력 이미지가 여러 레이어에 걸쳐 어떻게 변형되는지를 이해하는 데 도움이 된다. 종종 각 레이어의 출력을 활성화Activation라고 한다. 중간 레이어의 출력을 추출하는 데에는 여러 가지 방법이 있다. 파이토치는 `register_forward_hook`이라는 메서드를 제공한다. 이 메서드를 사용하면 특정 레이어의 출력을 추출하는 함수를 만들 수 있다.

기본적으로 파이토치 모델은 메모리를 효과적으로 사용하기 위해 마지막 레이어의 출력만을 저장한다. 따라서 중간 레이어의 활성화가 어떤 모습인지 살펴보기 전에 모델에서 출력을 추출하는 방법을 이해해야 한다. 다음 코드를 통해 무엇을 추출하는지 그리고 어떻게 동작하는지 이해해보자.

```
vgg = models.vgg16(pretrained=True).cuda()

class LayerActivations():
    features=None

    def __init__(self,model,layer_num):
        self.hook = model[layer_num].register_forward_hook(self.hook_fn)

    def hook_fn(self,module,input,output):
        self.features = output.cpu()

    def remove(self):
        self.hook.remove()


conv_out = LayerActivations(vgg.features,0)

o = vgg(Variable(img.cuda()))

conv_out.remove()

act = conv_out.features
```

위 코드에서 사전에 학습된 VGG 모델을 생성하고, 특정 레이어의 출력을 추출한다. LayerActivations 클래스는 파이토치가 레이어의 출력을 features 변수에 저장하도록 만든다. LayerActivations 클래스의 각 함수에 대해 살펴보자.

__init__ 함수는 출력을 추출하는 데 필요한 모델과 레이어 번호를 매개변수로 취한다. 매개변수로 입력받은 모델과 레이어 번호를 이용해 대상 레이어 찾고, 대상 레이어 객체의 register_forward_hook 메서드를 호출한다. register_forward_hook 메서드를 호출할 때, hook_fn 함수를 매개변수로 전달한다. 이미지가 레이어를 통과할 때 파이토치는 register_forward_hook로 등록된 함수를 호출한다. register_forward_hook 메서드는 핸들을 반환한다. 이 핸들은 register_forward_hook이 등록한 함수를 등록 취소할 때 사용된다.

register_forward_hook 메서드에는 해당 레이어에 등록된 함수가 전달 인자로 전달된다. 레이어에 등록되는 함수는 3개의 매개변수를 갖는다. 첫 번째 매개변수인 module을 이용해 대상 레이어에 접근할 수 있다. 두 번째 매개변수는 입력값이며, 레이어를 통해 입력되는 데이터를 나타낸다. 세 번째 매개변수는 출력이다. 레이어의 변형된 입력 또는 활성화된 결과에 접근할 수 있다. 이 출력은 LayerActivations 클래스의 features 변수에 저장한다.

세 번째 함수는 __init__ 메서드에서 만들어진 hook을 사용해 register_forward_hook 메서드에서 등록한 함수를 제거한다. 이제 모델과 레이어 번호를 전달해 특정 레이어의 활성화 출력 결과를 확인하는 것이 가능해졌다. 다음 고양이 이미지가 입력될 때, 각 레이어가 만드는 활성화 출력을 이미지로 만들어보자.

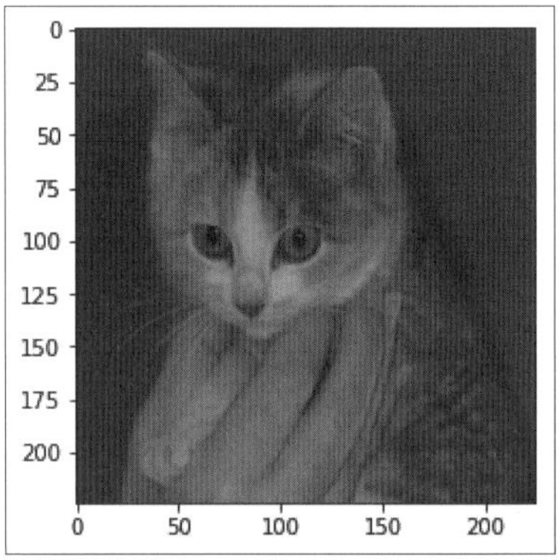

▲ **그림 5.22** 출력 시각화를 위한 입력 이미지

```
fig = plt.figure(figsize=(20,50))
fig.subplots_adjust(left=0,right=1,bottom=0,top=0.8,hspace=0,
  wspace=0.2)
for i in range(30):
    ax = fig.add_subplot(12,5,i+1,xticks=[],yticks=[])
    ax.imshow(act[0][i])
```

다섯 번째 컨볼루션 레이어에서 생성된 활성화 출력 중 일부를 시각화해보자.

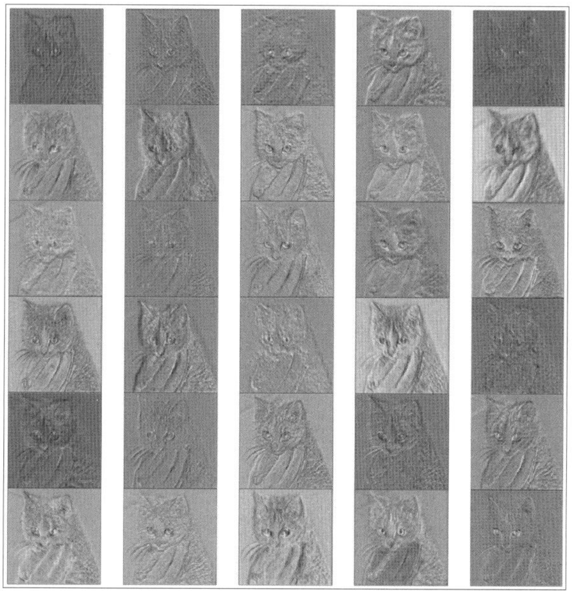

▲ **그림 5.23** 다섯 번째 컨볼루션 레이어의 활성화 출력

마지막 컨볼루션 레이어의 출력 결과는 다음과 같다.

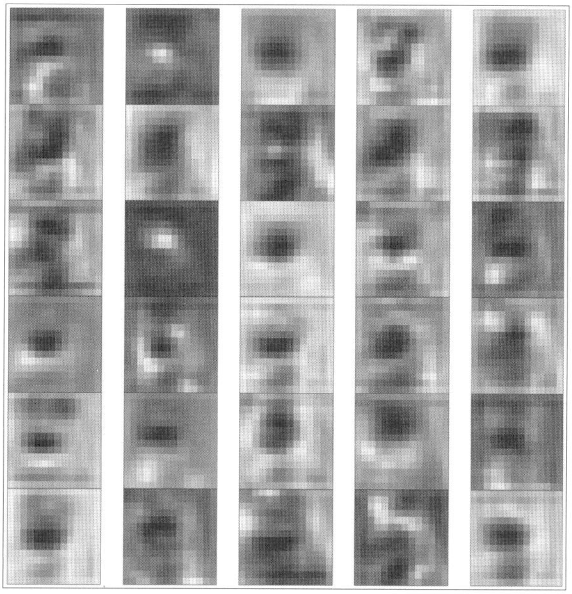

▲ **그림 5.24** 마지막 컨볼루션 레이어의 활성화 출력

여러 레이어가 생성하는 결과를 비교해보면, 초기 레이어는 선과 가장자리를 감지하고, 마지막 레이어에서는 높은 수준으로 특성을 학습하는 경향을 보이고 해석하기 어려워진다는 것을 알 수 있다. 가중치를 시각화하기 전에 ReLU 레이어 이후의 특성 맵 또는 활성화 맵이 어떻게 나타나는지 살펴봤다.

앞 이미지 두 번째 줄의 다섯 번째 이미지를 살펴보면, 필터가 이미지에서 눈을 감지하고 있는 것처럼 보인다. 모델이 정상적으로 작동하지 않을 때, 출력을 시각화하는 이러한 기법을 사용하면 모델이 작동하지 않는 이유를 이해하는 데 도움이 될 것이다.

중간 레이어의 가중치 시각화

모델에서 특정 레이어의 가중치를 얻는 것은 간단하다. 모든 모델 가중치는 `state_dict` 함수를 통해 액세스할 수 있다. `state_dict` 함수는 딕셔너리 객체를 반환한다. 이 반환 객체로부터 레이어명을 키Key로 해 가중치Weight를 조회할 수 있다. 다음 코드는 특정 레이어에 대한 가중치를 가져와 시각화하는 방법을 보여준다.

```
vgg.state_dict().keys()
cnn_weights = vgg.state_dict()['features.0.weight'].cpu()
```

위 코드는 다음과 같은 결과를 제공한다.

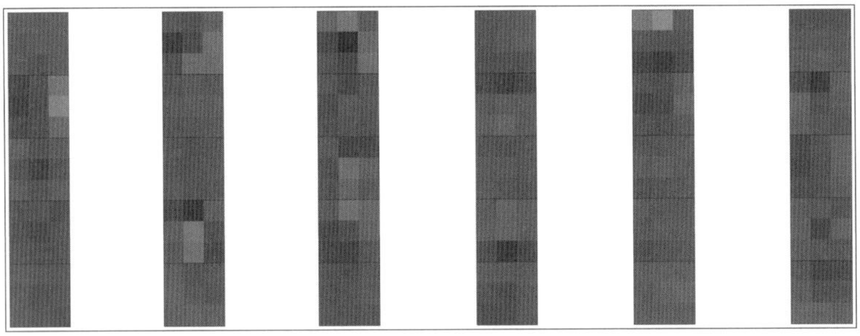

▲ 그림 5.25 중간 레이어의 가중치 시각화

각 상자는 크기가 3 × 3인 필터의 가중치를 나타낸다. 각 필터는 이미지에서 특정 패턴을 식별하도록 훈련됐다.

요약

5장에서는 CNN을 사용해 이미지 분류기를 만드는 방법과 이미에 훈련된 모델을 재사용하는 방법에 대해 알아봤다. 또한 사전에 컨볼루션 특성을 계산하고, 그 결과를 재사용해 학습 속도를 가속화하는 기법에 대해서도 소개했다. 마지막으로 CNN 내부에서 동작 방식을 이해하는 데 사용할 수 있는 기법에 대해 살펴봤다.

6장, '시퀀스 데이터와 텍스트 딥러닝'에서는 RNN을 사용해 순차 데이터를 처리하는 방법에 대해 알아본다.

06

시퀀스 데이터와 텍스트 딥러닝

5장, '컴퓨터 비전 딥러닝'에서 CNN을 이용해 공간 데이터를 처리하는 방법을 살펴보고, 이미지 분류기를 만들어봤다.

6장에서는 다음과 같은 주제에 대해 알아본다.

- 딥러닝 모델 구축에 유용한 텍스트 데이터의 다양한 표현
- 순환 신경망과 여러 RNN 구현체에 대한 이해, 6장에서는 LSTM과 GRU Gated Recurrent Unit와 같은 RNN 구현체를 소개한다. 텍스트와 시퀀스 데이터의 딥러닝 학습 모델의 대부분은 이 RNN 구현체를 사용한다.
- 순차 데이터에 1D 컨볼루션 적용

RNN을 사용해 다음과 같은 애플리케이션을 개발할 수 있다.

- **문서 분류기**: 트위터 또는 리뷰의 감성 분석 및 뉴스 기사 분류
- **시퀀스-투-시퀀스**Seq2Seq **학습**: 언어 번역, 영어를 한글로 변환
- **시계열 예측**: 전날 상점 세부 정보를 기반으로 다음 날 상점 매출 예측

텍스트 데이터 분석

텍스트는 가장 쉽게 접할 수 있는 순차 데이터다. 텍스트는 연속된 문자 또는 연속된 단어의 형태를 갖는다. 텍스트 분석할 때 텍스트를 단어의 연속된 형태로 다룬다. RNN과 같은 딥러닝 순차 모델은 텍스트 데이터에서 중요한 패턴을 학습하며, 다음과 같은 유형의 문제를 해결하는 데 주로 이용된다.

- 자연어 이해
- 문서 분류Document Classification
- 감성 분류Sentiment Classification

이러한 순차 모델은 질문/답변 시스템Question and Answering, QA system과 같은 다양한 시스템에서 핵심 컴포넌트로 중요한 역할을 담당한다.

자연어가 갖는 고유한 복잡성 때문에 애플리케이션이 인간의 언어를 이해하는 것은 상당히 어렵다. 이러한 순차 모델은 애플리케이션에 매우 유용하게 활용될 수 있다. RNN과 같은 순차 모델을 사용하면 텍스트 데이터에서 유용한 패턴을 효과적으로 찾을 수 있다. 텍스트를 다루는 딥러닝은 빠르게 성장하는 분야이며, 매달 수많은 새로운 기법이 발표되고 있다. 6장에서는 최신 애플리케이션 대부분이 사용하는 자연어 처리 기본 컴포넌트에 대해 알아본다.

다른 머신 러닝 모델과 마찬가지로 딥러닝 모델도 텍스트 데이터를 직접 이해하지 못하기 때문에 텍스트를 숫자 데이터로 변환해야 한다. 텍스트를 숫자로 변환하는 과정을 벡

터화라고 한다. 벡터화는 다음과 같은 방식으로 진행된다.

- 텍스트를 단어로 변환하고 각 단어를 벡터로 표현
- 텍스트를 문자로 변환하고 각 문자를 벡터로 표현
- 단어로 N-그램을 만들고 벡터로 표현

텍스트 데이터는 단어, 문자 및 n-그램과 같은 형태로 나뉠 수 있다. 텍스트를 나누는 작은 단위를 토큰[Token]이라 하고, 이렇게 텍스트를 토큰으로 나누는 프로세스를 토큰화[Tokenization]라고 한다. 파이썬은 텍스트를 토큰화하는 데 사용하는 여러 강력한 파이썬 라이브러리를 제공한다. 텍스트 데이터를 토큰으로 변환할 때, 각 토큰을 하나의 고유한 벡터에 대응시켜야 한다. 토큰을 벡터에 대응시킬 때, 가장 많이 사용되는 방법은 원-핫 인코딩[One-Hot Encoding]과 워드 임베딩[Word Embedding]이다. 다음 다이어그램은 텍스트를 벡터 표현으로 변환하는 과정을 설명한다.

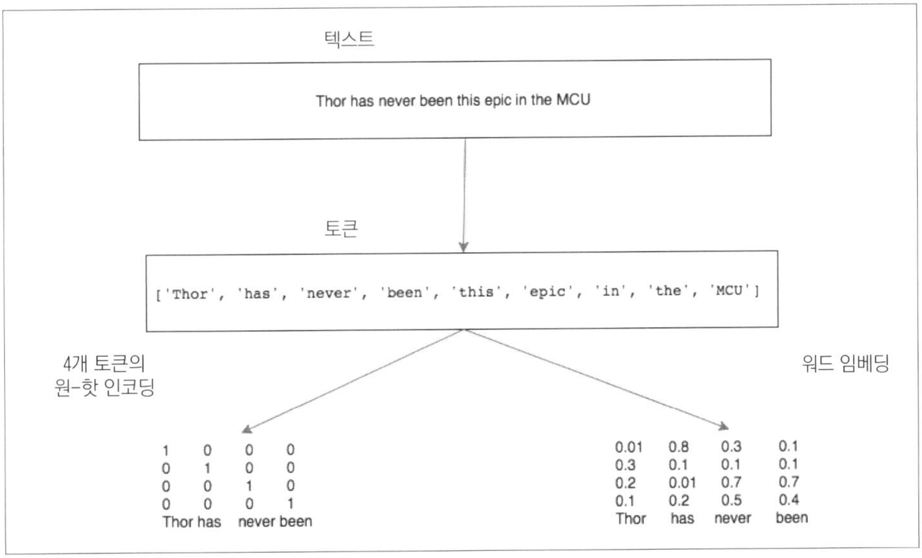

▲ **그림 6.1** 텍스트 데이터 벡터화(원-핫 인코딩/워드 임베딩)

다음 절에서는 토큰화, N-그램 표현과 벡터화에 대해 자세하게 다룬다.

토큰화

주어진 문장을 문자나 단어로 나누는 것을 토큰화라고 한다. 토큰화를 지원하는 많은 라이브러리가 존재한다. 대표적인 라이브러리에는 spaCy가 있다. spaCy는 토큰화를 돕는 정밀한 솔루션을 제공한다. 파이썬 기본 함수인 split과 list를 이용해 텍스트를 토큰으로 변환할 수 있다.

토큰화가 문자와 단어를 어떻게 변환하는지 설명하기 위해 예제로 마블 영화 "토르: 라그나로크"의 짧은 후기를 이용한다. 데모에 사용할 영화 후기는 다음과 같다.

> The action scenes were top notch in this movie. Thor has never been this epic in the MCU. He does some pretty epic sh*t in this movie and he is definitely not under-powered anymore. Thor in unleashed in this, I love that.

텍스트를 문자로 변환

파이썬 list 함수에 문자열을 입력하면 문자열을 개별 문자 목록으로 변환해 출력한다. 이것이 텍스트를 문자로 변환하는 작업이다. 다음 코드에서 문자열 변환 코드와 결과를 확인할 수 있다.

```
thor_review = "the action scenes were top notch in this movie. Thor has never
been this epic in the MCU. He does some pretty epic sh*t in this movie and he is
definitely not under-powered anymore. Thor in unleashed in this, I love that."

print (list (thor_review) )
```

결과는 다음과 같다.

```
# 결과
['t', 'h', 'e', ' ', 'a', 'c', 't', 'i', 'o', 'n', ' ', 's', 'c', 'e', 'n', 'e', 's',
' ', 'w', 'e', 'r', 'e', ' ', 't', 'o', 'p', ' ', 'n', 'o', 't', 'c', 'h', ' ', 'i',
'n', ' ', 't', 'h', 'i', 's', ' ', 'm', 'o', 'v', 'i', 'e', '.', ' ', 'T', 'h', 'o',
```

```
'r', ' ', 'h', 'a', 's', ' ', 'n', 'e', 'v', 'e', 'r', ' ', 'b', 'e', 'e', 'n', ' ',
't', 'h', 'i', 's', ' ', 'e', 'p', 'i', 'c', ' ', 'i', 'n', ' ', 't', 'h', 'e', ' ',
'M', 'C', 'U', '.', ' ', 'H', 'e', ' ', 'd', 'o', 'e', 's', ' ', 's', 'o', 'm', 'e',
' ', 'p', 'r', 'e', 't', 't', 'y', ' ', 'e', 'p', 'i', 'c', ' ', 's', 'h', '*', 't',
' ', 'i', 'n', ' ', 't', 'h', 'i', 's', ' ', 'm', 'o', 'v', 'i', 'e', ' ', 'a', 'n',
'd', ' ', 'h', 'e', ' ', 'i', 's', ' ', 'd', 'e', 'f', 'i', 'n', 'i', 't', 'e', 'l',
'y', ' ', 'n', 'o', 't', ' ', 'u', 'n', 'd', 'e', 'r', '-', 'p', 'o', 'w', 'e', 'r',
'e', 'd', ' ', 'a', 'n', 'y', 'm', 'o', 'r', 'e', '.', ' ', 'T', 'h', 'o', 'r', ' ',
'i', 'n', ' ', 'u', 'n', 'l', 'e', 'a', 's', 'h', 'e', 'd', ' ', 'i', 'n', ' ', 't',
'h', 'i', 's', ',', ' ', 'I', ' ', 'l', 'o', 'v', 'e', ' ', 't', 'h', 'a', 't', '.']
```

이 코드와 결과는 파이썬 기본 함수를 사용해 텍스트를 토큰으로 변환하는 과정을 설명한다.

텍스트를 단어로 변환

파이썬 문자열 객체의 split 함수를 이용해 텍스트를 단어로 나눌 수 있다. Split 함수는 텍스트를 토큰으로 분할하는 기준을 설정하는 1개의 인자를 받는다. 다음 예제에서는 공백 문자를 구분 기호로 사용하고 있다. 다음 코드는 파이썬 split 함수를 사용해 텍스트를 단어로 변환하는 방법을 소개한다.

```
print(Thor_review.split())

# 결과

['the', 'action', 'scenes', 'were', 'top', 'notch', 'in', 'this', 'movie.',
'Thor', 'has', 'never', 'been', 'this', 'epic', 'in', 'the', 'MCU.', 'He',
'does', 'some', 'pretty', 'epic', 'sh*t', 'in', 'this', 'movie', 'and', 'he',
'is', 'definitely', 'not', 'under-powered', 'anymore.', 'Thor', 'in',
'unleashed', 'in', 'this,', 'I', 'love', 'that.']
```

위 코드에서 split 함수에 구분 기호를 별도로 지정하지 않았다. split 함수는 공백 문자를 기본값으로 사용한다.

N-그램 표현

지금까지 텍스트를 문자와 단어로 표현Representation하는 방법에 대해 살펴봤다. 때때로 2개, 3개 또는 그 이상의 단어를 함께 다루는 것이 유용할 때가 있다. N-그램은 텍스트에서 추출한 단어 그룹이다. N-그램에서 N은 함께 사용되는 단어의 수를 나타낸다. N이 2인 N-그램을 바이그램bigram이라고 한다. 다음 예제에서 바이그램이 어떻게 만들어지는지에 관해 설명한다. 파이썬 nltk 패키지를 사용해 토르 후기에서 바이그램을 생성한다. 다음 코드는 바이그램 생성 과정과 그 결과를 보여준다.

```
from nltk import ngrams

print (list(ngrams(thor_review.split(),2)))

# 결과

[('the', 'action'), ('action', 'scenes'), ('scenes', 'were'), ('were', 'top'),
('top', 'notch'), ('notch', 'in'), ('in', 'this'), ('this', 'movie.'), ('movie.',
'Thor'), ('Thor', 'has'), ('has', 'never'), ('never', 'been'), ('been', 'this'),
('this', 'epic'), ('epic', 'in'), ('in', 'the'), ('the', 'MCU.'), ('MCU.', 'He'),
('He', 'does'), ('does', 'some'), ('some', 'pretty'), ('pretty', 'epic'),
('epic', 'sh*t'), ('sh*t', 'in'), ('in', 'this'), ('this', 'movie'), ('movie',
'and'), ('and', 'he'), ('he', 'is'), ('is', 'definitely'), ('definitely', 'not'),
('not', 'under-powered'), ('under-powered', 'anymore.'), ('anymore.', 'Thor'),
('Thor', 'in'), ('in', 'unleashed'), ('unleashed', 'in'), ('in', 'this,'),
('this,', 'I'), ('I', 'love'), ('love', 'that.')]
```

ngrams 함수는 첫 번째 전달 인자로 단어 리스트를 취하고, 두 번째 전달 인자로 그룹화할 단어 수를 입력받는다. 다음 코드로 n이 3인 트라이그램이 어떻게 만들어지고, 그 결과가 어떻게 보이는지를 확인할 수 있다.

```
print(list(ngrams(thor_review.split(),3)))

# 결과
```

```
[('the', 'action', 'scenes'), ('action', 'scenes', 'were'), ('scenes', 'were',
'top'), ('were', 'top', 'notch'), ('top', 'notch', 'in'), ('notch', 'in',
'this'), ('in', 'this', 'movie.'), ('this', 'movie.', 'Thor'), ('movie.', 'Thor',
'has'), ('Thor', 'has', 'never'), ('has', 'never', 'been'), ('never', 'been',
'this'), ('been', 'this', 'epic'), ('this', 'epic', 'in'), ('epic', 'in', 'the'),
('in', 'the', 'MCU.'), ('the', 'MCU.', 'He'), ('MCU.', 'He', 'does'), ('He',
'does', 'some'), ('does', 'some', 'pretty'), ('some', 'pretty', 'epic'),
('pretty', 'epic', 'sh*t'), ('epic', 'sh*t', 'in'), ('sh*t', 'in', 'this'),
('in', 'this', 'movie'), ('this', 'movie', 'and'), ('movie', 'and', 'he'),
('and', 'he', 'is'), ('he', 'is', 'definitely'), ('is', 'definitely', 'not'),
('definitely', 'not', 'under-powered'), ('not', 'under-powered', 'anymore.'),
('under-powered', 'anymore.', 'Thor'), ('anymore.', 'Thor', 'in'), ('Thor', 'in',
'unleashed'), ('in', 'unleashed', 'in'), ('unleashed', 'in', 'this,'), ('in',
'this,', 'I'), ('this,', 'I', 'love'), ('I', 'love', 'that.')]
```

위 코드에서 변경된 부분은 함수의 두 번째 전달 인자인 n 값이다.

나이브 베이즈Naive Bayes와 같은 여러 지도학습 머신 러닝 모델은 N-그램을 사용해 피처 스페이스(특성 공간, Feature Space)를 개선한다. 또한 N-그램은 맞춤법 교정 및 텍스트 요약 작업에도 사용된다.

N-그램 표현의 한 가지 문제점은 텍스트의 순서 정보를 상실한다는 것이다. N-그램은 주로 얕은 머신 러닝 모델[1]에서 주로 사용된다. 이 기법은 RNN이나 Conv1D와 같이 아키텍처가 특성 표현을 자동으로 학습하는 딥러닝에서는 거의 사용되지 않는다.

벡터화

생성된 토큰을 숫자 벡터에 대응시키는 방법으로 가장 많이 사용되는 두 가지 방법은 원-핫 인코딩과 워드 임베딩이다. 토큰을 벡터 표현으로 변환하는 간단한 파이썬 프로그램을 작성해본다. 또한 두 방법의 장단점에 대해 논의해본다.

1 머신 러닝은 지도학습, 비지도학습, 얕은 머신 러닝, 깊은 머신 러닝으로 구분된다. 깊은 머신 러닝이 피처 엔지니어링을 자동화한다면, 얕은 머신 러닝은 피처를 데이터 분석가가 지정해준다. – 옮긴이

원-핫 인코딩

원-핫 인코딩에서 각 토큰은 길이가 N인 벡터로 표현된다. 여기서 N은 어휘[Vocabulary]의 크기다. 어휘의 크기는 문서에 포함된 고유한 단어의 총 개수다. 짧은 문장을 갖고 각 토큰이 어떻게 하나의 원-핫 인코딩 벡터로 표현되는지 살펴보자. 다음은 주어진 문장을 관련 토큰으로 표현한 예다.

```
An apple a day keeps doctor away said the doctor.
```

위 문장을 원-핫 인코딩 변환시키면, 다음 표 형식과 같이 표현될 수 있다.

An	100000000
apple	010000000
a	001000000
day	000100000
keeps	000010000
doctor	000001000
away	000000100
said	000000010
the	000000001

위 표는 토큰과 각 토큰을 원-핫 인코딩으로 변환된 결과를 설명한다. 제시한 문장은 9개의 고유한 단어로 구성돼 있으므로 벡터 길이는 9가 된다. 많은 머신 러닝 라이브러리는 원-핫 인코딩 변수를 만드는 기능을 제공한다. 원-핫 인코딩에 대한 이해를 돕기 위해 이 기능을 직접 구현해본다. 그리고 다음 예제에서 이 구현 코드를 사용해 필요한 피처를 만들어본다. 다음 코드에서는 `Dictionary` 클래스를 정의한다. `Dictionary` 클래스는 고유한 단어 사전을 만드는 메서드와 특정 단어의 원-핫 인코딩 벡터를 반환하는 메서드를 갖는다. 먼저 코드를 살펴본 후 각 기능을 살펴보자.

```
class Dictionary(object):
    def __init__(self):
        self.word2idx = {}
        self.idx2word = []
        self.length = 0

    def add_word(self,word):
        if word not in self.idx2word:
            self.idx2word.append(word)
            self.word2idx[word] = self.length + 1
            self.length += 1
        return self.word2idx[word]

    def __len__(self):
        return len(self.idx2word)

    def onehot_encoded(self,word):
        vec = np.zeros(self.length)
        vec[self.word2idx[word]] = 1
        return vec
```

위 코드는 세 가지 주요 기능을 제공한다.

- 생성자, `__init__`는 `word2idx` 딕셔너리 객체를 만든다. 이 객체는 모든 고유 단어를 색인[index]과 함께 저장한다. `Idx2word` 리스트 객체는 모든 고유 단어를 저장하고 `length` 변수는 문서에서 고유 단어의 총 개수를 저장한다.
- `add_word` 함수는 단어를 인수로 입력받는다. 입력된 단어가 기존에 `idx2word`에 없는 새로운 단어라면, `word2idx`와 `idx2word`에 추가하고 어휘의 길이를 늘린다.
- `onehot_encoded` 함수는 단어를 전달 인자로 받아, 길이가 N인 벡터를 반환한다. 반환되는 벡터는 단어의 인덱스를 제외하고 모든 요소가 0인 벡터다. 예를 들어 입력받은 단어를 word2idx에서 확인한 결과, 인덱스가 2라면, 길이가 N이고, 인덱스가 2인 요소의 값이 1이며, 그 외 나머지 요소는 모두 0으로 설정된 벡터가 반환된다.

Dictionary 클래스를 정의했으므로 thor_review 데이터에 이 클래스를 사용해보자. 다음 코드는 word2idx가 어떻게 만들어지는지 보여주고, onehot_encoded 함수를 호출하는 방법을 설명한다.

```
dic = Dictionary()

for tok in thor_review.split():
    dic.add_word(tok)

print(dic.word2idx)
```

위 코드의 실행 결과는 다음과 같다.

```
# word2idx의 실행 결과

{'the': 1, 'action': 2, 'scenes': 3, 'were': 4, 'top': 5, 'notch': 6, 'in': 7,
'this': 8, 'movie.': 9, 'Thor': 10, 'has': 11, 'never': 12, 'been': 13, 'epic':
14, 'MCU.': 15, 'He': 16, 'does': 17, 'some': 18, 'pretty': 19, 'sh*t': 20,
'movie': 21, 'and': 22, 'he': 23, 'is': 24, 'definitely': 25, 'not': 26, 'under-
powered': 27, 'anymore.': 28, 'unleashed': 29, 'this,': 30, 'I': 31, 'love': 32,
'that.': 33}
```

단어 'were'의 원-핫 인코딩은 다음과 같다.

```
# 단어 'were'의 원-핫 인코딩

dic.onehot_encoded('were')
array([ 0.,  0.,  0.,  0.,  1.,  0.,  0.,  0.,  0.,  0.,  0.,  0.,  0.,
        0.,  0.,  0.,  0.,  0.,  0.,  0.,  0.,  0.,  0.,  0.,  0.,  0.,
        0.,  0.,  0.,  0.,  0.,  0.,  0.])
```

원-핫 인코딩 표현의 문제점 중 하나는 데이터가 너무 희소하고[2] 어휘의 고유 단어 수가 증가함에 따라 벡터의 크기가 급격히 커진다는 것이다. 이것은 상당히 큰 단점이다. 딥러닝에서는 원-핫 인코딩 방식은 거의 사용되지 않는다.

워드 임베딩

워드 임베딩은 딥러닝 알고리즘으로 다루는 문제에서 텍스트 데이터를 표현할 때 가장 많이 사용되는 방법이다. 워드 임베딩은 부동 소수점 형태의 수로 채워진 밀집 벡터Dense Vector 형태를 갖는다. 벡터의 차원은 어휘 크기에 따라 달라진다. 워드 임베딩의 차원 크기는 일반적으로 50, 100, 256, 300이며, 때에 따라 1,000차원을 사용하기도 한다. 워드 임베딩의 차원 크기는 학습 단계에서 설정되는 하이퍼파라미터다.

2만 개 어휘를 원-핫 인코딩으로 표현할 경우, 20,000 × 20,000개의 숫자를 사용해야 한다. 이 거대한 숫자의 대부분 값은 0으로 채워져 있다. 같은 어휘를 워드 임베딩으로 표현할 경우에 20,000 × 차원 수의 형상을 갖는다. 여기에서 차원 수는 10, 50, 300 등이 될 수 있다.

워드 임베딩을 생성하는 방법은 각 토큰에 대해 밀집 벡터를 생성하는 것으로 시작한다. 처음에 각 토큰의 밀집 벡터는 임의의 수로 초기화된다. 그 다음 문서 분류기 또는 감성 분류기와 같은 방식으로 모델을 학습시킨다. 각 토큰을 표현하는 벡터는 여러 개의 부동 소수점으로 구성된다. 의미가 유사한 단어는 비슷한 벡터를 갖도록 조정된다. 이를 이해하기 위해 그림 6.2를 살펴보자. 그림 6.2는 2차원 공간에 5개 영화 제목의 워드 임베딩 벡터를 투영한 모습이다.

2 여기서 "희소하다"는 것은 대부분 값이 0이라는 것을 의미한다. 원-핫 인코딩은 대부분의 벡터 요소가 0으로 채워져 있다. 원-핫 인코딩은 대표적인 희소 벡터(Sparse Vector)다. – 옮긴이

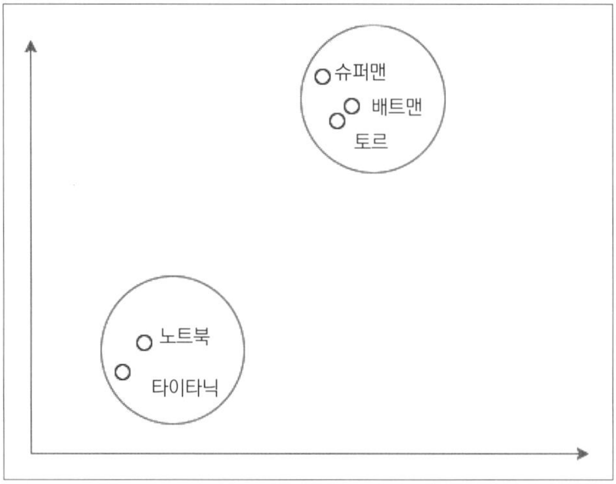

▲ **그림 6.2** 워드 임베딩의 2차원 시각화

위 이미지는 의미론적으로 유사한 단어가 더 가까운 거리를 갖도록 밀집 벡터[3]가 조정되는 결과를 보여준다. 슈퍼맨, 토르, 배트맨과 같은 영화는 만화에 기반을 둔 액션 영화기 때문에 이 단어의 임베딩의 거리는 가까운 편이다. 반면, 영화 타이타닉의 임베딩을 보면 액션 영화와는 멀고, 영화 노트북과는 더 가까운 벡터를 갖는다. 타이타닉과 노트북은 로맨틱 영화라는 공통점을 갖는다.

데이터가 너무 작은 경우, 워드 임베딩이 학습되지 않을 수 있다. 이런 상황에서는 다른 머신 러닝 알고리즘이 미리 학습시킨 워드 임베딩을 사용할 수 있다. 다른 머신 러닝 작업에서 생성된 워드 임베딩을 사전 학습 워드 임베딩이라고 한다. 다음 절에서 직접 워드 임베딩을 만드는 방법과 사전 학습된 워드 임베딩을 사용하는 방법에 대해 알아본다.

3 밀집 벡터(Dense Vector)는 희소 벡터의 반대 개념이다. 대부분의 벡터 값이 0 아닌 의미 있는 값으로 채워진 벡터다. 같은 의미를 표현하는 희소 벡터와 밀집 벡터가 있을 때, 밀집 벡터가 상대적으로 크기가 작다. – 옮긴이

감성 분류기로 워드 임베딩 학습시키기

앞에서 워드 임베딩에 대해 간략하게 살펴봤다. 이 절에서는 워드 임베딩을 직접 만들어본다. 여기서는 영화 후기 데이터셋인 IMDB를 사용한다. 이 IMDB를 다운로드해 영화 리뷰가 긍정인지, 부정인지 아니면 구분할 수 없는지를 계산하는 감성 분류기를 만들어본다. 감성 분류기를 만드는 과정에서 IMDB 데이터셋에 있는 단어 데이터에 대한 워드 임베딩을 학습시킬 것이다. 이번 예제 실습에서는 torchtext 라이브러리를 주로 사용한다. torchtext는 데이터셋 다운로드, 텍스트 벡터화, 배치 처리와 같은 복잡한 작업을 단순하고 편리하게 하는 여러 기능을 제공한다. 감성 분류기를 다음과 같은 절차로 학습시킬 것이다.

1. IMDB 데이터 다운로드와 텍스트 토큰화
2. 어휘 사전 구축
3. 배치 처리 벡터 생성
4. 임베딩으로 네트워크 모델 생성
5. 네트워크 모델 학습

IMDB 다운로드와 텍스트 토큰화

컴퓨터 비전을 다룰 때는 torchvision 라이브러리를 주로 사용했다. torchvision은 컴퓨터 비전 애플리케이션 구축을 돕는 많은 유틸리티 함수를 제공한다. 이와 같은 방식으로, 파이토치는 torchtext 라이브러리를 제공한다. 이 라이브러리는 파이토치와 함께 작동하도록 설계됐으며, 텍스트에 대한 여러 데이터 로더와 텍스트를 위한 추상화 기능을 제공해 자연어 처리와 관련된 많은 작업을 쉽게 해준다. 라이브러리 torchtext는 파이토치의 확장 라이브러리다. 이 라이브러리는 기본 파이토치 설치에 빠져 있다. Torchtext를 사용하기 위해서는 이 라이브러리를 별도로 설치해야 한다. torchtext를 설치하기 위해서는 명령어 콘솔에서 다음 명령을 실행해야 한다.

```
pip install torchtext
```

torchtext 라이브러리가 설치되면, torchtext 라이브러리가 제공하는 torchtext.data와 torchtext.datasets 모듈을 사용할 수 있다.

> 다음 링크에서 IMDB 영화 데이터셋을 내려받을 수 있다.
> https://www.kaggle.com/orgesleka/imdbmovies

torchtext.data

torchtext.data 인스턴스에는 `Field`라는 클래스가 정의돼 있다. `Field` 클래스는 데이터를 읽거나 토큰화하는 방법을 정의하는 데 유용하다. IMDB 데이터셋을 준비하는 다음 예제를 살펴보자.

```
from torchtext import data
TEXT = data.Field(lower=True, batch_first=True,fix_length=40)
LABEL = data.Field(sequential=False)
```

위 코드는 2개의 `Field` 객체를 정의한다. 하나는 실제 텍스트를 위한 객체, 나머지 하나는 레이블 데이터를 위한 객체다. 실제 텍스트 데이터를 다루는 TEXT 객체는 모든 텍스트를 소문자로 만들고, 텍스트의 토큰화를 수행하고, 공백을 없애고, 최대 길이를 20으로 자르도록 설정돼 있다. 실제 운영 환경에서 사용할 애플리케이션을 만든다면 20보다 훨씬 더 큰 숫자를 설정해야 한다. 위 코드는 작동 방식을 설명하는 예제 코드이기 때문에 최대 문자열 크기를 20으로 제한했다. `Field` 클래스의 생성자는 tokenize라는 인자를 갖는다. tokenize 인자의 기본값은 str.split이다. 이 인자에 spaCy나 다른 토크나이저를 설정할 수 있다. 예제에서는 기본값인 str.split을 사용한다

torchtext.datasets

torchtext.datasets 인스턴스는 IMDB, TREC(질문 분류), 언어 모델링(WikiText-2) 및 다른 여러 데이터셋을 사용하기 위한 래퍼 클래스를 제공한다. torch.datasets를 사용해

IMDB 데이터셋을 다운로드하고, 이 데이터셋을 학습 데이터셋과 테스트 데이터셋으로 나눌 수 있다. 다음 코드를 처음 실행하면, IMDB 데이터셋을 다운로드한다. 컴퓨터 네트워크 상태에 따라 데이터셋을 다운로드하는 데 몇 분이 걸릴 수 있다.

```
train, test = datasets.IMDB.splits(TEXT, LABEL)
```

위 코드에서 datasets의 IMDB 클래스는 데이터셋을 다운로드하고, 토큰화를 수행한 후, 이 데이터셋을 학습 데이터셋과 테스트 데이터셋으로 분할하는 데 필요한 복잡한 작업을 추상화한다. train.fields는 딕셔너리 객체를 포함한다. 이 딕셔너리 객체에서 TEXT가 키고, 값은 LABEL이다. 우선 train.fields를 살펴보고, train이 포함하는 각 요소를 확인해보자.

```
print('train.fields', train.fields)

# 결과
train.fields {'text': <torchtext.data.field.Field object at 0x1129db160>,
'label': <torchtext.data.field.Field object at 0x1129db1d0>}

print(vars(train[0]))

# 결과

vars(train[0]) {'text': ['for', 'a', 'movie', 'that', 'gets', 'no', 'respect',
'there', 'sure', 'are', 'a', 'lot', 'of', 'memorable', 'quotes', 'listed', 'for',
'this', 'gem.', 'imagine', 'a', 'movie', 'where', 'joe', 'piscopo', 'is',
'actually', 'funny!', 'maureen', 'stapleton', 'is', 'a', 'scene', 'stealer.',
'the', 'moroni', 'character', 'is', 'an', 'absolute', 'scream.', 'watch', 'for',
'alan', '"the', 'skipper"', 'hale', 'jr.', 'as', 'a', 'police', 'sgt.'], 'label':
'pos'}
```

위 코드의 결과에서 train[0]는 텍스트를 토큰화한 리스트를 저장하는 text 필드와 텍스트의 레이블을 저장하는 label 필드를 갖는다는 것을 확인할 수 있다. 이제 IMDB 데이터셋을 배치 처리할 준비를 마쳤다.

어휘 구축

이전 예제에서 thor_review 리스트로 원-핫 인코딩을 만들 때, 문서의 모든 고유한 단어를 포함하는 word2idx 딕셔너리 객체를 만들고 어휘[Vocabulary]로 참조했다. torchtext는 어휘를 더 쉽게 만드는 기능을 제공한다. 데이터가 모두 로드되면, build_vocab을 호출하고 데이터의 어휘 생성에 필요한 인수를 전달할 수 있다. 다음 코드에서 어휘 객체를 생성하는 방법을 확인할 수 있다.

```
TEXT.build_vocab(train, vectors=GloVe(name='6B', dim=300),
max_size=10000, min_freq=10)
LABEL.build_vocab(train)
```

위 코드는 어휘 객체를 생성하는 부분에 train 객체를 전달하고, 사전에 학습된 300차원의 임베딩을 이용해 벡터를 초기화하도록 설정하고 있다. 여기에서 build_vocab 메서드는 사전 학습된 임베딩 데이터를 다운로드하고, 이 데이터를 이용해 300차원 벡터를 초기화한다. 사전에 학습된 가중치를 이용하면 감성 분류기를 더 효과적으로 훈련시킬 수 있다. 또한 max_size 속성으로 생성될 어휘 객체의 크기를 제한하고, min_freq 속성으로 어휘에 추가될 단어의 최소 출현 빈도를 설정한다. 위 코드로부터 출현 빈도가 10번 이상인 단어로 최대 크기가 1만 개인 어휘 객체가 만들어진다.

어휘가 만들어지면, 어휘로부터 각 단어의 출현 빈도, 단어 인덱스 및 단어의 벡터 표현과 같은 여러 가지 값을 얻을 수 있다. 다음 코드는 어휘에 포함된 정보에 접근하는 방법을 설명한다.

```
print(TEXT.vocab.freqs)

# 결과
Counter({"i'm": 4174,
         'not': 28597,
         'tired': 328,
         'to': 133967,
```

```
        'say': 4392,
        'this': 69714,
        'is': 104171,
        'one': 22480,
        'of': 144462,
        'the': 322198,
```

다음 코드는 결과에 접근하는 방법을 소개한다.

```
print(TEXT.vocab.vectors)

# 각 단어의 300 차원 벡터를 출력
0.0000 0.0000 0.0000 ... 0.0000 0.0000 0.0000
0.0000 0.0000 0.0000 ... 0.0000 0.0000 0.0000
0.0466 0.2132 -0.0074 ... 0.0091 -0.2099 0.0539
      ...  ⋱  ...
0.0000 0.0000 0.0000 ... 0.0000 0.0000 0.0000
0.7724 -0.1800 0.2072 ... 0.6736 0.2263 -0.2919
0.0000 0.0000 0.0000 ... 0.0000 0.0000 0.0000
[torch.FloatTensor of size 10002x300]

print(TEXT.vocab.stoi)

# 결과
defaultdict(<function torchtext.vocab._default_unk_index>,
            {'<unk>': 0,
             '<pad>': 1,
             'the': 2,
             'a': 3,
             'and': 4,
             'of': 5,
             'to': 6,
             'is': 7,
             'in': 8,
             'i': 9,
             'this': 10,
             'that': 11,
             'it': 12,
```

stoi로 단어와 단어의 인덱스를 관리하는 딕셔너리 객체에 접근할 수 있다.

벡터 배치 생성

Torchtext는 모든 텍스트를 배치 처리하는 것을 지원하고, 단어를 인덱스 번호로 대체하는 BucketIterator를 제공한다. BucketIterator 인스턴스를 만드는 생성자는 batch_size, device 그리고 shuffle과 같은 전달 인자를 갖는다. device 매개변수로 GPU와 CPU를 지정할 수 있고, shuffle 파라미터로 데이터를 섞을 것인지 여부를 지정할 수 있다. 다음 코드는 학습 및 테스트 데이터셋의 배치를 생성하는 반복 처리기를 생성하는 방법을 보여준다.

```
train_iter, test_iter = data.BucketIterator.splits( (train, test),
batch_size=128, device=-1,shuffle=True)
# device = -1은 cpu를 의미, 값을 지정하지 않으면 GPU로 설정(기본값 GPU)
```

위 코드는 학습 데이터셋과 테스트 데이터셋을 제공하는 BucketIterator 객체를 만든다. 다음 코드는 배치를 생성하는 방법과 배치에 포함된 데이터를 확인하는 방법을 설명한다.

```
batch = next(iter(train_iter))
batch.text

# 결과

Variable containing:
  5128 427 19 ... 1688 0 542
    58 2 0 ... 2 0 1352
     0 9 14 ... 2676 96 9
        ... ⋱ ...
    129 1181 648 ... 45 0 2
  6484 0 627 ... 381 5 2
   748 0 5052 ... 18 6660 9827
[torch.LongTensor of size 128x20]  batch.label
```

```
# 결과
Variable containing:
  2
  1
  2
  1
  2
  1
  1
  1
[torch.LongTensor of size 128]
```

위 코드 블록의 결과를 이용해 텍스트 데이터가 변환되는 행렬의 크기를 계산할 수 있다. 행렬 크기는 배치 크기(batch_size)와 고정 길이(fix_len)의 곱으로 계산할 수 있다. 위 코드의 배치 행렬 크기는 128 × 20이다.

임베딩으로 네트워크 모델 만들기

지금까지 단어 임베딩에 대해 간단히 살펴봤다. 이 절에서는 네트워크 아키텍처의 일부로 워드 임베딩을 만들고, 전체 모델을 학습시켜 각 후기의 긍정과 부정 상태를 예측하는 모델을 학습시켜본다. 이 학습을 통해 IMDB 데이터셋으로 감성 모델 분류기와 워드 임베딩을 만들 수 있다. 다음 코드는 단어 임베딩을 사용해 감성을 예측하는 네트워크 아키텍처를 만드는 방법을 설명한다.

```
class EmbNet(nn.Module):
    def __init__(self,emb_size,hidden_size1,hidden_size2=200):
        super().__init__()
        self.embedding = nn.Embedding(emb_size,hidden_size1)
        self.fc = nn.Linear(hidden_size2,3)

    def forward(self,x):
        embeds = self.embedding(x).view(x.size(0),-1)
        out = self.fc(embeds)
        return F.log_softmax(out,dim=-1)
```

위 코드에서 `EmbNet` 클래스는 감성 분류 모델을 만든다. EmbNet 생성자 함수인 `__init__` 함수에서 `nn.Embedding` 클래스 객체를 2개의 전달 인자로 초기화한다. 첫 번째 인자는 어휘의 크기고, 두 번째 인자는 각 단어를 표현하는 차원의 크기다. 고유한 단어의 수를 제한했으므로 어휘 크기는 10,000이 될 것이다. 워드 임베딩 크기는 10으로 시작할 수 있다. 프로그램을 빨리 실행하려면 임베딩 크기가 작은 것이 유용하지만, 프로덕션 시스템용 애플리케이션을 빌드할 때는 큰 크기의 임베딩을 사용해야 한다. EmbNet 모델의 마지막에는 워드 임베딩을 3개 카테고리(양성, 음성, 판단 보류)에 대응시키는 선형 레이어가 사용된다.

`forward` 함수는 입력 데이터가 처리되는 방법을 정의한다. 배치 크기가 32이고, 최대 단어 길이가 20인 문장의 경우, 입력 데이터의 형상은 32 × 20이 된다. 첫 번째 임베딩 레이어는 입력된 단어를 임베딩 벡터로 변환하는 룩업 테이블 역할을 한다. 워드 임베딩이 10차원으로 만들어질 때, 단어를 워드 임베딩으로 교체하면 데이터 형상은 32 × 20 × 10이 된다. 워드 임베딩 레이어의 출력 데이터의 형상은 (32, 20, 10)이며, 이 형상을 문장별로 차원을 평평하게 만들기 위해 `view()` 함수를 사용한다. `view()` 함수에 전달되는 첫 번째 인수는 해당 크기를 그대로 유지한다. 위 예제의 경우, 다른 배치와 결합하지 않기 때문에 첫 번째 차원을 그대로 유지하고 나머지 값을 하나의 텐서로 합친다. 함수를 적용하면 출력 데이터 형상은 (32, 200)으로 변환된다. 워드 임베딩 레이어 다음의 밀집 레이어(Dense Layer, Fully Connected Layer)는 워드 임베딩 레이어의 출력을 입력받아 3개의 카테고리에 대응시킨다. 이렇게 네트워크가 정의됐다면, 이제 네트워크를 학습시킬 준비가 완료됐다.

> 이 네트워크는 텍스트의 순차적 특성을 잃어버리고 BoW(Bag of Words)[4]로 사용한다는 점에 주의해야 한다.

4 BoW(Bag of Words) 기법은 문서를 분류하는 기법 중 하나다. 문서에 포함된 고유 단어와 단어의 분포가 문서 분류의 기본이 되는 방식이다. BoW 기법을 사용하면 단어의 분포가 중시되며, 단어의 순서는 관리하지 않는다. – 옮긴이

모델 학습시키기

모델 학습은 앞에서 살펴본 이미지 분류기에서 했던 과정과 매우 비슷하기 때문에 같은 함수를 사용한다. 모델에 배치 처리된 데이터를 입력하고 출력과 오차를 계산한 후 모델 가중치를 최적화한다. 이와 같은 작업을 구현한 코드는 다음과 같다.

```
def fit(epoch,model,data_loader,phase='training',volatile=False):
    if phase == 'training':
        model.train()
    if phase == 'validation':
        model.eval()
        volatile=True
    running_loss = 0.0
    running_correct = 0
    for batch_idx , batch in enumerate(data_loader):
        text , target = batch.text , batch.label
        if is_cuda:
            text,target = text.cuda(),target.cuda()

        if phase == 'training':
            optimizer.zero_grad()
        output = model(text)
        loss = F.nll_loss(output,target)

        running_loss += F.nll_loss(output,target,size_average=False).data[0]
        preds = output.data.max(dim=1,keepdim=True)[1]
        running_correct += preds.eq(target.data.view_as(preds)).cpu().sum()
        if phase == 'training':
            loss.backward()
            optimizer.step()

    loss = running_loss/len(data_loader.dataset)
    accuracy = 100. * running_correct/len(data_loader.dataset)

    print(f'{phase} loss is {loss:{5}.{2}} and {phase} accuracy is {running_
correct}/{len(data_loader.dataset)}{accuracy:{10}.{4}}')
    return loss,accuracy
```

```
train_losses , train_accuracy = [],[]
val_losses , val_accuracy = [],[]

train_iter.repeat = False
test_iter.repeat = False

for epoch in range(1,10):

    epoch_loss, epoch_accuracy = fit(epoch,model,train_iter,phase='training')
    val_epoch_loss , val_epoch_accuracy = fit(epoch,model,test_
iter,phase='validation')
    train_losses.append(epoch_loss)
    train_accuracy.append(epoch_accuracy)
    val_losses.append(val_epoch_loss)
    val_accuracy.append(val_epoch_accuracy)
```

위 코드에서 데이터를 배치 처리하기 위해 만든 BucketIterator 객체를 입력해 fit 함수를 호출한다. BucketIterator 객체의 기본 설정은 배치 생성을 중단하지 않는다. 따라서 학습을 시작하기 전에 BucketIterator 객체의 repeat 변수를 False로 설정한다. repeat 변수를 False로 설정하지 않으면 fit 함수가 무기한 실행된다. 모델 교육을 약 10에폭 수행하면 약 70%의 검증 정확도를 달성하게 될 것이다.

사전 학습 워드 임베딩

워드 임베딩을 학습시킬 만큼 많은 데이터가 있는 의료 및 제조와 같이 특정 도메인에서는 미리 학습된 워드 임베딩을 사용하면 유용하다. 의미 있는 임베딩을 학습할 수 있는 충분한 데이터가 없다면, 위키피디아, 구글 뉴스와 트위터의 트윗과 같은 여러 데이터 코퍼스Corpus[5]로 학습된 임베딩을 사용할 수 있다. 많은 팀이 여러 방식으로 워드 임베딩을

5 코퍼스는 말뭉치라고 하며, 자연어 연구를 위해 특정한 목적을 갖고 언어의 표본을 추출한 집합이다. 실제 사람들이 말한 것이나 발간된 글을 모아놓은 방대한 데이터베이스다. – 옮긴이

학습시키고 오픈소스로 공개하고 있다. 이 절에서는 torchtext를 사용해 여러 워드 임베딩을 쉽게 사용하고, PyTorch 모델에서 토치 텍스트를 사용하는 방법을 살펴본다. 이는 컴퓨터 비전 애플리케이션에서 사용했던 전이 학습과 비슷한 방식이다. 일반적으로 사전 학습된 임베딩을 사용하기 위해서는 다음 단계를 거쳐야 한다.

- 임베딩 다운로드
- 모델에 임베딩 추가
- 임베딩 레이어의 가중치 고정

각 단계가 어떻게 구현되는지 자세히 살펴보자.

임베딩 다운로드

torchtext 라이브러리는 임베딩을 다운로드하고, 임베딩을 단어에 대응시키는 것과 관련된 많은 복잡성을 추상화한다. Torchtext는 vocab 모듈에 `GloVe`, `FastText`, `CharNGram` 클래스 3개를 제공한다. 이 3개 클래스는 임베딩을 다운로드하고, 이를 어휘에 대응시키는 과정을 쉽게 수행한다. 이러한 각 클래스는 여러 데이터셋을 여러 기법으로 학습한 다양한 임베딩을 제공한다. 다음 목록은 torchtext가 제공하는 임베딩 중 일부다.

- charngram.100d
- fasttext.en.300d
- fasttext.simple.300d
- glove.42B.300d
- glove.840B.300d
- glove.twitter.27B.25d
- glove.twitter.27B.50d
- glove.twitter.27B.100d
- glove.twitter.27B.200d

- glove.6B.50d
- glove.6B.100d
- glove.6B.200d
- glove.6B.300d

Field 객체의 build_vocab 메서드는 임베딩을 위한 인수를 입력받는다. 다음 코드는 임베딩을 다운로드하는 방법을 설명한다.

```
from torchtext.vocab import GloVe
TEXT.build_vocab(train, vectors=GloVe(name='6B', dim=300),max_size=10000,min_
freq=10)
LABEL.build_vocab(train,)
```

전달 인자인 vector는 Embedding 클래스가 사용하는 값을 나타낸다. name과 dim 전달 인자로 어떤 임베딩을 사용할지를 결정한다. vocab 객체로 임베딩을 쉽게 접근할 수 있다. 다음 코드는 임베딩을 만들고 접근하는 방법을 소개한다.

```
TEXT.vocab.vectors

# 출력
0.0000 0.0000 0.0000 ... 0.0000 0.0000 0.0000
 0.0000 0.0000 0.0000 ... 0.0000 0.0000 0.0000
 0.0466 0.2132 -0.0074 ... 0.0091 -0.2099 0.0539
          ... ⋱ ...
 0.0000 0.0000 0.0000 ... 0.0000 0.0000 0.0000
 0.7724 -0.1800 0.2072 ... 0.6736 0.2263 -0.2919
 0.0000 0.0000 0.0000 ... 0.0000 0.0000 0.0000
[torch.FloatTensor of size 10002x300]
```

이렇게 임베딩을 다운로드하고 어휘에 대응시켰다. 파이토치 모델과 함께 사용하는지 방법에 대해 살펴보자.

모델에 임베딩 로딩하기

vectors 변수는 사전 학습된 임베딩을 포함하고 형상이 (vocab_size, #차원)인 파이토치 텐서를 반환한다. 임베딩 레이어의 가중치에 이 임베딩 가중치를 저장한다. 다음 코드가 보여 주듯 embeddings 레이어의 가중치에 사전 학습된 임베딩의 가중치를 할당할 수 있다.

```
model.embedding.weight.data = TEXT.vocab.vectors
```

model은 네트워크 객체를 나타내며, embedding은 이 네트워크의 임베디드 레이어다. 입력 데이터가 임베딩 레이어를 거쳐 선형 레이어에 전달될 때 약간 변경이 발생한다. 다음 코드는 사전에 학습된 임베딩을 사용하는 아키텍처를 구현하는 코드다. 사전 학습 임베딩의 가중치를 모델 embedding 레이어에 할당하는 것을 제외하면, 앞에서 다룬 코드와 코드는 거의 동일하다.

```
class EmbNet(nn.Module):
    def __init__(self,emb_size,hidden_size1,hidden_size2=200):
        super().__init__()
        self.embedding = nn.Embedding(emb_size,hidden_size1)
        self.fc1 = nn.Linear(hidden_size2,3)


    def forward(self,x):
        embeds = self.embedding(x).view(x.size(0),-1)
        out = self.fc1(embeds)
        return F.log_softmax(out,dim=-1)

model = EmbNet(len(TEXT.vocab.stoi),300,12000)
```

사전 학습된 임베딩이 로딩되면, 학습 과정에서 더는 워드 임베딩이 변경되지 않도록 조치를 취해야 한다. 다음 절에서는 워드 임베딩 가중치를 고정하는 방법에 대해 알아본다.

임베딩 레이어 가중치 고정

파이토치가 임베딩 레이어의 가중치를 변경하지 못하도록 만들기 위해서는 다음 두 단계 조치가 필요하다.

1. requires_grad 속성을 False로 설정해 PyTorch가 이 가중치에 대한 기울기 변화를 추적할 필요 없음을 알린다.
2. 임베딩 레이어 파라미터가 옵티마이저로 전달되지 못하게 한다. 옵티마이저는 전달되는 모든 파라미터는 기울기를 관리하는 것으로 간주한다. 따라서 기울기를 관리하지 않는 파라미터가 전달되면 오류가 발생한다.

임베딩 레이어의 가중치를 고정하고, 옵티마이저가 해당 매개변수를 사용하지 못하도록 조치하는 로직을 다음과 같이 간단하게 구현될 수 있다.

```
model.embedding.weight.requires_grad = False
optimizer = optim.SGD([ param for param in model.parameters() if param.requires_
grad == True],lr=0.001)
```

딥러닝 모델의 경우 모델의 모든 매개변수를 옵티마이저에 전달하는 방식이 일반적이지만, 위 코드는 requires_grad가 True인 매개변수만을 옵티이저에 넘긴다.

이 코드를 사용해 모델을 교육할 수 있으며, 앞에서 다룬 모델과 비슷한 정확도를 달성한다. 앞에서 다른 두 모델 아키텍처는 텍스트의 순차적 특성을 이용하지 않는다. 다음 절에서는 데이터의 순차적인 특성을 이용하는 기술인 RNN과 Conv1D를 살펴본다.

RNN

RNN은 레이블이 있는 순차 데이터에를 이용해 다양한 애플리케이션을 만들 수 있는 가장 강력한 모델이다. 대표적으로 분류, SwiftKey 키보드 앱과 같은 문장 생성 그리고 하나의 시퀀스를 다른 시퀀스로 변환하는 언어 번역과 같은 애플리케이션을 개발할 수 있다. 지금까지 다룬 모든 모델 아키텍처는 데이터의 순서 특성을 이용하지 못했다. 예를 들어 문장, 단락 또는 문서를 나타내는 데이터를 토큰으로 만들어 벡터로 사용했다. 지금까지 다룬 피드포워드feedforward 네트워크는 모든 피처를 한 번에 입력받아 출력에 대응시키도록 설계됐다. 자연어를 처리할 때, 텍스트의 순서나 순차적인 성질은 중요한 의미가 있다. 예를 들어 "I had cleaned my car"와 "I had my car cleaned"라는 두 영어 문장을 비교해보자. 두 영어 문장은 같은 단어로 구성돼 있지만, 단어의 순서에 따라 "내가 청소한 것"과 "청소가 된 것"의 다른 의미를 갖는다.

사람은 왼쪽에서 오른쪽으로 단어를 읽고, 텍스트가 말하는 여러 가지 의미를 이해하는 강력한 모델을 만들어 텍스트 데이터를 이해한다. RNN은 한 번에 텍스트의 한 단어씩 보면서 사람과 비슷한 방식으로 작동한다. RNN은 독특한 레이어를 갖는 신경망 모델이다. 기존에 신경망이 하나의 데이터를 한꺼번에 처리하는 방식을 사용하지만, RNN은 하나의 데이터를 순차적이고 반복적으로 처리하는 구조를 갖는다. RNN은 순서대로 데이터를 처리하기 때문에 길이가 다른 벡터를 사용할 수 있다. 또한 길이가 다른 출력을 생성할 수도 있다. RNN의 여러 가지 유형을 그림 6.3과 같이 정리할 수 있다.

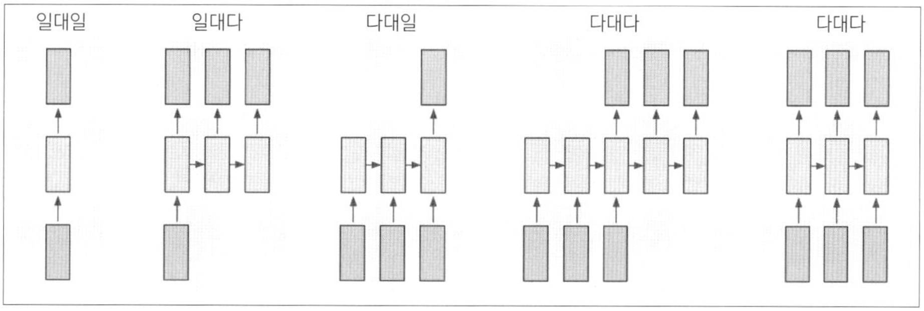

▲ **그림 6.3** RNN 모델 유형과 유연성(출처: http://karpathy.github.io/2015/05/21/rnn-effectiveness/)

위 이미지는 RNN에 대한 유명 블로그인 앤드레이 케퍼시Andrej Karpathy 블로그(http://karpathy.github.io/2015/05/21/rnn-effectiveness)에서 가져왔다. 이 블로그 문서는 파이썬을 이용해 RNN을 만들고, 이 RNN을 이용해 문장을 생성하는 방법을 다룬다.

RNN 작동 방식 이해

RNN 모델이 이미 구축돼 전제하고, 우선 RNN이 제공하는 기능을 살펴보자. RNN으로 무엇을 할 수 있는지 알아보고, RNN이 동작 원리에 대해 알아본다.

Thor 영화 관람 후기를 RNN 모델에 입력해본다. 입력할 문장은 "the action scenes were top notch in this movie...."다. 이 문장의 첫 번째 단어인 "the"를 모델에 입력한다. RNN 모델은 상태 벡터State Vector와 출력 벡터를 만든다. 상태 벡터는 영화 관람 후기의 다음 단어를 처리할 때 모델에 전달되고, 상태 벡터와 새로운 데이터가 결합해 새로운 상태 벡터와 출력 벡터가 만들어진다. 영화 관람 후기의 마지막 시퀀스 동안 만들어지는 모델의 출력을 고려해보자. RNN 동작 방식은 그림 6.4와 같이 묘사될 수 있다.

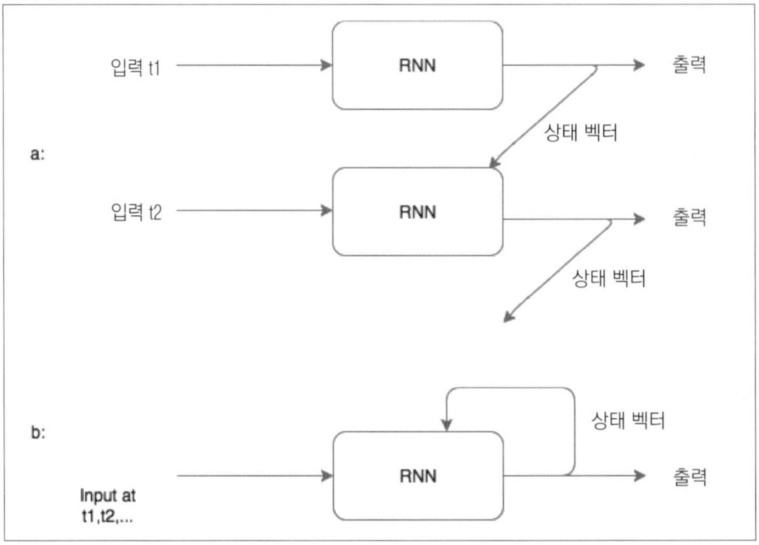

▲ **그림 6.4** 순환 신경망 동작 방식

위 그림은 다음을 보여준다.

- RNN이 동작하는 방식을 펼쳐 이미지화
- 상태 벡터가 재귀적으로 다음 모델 입력에 전달되는 방식

지금까지 RNN이 무엇을 하는지에 대한 기본 개념을 알아봤지만, 내부가 어떻게 동작하는지는 설명하지 않았다. 어떻게 작동하는지 알아보기 전에 앞으로 배울 것을 더 자세하게 보여줄 간단한 코드를 살펴보자. 아직 RNN을 블랙박스로 다룬다.

```
rnn = RNN(input_size, hidden_size,output_size)
for i in range(len(Thor_review):
        output, hidden = rnn(thor_review[i], hidden)
```

위 코드에서 hidden 변수는 상태 벡터를 나타낸다. 상태 벡터를 때로는 히든 상태Hidden Stats라고도 부른다. 이제는 RNN이 어떻게 사용되는지 이해했을 것이다. 이제 RNN을 구현하는 코드를 살펴보고, RNN 내부에서 일어나는 일을 이해해보자. RNN 클래스는 다음 코드와 같이 구현할 수 있다.

```
import torch.nn as nn
from torch.autograd import Variable

class RNN(nn.Module):
    def __init__(self, input_size, hidden_size, output_size):
        super(RNN, self).__init__()
        self.hidden_size = hidden_size
        self.i2h = nn.Linear(input_size + hidden_size, hidden_size)
        self.i2o = nn.Linear(input_size + hidden_size, output_size)
        self.softmax = nn.LogSoftmax(dim=1)

    def forward(self, input, hidden):
        combined = torch.cat((input, hidden), 1)
        hidden = self.i2h(combined)
        output = self.i2o(combined)
        output = self.softmax(output)
        return output, hidden

    def initHidden(self):
        return Variable(torch.zeros(1, self.hidden_size))
```

위 코드에서 RNN이라는 표현을 제외하면, 대부분 코드가 지금까지 살펴봤던 신경망과 매우 유사하게 보일 것이다. 이것은 파이토치가 복잡한 역전파의 대부분을 추상화하기 때문이다. `__init__` 함수와 `forward` 함수 코드를 살펴보고, RNN이 어떻게 동작하는지 알아보자.

`__init__` 함수는 2개의 선형 레이어를 초기화한다. 하나는 출력, 다른 하나는 상태 벡터 또는 히든 벡터를 계산한다.

`forward` 함수는 입력 벡터와 히든 벡터를 `cat` 함수로 결합해 출력 벡터와 숨겨진 상태를 생성하는 두 선형 레이어를 통과시킨다.[6] 출력 레이어에는 `log_softmax` 함수를 적용했다.

`initHidden` 함수는 RNN을 처음 호출할 경우에 상태 벡터를 만드는 기능을 제공한다. 그림 6.5는 RNN 클래스가 수행하는 작업을 시각적으로 설명한다.

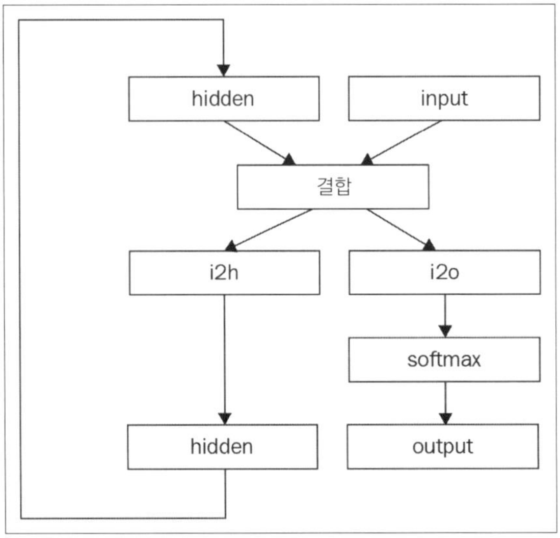

▲ **그림 6.5** 예제 RNN 실행 흐름

6 torch.cat은 두 텐서를 결합하며. 위 코드에서는 두 번째 전달 인자인 dim은 결합 방향을 설정했다. 예를 들어 input이 [[1, 1,],[2, 2,]]이고 hidden이 [[11, 11],[22, 22]]이라면, torch.cat((input, hidden), 1)의 결과는 [[1, 1, 1, 11, 11],[2, 2, 22, 22]이 된다. – 옮긴이

위의 그림은 RNN 작동 방식을 보여준다.

> 처음 RNN을 접할 때, RNN 개념은 때로는 상당히 까다롭게 느껴질 것이다. RNN에 대한 상세한 동작 원리를 익히고 싶다면, 다음 블로그를 추천한다.
>
> - http://karpathy.github.io/2015/05/21/rnn-effectiveness/
> - http://colah.github.io/posts/2015-08-Understanding-LSTMs/

다음 절에서는 LSTM이라는 RNN의 변형 아키텍처를 사용해 IMDB 데이터셋의 감정 분류기를 작성하는 방법을 알아본다.

LSTM

RNN은 언어 번역, 텍스트 분류 및 순차적 문제를 해결하는 실제 애플리케이션 구축에 널리 사용되는 알고리즘이다. 그러나 실무에서 앞 절에서 살펴본 RNN을 그대로 사용하지는 않는다. 시퀀스가 큰 데이터로 기본 RNN을 학습시키면 기울기 소멸vanishing gradients이나 기울기 폭발gradient explosion과 같은 문제가 발생할 수 있다. 실무에서는 기본 RNN의 한계를 해결하기 위해 LSTM이나 GRU와 같은 RNN의 변형 알고리즘을 주로 사용한다. LSTM과 GRU를 사용하면 순차 데이터 처리 성능이 크게 향상된다. 이 절에서는 LSTM에 대해 알아보고, LSTM에 기반한 네트워크를 구축해 IMDB 데이터셋의 텍스트 분류 문제를 해결해본다.

장기 종속성

RNN은 이론적으로 다음에 발생할 일에 대한 컨텍스트를 구축하기 위해 과거 데이터에서 필요한 모든 종속성을 학습해야 한다. 예를 들어, "the clouds are in the sky."라는 문장에서 마지막 단어를 예측하려고 한다. RNN은 핵심 정보인 "cloud"가 몇 단에 뒤에 있기 때문에 "Sky"를 예측할 수 있다. 종속성이 가까이 위치하지 않는 긴 단락의 마지막 단어를 예측해야 한다고 가정해보자.

> "I am born in Chennai a city in Tamilnadu. Did schooling in different states of India and I speak..."

앞에서 설명한 RNN 모델로는 실제로 긴 시퀀스의 앞부분에서 발생한 컨텍스트를 기억하기 어렵다. LSTM과 RNN의 여러 변형 모델은 LSTM 내부에 다른 신경망을 추가해 이 문제를 해결한다. 이 내부 신경망을 이용해 LSTM이 나중에 얼마나 많은 데이터를 기억할지 그리고 어떤 데이터를 기억할지 결정한다.

LSTM 네트워크

LSTM은 특별한 형태의 RNN이며, 장기 의존성을 학습할 수 있다. LSTM은 1997년에 발표된 알고리즘이었다. 데이터와 하드웨어의 발전으로 최근에 다시 큰 인기와 주목을 받고 있다. LSTM은 여러 문제에 대단히 잘 작동하며, 현재 널리 사용되고 있다.

LSTM은 장기 의존성 문제를 극복할 수 있도록 설계됐다. 오랜 기간 정보를 기억하는 것이 가능하다. RNN에서는 시퀀스의 각 요소에 대해 반복되는 방식을 살펴봤다. 표준 RNN에서 반복 모듈은 단일 선형 레이어와 같은 간단한 구조를 갖는다.

기본 RNN이 반복되는 방식은 그림 6.6과 같이 표현될 수 있다.

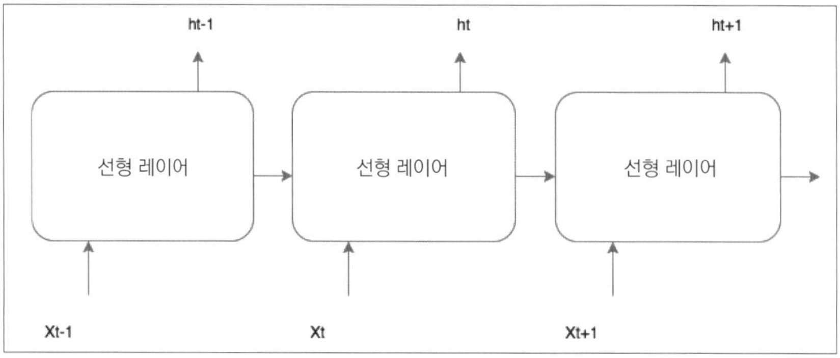

▲ **그림 6.6** 기본 RNN 동작 방식

LSTM 내부에서는 간단한 선형 레이어를 사용하는 대신, 독립적인 작업을 수행하는 LSTM 내부의 작은 네트워크를 사용한다. 그림 6.7은 LSTM 내부에서 일어나는 일을 보여준다.

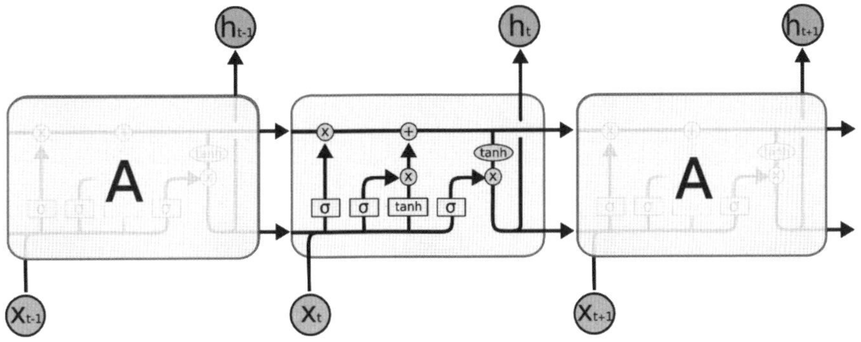

LSTM의 반복 모듈은 4개의 상호 작용 레이어를 갖는다.

▲ **그림 6.7** LSTM 내부 신경망 구조(출처: http://colah.github.io/posts/2015-08-Understanding-LSTMs)

위 다이어그램에서 두 번째 상자의 작은 사각형은 파이토치 레이어를 나타내고, 원은 요소별 행렬 합 또는 벡터 합이다. 합쳐지는 선은 두 벡터가 결합됨을 나타낸다. 반가운 소식은 이 모든 것을 직접 구현할 필요가 없다는 것이다. 최신 딥러닝 프레임워크는 대부분은 LSTM 내부가 어떻게 동작하는지를 추상화하고, 간편하게 사용하는 방법을 제공한다. 파이토치는 이런 모든 기능을 추상화하는 nn.LSTM 레이어를 제공한다. nn.LSTM 레이어는 파이토치의 다른 레이어처럼 사용할 수 있다. LSTM에서 가장 중요한 것은 모든 반복에 걸쳐 전달되는 셀 상태다. 위 다이어그램에서 셀을 가로지르는 수평선으로 표현됐다. LSTM 내부의 다중 네트워크는 셀 상태를 통해 전달되는 정보를 제어한다. LSTM(기호 σ로 표시된 작은 네트워크)의 첫 번째 단계는 어떤 정보가 셀 상태에서 제거될지를 결정한다. 이 네트워크를 망각 게이트[Forget gate]라고 한다. 이 네트워크를 활성 함수로 시그모이드[sigmoid]를 사용한다. 셀 상태의 모든 요소는 0과 1 사이의 값으로 출력한다. 네트워크는 다음과 같은 수식으로 나타낼 수 있다.

$$f_t = \sigma(W_f.[h_{t-1}, X_t] + b_f)$$

네트워크의 값은 셀 상태에서 보유할 값과 버려야 할 값을 결정한다. 다음 단계는 셀 상태에 어떤 정보를 추가할지 결정한다. 여기에는 두 부분으로 나뉜다. 입력 게이트input gate라 불리는 시그모이드 레이어는 업데이트될 값을 결정한다. 셀 상태에 추가할 새 값을 만드는 tanh 레이어가 있다. 수학적 표현은 다음과 같다.

$$i_t\sigma(W_i.[h_{t-1}, X_t] + b_i)$$
$$\dot{C}_t = tanh(W_{\dot{C}}.[h_{t-1}, X_t] + b_{\dot{C}})$$

다음 단계에서는 입력 게이트와 tanh가 만든 두 값을 결합한다. 망각 게이트와 Ct의 같은 위치 요소끼리의 곱[7]과 입력 게이트와 tanh로 활성화된 Ct의 같은 위치 요소끼리의 곱의 합으로 셀 상태Cell State를 업데이트할 수 있다. 이 과정은 다음과 같은 수식으로 표현될 수 있다.

$$C_t = f_t * C_t + i_t * \dot{C}_t$$

마지막으로 출력을 결정해야 한다. 출력은 필터링된 버전의 셀 상태다. LSTM에는 다양한 버전이 있으며, 그중 대부분은 비슷한 원칙에 따라 동작한다. 개발자나 데이터 과학자 입장에서, LSTM 내부에서 일어나는 일에 대해 걱정할 필요가 거의 없다. LSTM에 대해 더 많은 정보를 알고자 한다면 다음 블로그 링크를 참고하라. 이 블로그는 LSTM 이론에 대해 매우 직관적인 정보를 제공한다.

- 크리스토퍼 오라Christopher Olah 블로그의 LSTM 문서
  http://colah.github.io/posts/2015-08-Understanding-LSTMs
- 브랜든 로러Brandon Rohrer
  https://brohrer.github.io/how_rnns_lstm_work.html
  LSTM을 설명하는 훌륭한 동영상을 제공

7 같은 위치 요소끼리 처리되는 벡터와 행렬 연산을 요소별(element-wise) 연산이라고 한다. – 옮긴이

LSTM을 이해했다면, 파이토치 네트워크로 감성 분류기를 만들어보자. 지금까지 해왔던 것처럼, 다음 절차에 따라 감성 분류기를 만들 것이다.

1. 데이터 준비하기
2. 배치 처리기 만들기
3. 네트워크 생성하기
4. 모델 교육시키기

데이터 준비하기

torchtext를 사용해 IMDB 데이터셋의 다운로드, 토큰화 및 어휘를 구축한다. Field 객체를 만들 때 `batch_first` 인수는 `False`로 설정했다. RNN 네트워크는 데이터가 `Sequence_length`, `batch_size` 및 피처의 형태를 갖는다고 가정한다. 이러한 데이터셋을 준비하는 코드는 다음과 같다.

```
TEXT = data.Field(lower=True, fix_length=200, batch_first=False)
LABEL = data.Field(sequential=False,)
train, test = IMDB.splits(TEXT, LABEL)
TEXT.build_vocab(train,  vectors=GloVe(name='6B', dim=300), max_size=10000,
min_freq=10)
LABEL.build_vocab(train,)
```

배치 처리기 생성하기

배치 처리를 위한 배치 처리기를 생성할 때 torchtext의 `BucketIterator`를 사용한다. 배치 데이터의 형상은 시퀀스 길이와 배치의 크기가 된다. 이 예제에서 시퀀스 길이는 200이고, 배치 크기는 32기 때문에 배치 데이터의 형상은 [200, 32]이 된다.

다음과 같은 코드로 배치 처리에 사용되는 이터레이터 객체를 만들 수 있다.

```
train_iter, test_iter = data.BucketIterator.splits((train, test), batch_size=32,
device=-1)
train_iter.repeat = False
test_iter.repeat = False
```

네트워크 생성하기

코드를 살펴보고, 이 코드가 어떻게 동작하는지 살펴본다. 이전에 살펴봤던 예제 코드와 다음 코드가 너무 비슷해 놀랄 수도 있다.

```
class IMDBRnn(nn.Module):

    def __init__(self, vocab, hidden_size, n_cat, bs=1, nl=2):
        super().__init__()
        self.hidden_size = hidden_size
        self.bs = bs
        self.nl = nl
        self.e = nn.Embedding(n_vocab,hidden_size)
        self.rnn = nn.LSTM(hidden_size,hidden_size,nl)
        self.fc2 = nn.Linear(hidden_size,n_cat)
        self.softmax = nn.LogSoftmax(dim=-1)

    def forward(self,inp):
        bs = inp.size()[1]
        if bs != self.bs:
            self.bs = bs
        e_out = self.e(inp)
        h0 = c0 = Variable(e_out.data.new(*(self.nl,self.bs,self.hidden_size)).
zero_())
        rnn_o,_ = self.rnn(e_out,(h0,c0))
        rnn_o = rnn_o[-1]
        fc = F.dropout(self.fc2(rnn_o), p=0.8)
        return self.softmax(fc)
```

생성자인 __init__ 메서드에서는 어휘 크기와 hidden_size 크기의 임베딩 레이어를 만든다. 또한 LSTM과 선형 레이어를 만든다. 마지막 레이어로 LogSoftmax 레이어를 만든다. LogSoftmax는 선형 레이어의 결과를 확률로 변환한다.

forward 메서드는 크기 [200, 32]의 입력 데이터를 임베디드 레이어에 통과시킨다. 배치의 각 토큰은 임베딩으로 대체되고, 크기는 [200, 32, 100]으로 바뀐다. 여기서 100은 임베딩 차원이다. LSTM 레이어는 2개의 hidden 변수와 임베디드 레이어의 출력을 입력받는다. 여기서 두 hidden 변수는 임베딩 출력과 동일한 유형이어야 하며, 크기는 [num_layers, batch_size, hidden_size]이다. LSTM은 시퀀스의 데이터를 처리하고 [Sequence_length, batch_size, hidden_size] 형상의 출력을 생성한다. 여기서 각 시퀀스 인덱스는 해당 시퀀스의 출력을 나타낸다. 이 경우, 마지막 시퀀스의 출력을 가져온다. 이 시퀀스는 형상은 [batch_size, hidden_dim]이고, 이 출력을 선형 레이어에 전달해 출력 범주에 대응시킨다. 모델이 과대적합되는 경향이 있으므로 드롭아웃 레이어를 추가한다. 드롭아웃 확률은 모델을 학습시키는 과정에서 조정될 수 있다.

모델 학습시키기

네트워크가 생성되면 이전 예제에서와 같은 코드를 사용해 모델을 교육할 수 있다. LSTM 모델을 학습시키는 코드는 다음과 같다.

```
model = IMDBRnn(n_vocab,n_hidden,3,bs=32)
model = model.cuda()

optimizer = optim.Adam(model.parameters(),lr=1e-3)

def fit(epoch,model,data_loader,phase='training',volatile=False):
    if phase == 'training':
        model.train()
    if phase == 'validation':
        model.eval()
        volatile=True
```

```
    running_loss = 0.0
    running_correct = 0
    for batch_idx , batch in enumerate(data_loader):
        text , target = batch.text , batch.label
        if is_cuda:
            text,target = text.cuda(),target.cuda()

        if phase == 'training':
            optimizer.zero_grad()
        output = model(text)
        loss = F.nll_loss(output,target)

        running_loss += F.nll_loss(output,target,size_average=False).data[0]
        preds = output.data.max(dim=1,keepdim=True)[1]
        running_correct += preds.eq(target.data.view_as(preds)).cpu().sum()
        if phase == 'training':
            loss.backward()
            optimizer.step()

    loss = running_loss/len(data_loader.dataset)
    accuracy = 100. * running_correct/len(data_loader.dataset)

    print(f'{phase} loss is {loss:{5}.{2}} and {phase} accuracy is {running_
correct}/{len(data_loader.dataset)}{accuracy:{10}.{4}}')
    return loss,accuracy

train_losses , train_accuracy = [],[]
val_losses , val_accuracy = [],[]

for epoch in range(1,5):

    epoch_loss, epoch_accuracy = fit(epoch,model,train_iter,phase='training')
    val_epoch_loss , val_epoch_accuracy = fit(epoch,model,test_
iter,phase='validation')
    train_losses.append(epoch_loss)
    train_accuracy.append(epoch_accuracy)
    val_losses.append(val_epoch_loss)
    val_accuracy.append(val_epoch_accuracy)
```

모델을 학습시킨 결과는 다음과 같다.

```
# 결과

training loss is   0.7 and training accuracy is 12564/25000     50.26
validation loss is   0.7 and validation accuracy is 12500/25000      50.0
training loss is  0.66 and training accuracy is 14931/25000     59.72
validation loss is  0.57 and validation accuracy is 17766/25000     71.06
training loss is  0.43 and training accuracy is 20229/25000     80.92
validation loss is   0.4 and validation accuracy is 20446/25000     81.78
training loss is   0.3 and training accuracy is 22026/25000      88.1
validation loss is  0.37 and validation accuracy is 21009/25000     84.04
```

LSTM 모델을 4에폭 동안 학습시켰고, 정확도는 84%를 달성했다. 네 번째 에폭에서 검증 오차가 증가하는 모습을 보이기 때문에 4에폭 이상 모델을 학습시키면 과대적합이 발생한다. 과대적합을 방지하고 정확도를 높이기 위해 다음과 같은 방법을 적용할 수 있다.

- 은닉층 차원 줄이기
- 시퀀스 길이 늘림
- 더 작은 학습률 적용

다음 절에서는 1D 컨볼루션을 사용해 시퀀스 데이터를 학습시키는 방법에 대해 알아본다.

시퀀스 데이터와 CNN

CNN으로 이미지의 피처를 학습해 컴퓨터 비전 문제를 해결하는 방법을 알아봤다. 이미지에서 CNN은 높이와 너비의 2차원을 컨볼루션하며 동작한다. 같은 방식으로, 시간도 컨볼루션 피처로 다룰 수 있다. 1D 컨볼루션은 때때로 RNN보다 더 잘 작동하고 연산 비용도 더 저렴하다. 지난 몇 년 동안 페이스북과 같은 회사는 오디오 생성 및 기계 번역 분야에서 성공을 거뒀다. 이 절에서는 CNN을 사용해 텍스트 분류 솔루션을 구축하는 방법을 학습한다.

시퀀스 데이터를 위한 1D 컨볼루션 이해

5장, '컴퓨터 비전 딥러닝'에서 2차원 가중치[8]가 학습 데이터를 학습하는 모습을 살펴봤다. 이 가중치는 이미지 전체를 움직여 여러 액티베이션 맵Activation Map[9]을 만든다. 이와 같은 방식으로 1D 컨볼루션을 학습하는 과정을 살펴본다. 이 텍스트 분류기는 시퀀스 데이터를 이동하면서 패턴을 학습한다. 그림 6.8은 1D 컨볼루션이 어떻게 작동하는지 설명한다.

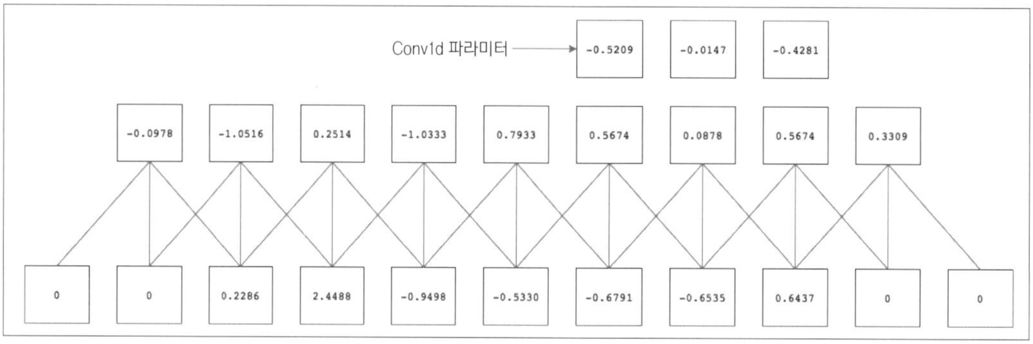

▲ **그림 6.8** Conv1d 연산 처리 절차

IMDB 데이터셋에 텍스트 분류기를 학습하기 위해 LSTM을 사용해 분류기를 작성한 것과 같은 절차를 다시 한번 되풀이한다. 변경되는 유일한 것은 LSTM 네트워크와 달리 `batch_first = True`를 사용한다는 것이다. 이제 네트워크, 교육 코드 및 그 결과를 살펴보자.

---

8 원문은 "two-dimensional weights"이다. CNN의 필터 또는 커널을 의미한다. – 옮긴이

9 커널이 입력 이미지를 순회해 만든 출력을 피처 맵(Feature Map), 피처 맵이 활성 함수를 통과해 출력된 형태를 액티베이션 맵이라고 한다. 본문에서 엑티베이션 맵이란, 입력 이미지가 컨볼루션 연산과 활성 함수를 통과를 결과를 의미한다. – 옮긴이

네트워크 만들기

네트워크 아키텍처를 구현하는 방법과 동작하는 방식을 살펴보자.

```
class IMDBCnn(nn.Module):

  def __init__(self,vocab,hidden_size,n_cat,bs=1,kernel_size=3,max_len=200):
    super().__init__()
    self.hidden_size = hidden_size
    self.bs = bs
  self.e = nn.Embedding(n_vocab,hidden_size)
  self.cnn = nn.Conv1d(max_len,hidden_size,kernel_size)
  self.avg = nn.AdaptiveAvgPool1d(10)
    self.fc = nn.Linear(1000,n_cat)
    self.softmax = nn.LogSoftmax(dim=-1)

  def forward(self,inp):
    bs = inp.size()[0]
    if bs != self.bs:
      self.bs = bs
    e_out = self.e(inp)
    cnn_o = self.cnn(e_out)
    cnn_avg = self.avg(cnn_o)
    cnn_avg = cnn_avg.view(self.bs,-1)
    fc = F.dropout(self.fc(cnn_avg),p=0.5)
    return self.softmax(fc)
```

위 코드에서 LSTM 레이어 대신 Conv1d 레이어와 AdaptiveAvgPool1d 레이어를 사용했다. 컨볼루션 레이어는 입력 데이터 크기로 시퀀스 길이, 출력 크기는 hidden_size 그리고 커널 크기는 3으로 만들어졌다. 컨볼루션 레이어의 출력 형상이 변경되면 선형 레이어의 차원을 변경해야 하기 때문에 AdaptiveAvgpool1d 사용했다. AdaptiveAvgpool1d 레이어는 여러 크기의 입력을 받아 고정된 길이의 출력을 만든다.

모델 학습시키기

1D 컨볼루션 모델을 학습시키는 절차는 앞에서 사용한 로직과 같다. fit 함수를 호출하는 코드와 모델이 학습하면서 만든 결과를 살펴보자.

```
train_losses , train_accuracy = [],[]
val_losses , val_accuracy = [],[]

for epoch in range(1,5):

  epoch_loss, epoch_accuracy = fit(epoch,model,train_iter,phase='training')
  val_epoch_loss , val_epoch_accuracy = fit(epoch,model,test_
iter,phase='validation')
  train_losses.append(epoch_loss)
  train_accuracy.append(epoch_accuracy)
  val_losses.append(val_epoch_loss)
  val_accuracy.append(val_epoch_accuracy)
```

모델 학습은 4에폭으로 진행했고, 정확도는 약 83%까지 도달했다. 모델 학습을 시킨 결과는 다음과 같다.

```
training loss is  0.59 and training accuracy is 16724/25000      66.9
validation loss is  0.45 and validation accuracy is 19687/25000     78.75
training loss is  0.38 and training accuracy is 20876/25000      83.5
validation loss is   0.4 and validation accuracy is 20618/25000     82.47
training loss is  0.28 and training accuracy is 22109/25000     88.44
validation loss is  0.41 and validation accuracy is 20713/25000     82.85
training loss is  0.22 and training accuracy is 22820/25000     91.28
validation loss is  0.44 and validation accuracy is 20641/25000     82.56
```

위 모델 학습 로그에서 네 번째 에폭에서 검증 데이터셋의 오차가 0.41에서 0.44로, 검증 정확도는 82.85%에서 82.56%로 성능이 떨어지는 현상이 발생한다. 이러한 이유로 4에폭에서 학습을 종료했다. 이 모델 성능을 높이는 몇 가지 방법 중에서 대표적인 기법은 사전 학습된 가중치[10]를 사용하는 것이다.

요약

6장에서는 딥러닝으로 텍스트 데이터를 표현하는 다양한 기술에 대해 알아봤다. 미리 학습된 워드 임베딩을 사용하는 방법을 소개했고, 다른 도메인에서 작업할 때, 미리 학습된 임베딩을 사용하는 방법에 대해 살펴봤다. 그리고 LSTM과 1D 컨볼루션[1D Conv]을 사용해 문장 분류기를 만들어봤다.

7장, '생성적 신경망'에서는 딥러닝 알고리즘을 학습시켜 세련된 이미지와 새로운 이미지를 생성하고, 텍스트를 만드는 기법에 대해 알아본다.

10 위 예제는 워드 임베딩 레이어와 컨볼루션 레이어를 모두 학습시킨다. 워드 임베딩에 사전에 학습된 워드 임베딩 가중치를 설정하면 성능을 더 높일 수 있다. – 옮긴이

07

생성적 신경망

지금까지 살펴본 모든 예제는 분류 또는 회귀와 같은 문제를 해결하는 데 초점을 맞췄다. 7장에서는 비지도학습에 딥러닝을 적용하는 흥미로운 주제를 다룬다. 7장에서는 비지도 학습 문제를 해결하기 위해 딥러닝이 어떻게 진화하고 있는지 이해하는 것이 중요하다.

7장에서는 다음과 같은 기능을 제공하는 네트워크를 만들고 학습시켜본다.

- 콘텐츠 및 특정 작가 스타일의 이미지를 만드는 네트워크, 이 기법을 스타일 트랜스퍼Style Transfer라고 한다.
- 특정 유형의 생성적 적대적 네트워크Generative Adversarial Network, GAN을 이용해 새로운 사람 얼굴을 만드는 네트워크
- 언어 모델을 사용해 새로운 문장 생성하는 네트워크

딥러닝 분야에서 활발히 진행되고 있는 대부분의 고급 연구는 이런 기술들을 기반으로 하고 있다. GAN과 언어 모델과 같은 개별 주제를 자세하게 살펴보는 것은 이 책의 범위를 벗어난다. GAN과 언어 모델은 하나의 독립 주제로, 별도의 책으로 다뤄야 한다. 7장에서는 이 기술이 동작하는 방법을 개괄적으로 살펴보고, 파이토치로 구현하는 과정에 대해 알아본다.

신경망 스타일 트랜스퍼

인간은 다양한 수준의 정확성과 복잡성을 갖는 예술 작품을 창작한다. 예술 창작은 매우 복잡한 과정을 거쳐 만들어지지만, 가장 중요한 두 가지 요소는 그리는 대상과 그리는 방법의 조합이라고 할 수 있다. 그림을 그리는 대상은 주위에서 보이는 것, 그리는 방법은 주변에서 발견되는 어떤 것들로부터 영향을 받는다. 이것은 예술가 관점에서 보면 예술을 지나치게 단순화시킨다고 불만을 표현하겠지만, 딥러닝 알고리즘을 사용해 예술 작품을 만드는 방법을 이해하는 데는 매우 유용하다. 7장에서 한 이미지에서 내용을 가져와 지정한 스타일로 그려내는 딥러닝 알고리즘을 만들고 학습시켜본다. 예술 또는 창작 업계 분야에서는 최근 몇 년 동안 놀라운 성과를 보이는 이 연구를 직접 활용해 멋진 창작물을 만들 수 있을 것이다. 창작 업계가 아니더라도, 새로운 콘텐츠를 만드는 이 생성 모델은 여러 애플리케이션에서 유용하게 활용될 수 있을 것이다.

가장 먼저 신경망 스타일 트랜스퍼Neural Style Transfer에서 어떤 일이 일어나는지 전반적인 흐름을 살펴본 후, 스타일 트랜스퍼를 구현하는 파이토치 코드를 이용해 스타일 트랜스퍼의 세부 사항에 대해 알아본다. 스타일 트랜스퍼 알고리즘에 콘텐츠 이미지(C)와 스타일 이미지(S)를 제공해야 한다. 스타일 트랜스퍼 알고리즘은 콘텐츠 이미지로부터 내용을 가져오고, 스타일 이미지로부터 스타일을 가져와 새로운 이미지(O)를 만든다. 신경망으로 스타일 트랜스퍼를 생성하는 이 프로세스는 2015년 레온 게이츠Leon Gates와 그의 동료들에 의해 소개됐다A Neural Algorithm of Artistic Style. 다음 이미지를 콘텐츠 이미지(C)로 사용한다.

▲ **그림 7.1** 예제에서 사용할 콘텐츠 이미지(출처: https://arxiv.org/pdf/1508.06576.pdf)

다음 이미지를 스타일 이미지(S)로 사용한다.

▲ **그림 7.2** 예제에서 사용할 스타일 이미지(출처: https://arxiv.org/pdf/1508.06576.pdf)

앞으로 스타일 트랜스퍼 알고리즘을 이용해 다음 이미지와 같은 새로운 콘텐츠를 생성할 수 있을 것이다.

▲ **그림 7.3** 예제 생성적 신경망으로 만든 스타일 이미지(출처: https://arxiv.org/pdf/1508.06576.pdf)

스타일 트랜스퍼의 기본 개념을 이해하기 위해서는 우선 CNN의 작동 방식을 알아야 한다. CNN이 객체 인식을 학습할 때, 앞부분의 초기 레이어는 선, 곡선 및 모양과 같은 매우 일반적인 정보를 학습한다. CNN의 뒷부분 레이어에서는 눈, 건물 및 나무와 같은 상위 개념의 이미지를 인식한다. 따라서 비슷한 이미지의 마지막 레이어의 값은 상당히 비슷한 경향을 보인다. 스타일 트랜스퍼에서는 이 개념을 콘텐츠 오차에 적용한다. 마지막 레이어에서 콘텐츠 이미지와 생성된 이미지는 유사해야 한다. 그리고 MSE^Mean Square Error^를 사용해 두 이미지의 유사도를 계산한다. 두 이미지 사이의 오차값을 낮추기 위해서는 최적화 알고리즘을 사용해야 한다.

이미지 스타일은 일반적으로 그램 매트릭스^Gram Matrix^라는 기술로 CNN의 여러 레이어에서 캡처된다. 그램 매트릭스는 여러 레이어에서 캡처된 피처 맵 간의 상관관계를 계산한다. 그램 매트릭스는 스타일을 계산하는 방법을 제공한다. 유사한 스타일이 적용된 이미지에 대해 그램 매트릭스에 대해 비슷한 값을 가진다. 또한 스타일 오차는 스타일 이미지와 생성된 이미지의 그램 매트릭스 사이의 MSE를 사용해 계산된다.

torchvision 모델이 제공하는 사전에 훈련된 VGG19 모델을 사용한다. 스타일 트랜스퍼 모델을 학습하는 데 필요한 절차는 다른 딥러닝 모델과 거의 비슷하다. 차이점은 오차 계산이 분류 또는 회귀 모델보다 더 복잡하다는 점이다. 신경 스타일 알고리즘 학습 과정은 다음과 같은 단계로 나눌 수 있다.

1. 데이터 로딩
2. VGG19 모델 생성
3. 콘텐츠 오차 정의
4. 스타일 오차 정의
5. VGG 모델의 레이어들이 오차 추출
6. 옵티마이저 생성
7. 학습 – 콘텐츠 이미지와 유사한 이미지, 스타일 이미지와 유사한 스타일 생성

데이터 로딩

데이터 로딩은 5장, '컴퓨터 비전 딥러닝'에서 이미지 분류 문제를 해결하면서 진행했던 것과 유사하다. 미리 훈련된 VGG 모델을 사용하기 때문에 사전 훈련된 VGG 모델을 훈련할 때 사용한 값으로 입력될 이미지 데이터를 정규화Normalization해야 한다.

다음 코드는 이미지 데이터를 정규화하는 방법을 설명한다. 이 코드는 이미 5장, '컴퓨터 비전 딥러닝'에서 자세하게 살펴봤다. 추가 설명이 필요 없을 정도로 코드가 명확하다.

```
# 이미지 크기 고정
# GPU를 사용하지 않을 경우 크기를 더 줄임
imsize = 512
is_cuda = torch.cuda.is_available()

# VGG 모델을 이용해 학습할 수 있도록 이미지 변환

prep = transforms.Compose([
          transforms.Resize(imsize),
          transforms.ToTensor(),
          #BGR로 변환
          transforms.Lambda(lambda x: x[torch.LongTensor([2,1,0])]),
          transforms.Normalize(
```

```
            #이미지넷 평균을 빼기
            mean=[0.40760392, 0.45795686, 0.48501961],
            std=[1,1,1]),
          transforms.Lambda(lambda x: x.mul_(255)),
        ])

# 생성된 이미지를 시각화할 수 있는 형식으로 다시 변환

postpa = transforms.Compose([
          transforms.Lambda(lambda x: x.mul_(1./255)),
          transforms.Normalize(
            #이미지넷 평균 더하기
            mean=[-0.40760392, -0.45795686, -0.48501961],
            std=[1,1,1]),
          #RGB로 전환
          transforms.Lambda(lambda x: x[torch.LongTensor([2,1,0])]),
        ])
postpb = transforms.Compose([transforms.ToPILImage()])

# 이미지 데이터가 허용 범위를 벗어나지 않도록 조정
# 결과 범위를 [0,1]로 한정
def postp(tensor):
    t = postpa(tensor)
    t[t>1] = 1
    t[t<0] = 0
    img = postpb(t)
    return img

# 데이터 로딩을 쉽게 하는 유틸리티 함수
def image_loader(image_name):
    image = Image.open(image_name)
    image = Variable(prep(image))
    # 네트워크의 입력 차원을 맞추기 위한 배치 차원 조정
    image = image.unsqueeze(0)
    return image
```

이 코드는 3개 함수를 정의한다. 위 코드에서 prep 함수는 필요한 모든 전처리를 수행하고, VGG 모델이 학습한 데이터의 값으로 입력 데이터를 정규화한다. 모델의 출력을 원래 값으로 복원하기 위해서는 반대 방향으로 정규화돼야 한다. postpa 함수가 이런 역할을 담당한다. 생성된 모델은 값의 허용 범위를 벗어날 수 있다. postp 함수는 1보다 큰 값은 1, 0보다 작은 값은 0으로 변환한다. 마지막으로 image_loader 함수는 이미지를 로드하고 전처리를 수행한 후, 데이터를 Variable로 변환한다. 다음 함수는 스타일과 콘텐츠 이미지를 로드한다.

```
style_img = image_loader("Images/vangogh_starry_night.jpg")
content_img = image_loader("Images/Tuebingen_Neckarfront.jpg")
```

content_img에 로드한 이미지에 임의의 수로 노이즈를 추가해 사용할 수도 있고, content_img를 그대로 사용할 수도 있다. 여기에서는 contents_img를 변경 없이 사용한다. 다음과 같은 코드로 콘텐츠 이미지를 만들 수 있다.

```
opt_img = Variable(content_img.data.clone(),requires_grad=True)
```

입력 이미지가 콘텐츠 이미지와 스타일 이미지에 더 가까워지도록 조정하기 위해 옵티마이저를 사용한다. 이러한 이유로, opt_img를 생성할 때 requires_grad = True로 설정해 파이토치가 그레이디언트를 유지하도록 만든다.

VGG 모델 생성

torchvisions.models에서 제공하는 사전 학습된 모델을 사용한다. 이 모델은 피처를 추출하는 용도로만 사용한다. 파이토치가 제공하는 VGG 모델은 2개 모듈로 구성된다. 모든 컨볼루션 블록은 Feature 모듈에 정의되고 전연결이나 선형 레이어는 Classifier 모듈에 정의된다. VGG 모델의 가중치나 파라미터는 학습시키지 않을 것이다. 따라서 VGG 모델의 모든 학습 파라미터는 고정시킬 것이다. 이러한 설정은 다음 코드로 구현된다.

```
# 사전 학습된 VGG 모델 생성
vgg = vgg19(pretrained=True).features

# 모델이 학습되지 않도록 레이어 고정시킴
for param in vgg.parameters():
    param.requires_grad = False
```

위 코드에서는 VGG 모델을 생성하고 컨볼루션 블록만을 가져왔다. 그리고 이 모델 파라미터를 고정시켰다. 이 VGG 모델은 피처 추출에만 사용될 것이다.

콘텐츠 오차

콘텐츠 오차Content Loss는 네트워크에 2개의 이미지를 입력하고, 특정 레이어에서 두 이미지의 출력에 대한 MSE를 계산해 구한다. 콘텐츠 이미지와 최적화할 이미지를 입력하고 register_forward_hook 함수를 이용해 중간 레이어의 출력을 추출한다. 다음 코드는 중간 레이어들의 출력으로 MSE를 계산하는 과정을 설명한다.

```
target_layer = dummy_fn(content_img)
noise_layer = dummy_fn(noise_img)
criterion = nn.MSELoss()
content_loss = criterion(target_layer,noise_layer)
```

위 코드에서 dummy_fn은 다음 절에서 구현한다. 아직까지 우리가 알고 있는 것은 dummy_fn 함수는 이미지를 전달해 특정 레이어의 출력을 반환한다는 것이다. 콘텐츠 이미지와 노이즈 이미지를 네트워크 입력으로 만들어진 출력을 MSELoss 함수에 전달한다.

스타일 오차

스타일 오차Style Loss는 여러 레이어에 걸쳐 계산된다. 스타일 오차는 각 피처 맵으로 생성한 그램 매트릭스의 MSE다. 그램 매트릭스는 피처의 상관관계 값이다. 다음 다이어그램과 구현 코드로 그램 매트릭스가 어떻게 작동하는지 이해해보자.

다음 표는 [2, 3, 3, 3] 차원의 피처 맵의 출력을 보여준다. 이 테이블은 배치 크기, 채널, 값으로 구성된다.

배치 크기	채널	값		
1	1	0.1	0.1	0.1
		0.2	0.2	0.2
		0.3	0.3	0.3
	2	0.2	0.2	0.2
		0.2	0.2	0.2
		0.2	0.2	0.2
	3	0.3	0.3	0.3
		0.3	0.3	0.3
		0.3	0.3	0.3
2	1	0.1	0.1	0.1
		0.2	0.2	0.2
		0.3	0.3	0.3
	2	0.2	0.2	0.2
		0.2	0.2	0.2
		0.2	0.2	0.2
	3	0.3	0.3	0.3
		0.3	0.3	0.3
		0.3	0.3	0.3

▲ **표 7.1** 그램 매트릭스를 설명하기 위한 예제 피처 맵
컨볼루션 레이어에서 입력 데이터에 필터를 컨볼루션을 적용한 결과

그램 행렬을 계산하기 위해 각 채널의 값을 1차원 배열로 펼치면 다음 표와 같이 된다. 이렇게 만들어진 행렬을 자신의 전치 행렬과 곱해 상관관계를 구한다.

배치 크기	채널	BMM(Gram Matrix, Transpose(Gram Matrix))
1	1	(0.1,0.1,0.1,0.2,0.2,0.2,0.3,0.3,0.3,)
	2	(0.2,0.2,0.2,0.2,0.2,0.2,0.2,0.2,0.2)
	3	(0.3,0.3,0.3,0.3,0.3,0.3,0.3,0.3,0.3)
2	1	(0.1,0.1,0.1,0.2,0.2,0.2,0.3,0.3,0.3,)
	2	(0.2,0.2,0.2,0.2,0.2,0.2,0.2,0.2,0.2)
	3	(0.3,0.3,0.3,0.3,0.3,0.3,0.3,0.3,0.3)

▲ **표 7.2** 채널 데이터를 1차원 데이터로 만든 결과

앞에서 한 일은 각 채널에 대한 모든 값을 하나의 벡터 또는 텐서로 만든 것이다. 이 작업은 다음 코드와 같이 구현된다.

```
class GramMatrix(nn.Module):

    def forward(self,input):
        b,c,h,w = input.size()
        features = input.view(b,c,h*w)
        gram_matrix = torch.bmm(features,features.transpose(1,2))
        gram_matrix.div_(h*w)
        return gram_matrix
```

다른 파이토치 모듈로 GramMatrix 클래스를 구현한다. GramMatrix 클래스는 forward 메서드만을 갖는다. 이 클래스는 nn.Moudle을 상속하기 때문에 파이토치 레이어로 사용할 수 있다. 다음 코드로 입력 이미지 데이터의 차원 정보를 추출한다.

```
b,c,h,w = input.size()
```

위 코드에서 b는 배치 크기, c는 필터 또는 채널을 의미한다. 그리고 h와 w는 높이와 폭을 나타낸다. 다음 단계에서 배치와 채널 차원을 그대로 유지하고, 높이와 폭 차원의 값을 1차원 배열 형태로 평평하게 만든다.

```
features = input.view(b,c,h*w)
```

그램 행렬은 평평하게 만든 벡터와 그 벡터의 전치를 곱해 계산된다. 이 작업은 파이토치 배치 행렬 곱 함수인 torch.bmm( )을 사용하면 간단히 처리할 수 있다. torch.bmm( )은 다음과 같이 사용할 수 있다.

```
gram_matrix = torch.bmm(features,features.transpose(1,2))
```

그램 매트릭스의 값을 요소 수로 나눠 정규화한다. 이렇게 하면 특정 피처 맵이 스타일 오차 점수에 주도적으로 영향을 미치는 상황을 막을 수 있다. GramMatrix가 계산되면, 스타일 오차를 계산하는 방법은 간단하다. 스타일 오차를 계산하는 코드는 다음과 같다.

```
class StyleLoss(nn.Module):

    def forward(self,inputs,targets):
        out = nn.MSELoss()(GramMatrix()(inputs),targets)
        return (out)
```

StyleLoss는 또 다른 파이토치 레이어로 구현된다. 입력 데이터의 GramMatrix 값과 스타일 이미지의 GramMatrix 값 사이의 MSE로 계산된다.

VGG 모델 레이어의 오차 추출

5장, '컴퓨터 비전 딥러닝'에서 register_forward_hook() 함수를 이용해 컨볼루션 레이어의 활성된 값을 추출했던 것처럼 스타일 오차와 콘텐츠 오차를 계산하는 데 필요한 여러 컨볼루션 레이어의 오차를 추출할 수 있다. 이 경우에 한 가지 차이점은 5장, '컴퓨터 비전 딥러닝'에서는 1개 레이어에서만 추출했다면, 여기서는 여러 레이어의 출력을 추출한다는 것이다. 이 기능은 다음 코드로 구현될 수 있다.

```
class LayerActivations():
    features=[]

    def __init__(self,model, layer_nums):

        self.hooks = []
        for layer_num in layer_nums:
            self.hooks.append(model[layer_num].register_forward_hook(self.hook_fn))

    def hook_fn(self,module,input,output):
        self.features.append(output)

    def remove(self):
        for hook in self.hooks:
            hook.remove()
```

__init__ 메서드는 register_forward_hook 메서드를 호출하는 모델과 출력 추출 대상이 되는 레이어 번호를 입력받는다. 그리고 입력받은 레이어 번호로 for 반복문을 수행해 출력을 가져오는 데 필요한 포워드 훅Forward Hook을 등록한다.

register_forward_hook 메서드에 전달된 hook_fn 메서드는 hook_fn 함수가 등록된 레이어가 실행된 후 파이토치에 의해 호출된다. hook_fn 메서드는 출력을 캡처해 feature 배열에 저장한다.

지정한 레이어에서 더 이상 출력 추출을 원하지 않는다면, remove 메서드를 호출해야 한다. remove 메서드를 호출하는 것을 잊어버리면, 모든 출력이 누적돼 메모리 부족 예외가 발생할 수 있다.

스타일과 콘텐츠 이미지의 필요한 레이어의 출력을 추출하는 또 다른 유틸리티 함수를 작성해보자. 다음 함수는 이와 같은 일을 수행한다.

```
def extract_layers(layers,img,model=None):
    la = LayerActivations(model,layers)
    # 저장된 값을 지움
    la.features = []
    out = model(img)
    la.remove()
    return la.features
```

extract_layers 함수에서 모델과 레이어 번호를 전달해 LayerActivations 클래스의 객체를 만든다. features 배열에 이전 실행 결과가 포함될 수 있으므로 새로운 배열을 설정하고, 모델에 이미지를 전달한다. 모델이 반환하는 출력은 사용하지 않을 것이다. 그 대신 features 배열에 저장된 레이어에서 추출한 출력을 이용한다. remove 메서드를 호출해 등록된 모든 후크를 모델에서 제거하고 features 배열을 반환한다. 다음 코드는 스타일과 콘텐츠 이미지를 모델에 입력하고 대상 레이어의 출력을 추출하는 방법을 보여준다.

```
content_targets = extract_layers(content_layers,content_img,model=vgg)
style_targets = extract_layers(style_layers,style_img,model=vgg)
```

대상 레이어의 출력을 추출하면, 추출된 출력은 그래프와 분리해야 한다. 앞에서 추출한 모든 출력은 파이토치 Variable 객체다. 따라서 모든 출력은 자기를 만드는 모든 방법에 대한 정보를 유지하고 있다. 그러나 스타일 트랜스퍼에서는 스타일 이미지나 콘텐츠 이미지를 업데이트하지 않고, 그래프가 아닌 출력값만을 이용한다. 스타일 이미지 또는 콘텐츠 이미지를 업데이트하지 않는다. 다음 코드는 추출한 출력 배열의 각 요소와 그래프를 분리하는 방법을 소개한다.

```
content_targets = [t.detach() for t in content_targets]
style_targets = [GramMatrix()(t).detach() for t in style_targets]
```

출력과 그래프를 분리한 후, 모든 추출 정보를 하나의 리스트로 만든다. 이 과정은 다음 코드로 구현된다.

```
targets = style_targets + content_targets
```

스타일 오차와 콘텐츠 오차를 계산할 때, content_layers와 style_layers 2개의 배열을 전달했다. 다른 레이어를 선택하면 생성된 이미지의 품질에 영향을 미친다. 논문 저자가 사용한 것과 같은 레이어를 사용했다. 다음 코드에서 현재 사용 중인 레이어 번호를 확인할 수 있다.

```
style_layers = [1,6,11,20,25]
content_layers = [21]
loss_layers = style_layers + content_layers
```

옵티마이저는 단일 스칼라 값을 최소화한다. 하나의 스칼라 값을 얻기 위해 여러 레이어의 모든 오차를 합한다. 이때 사용하는 일반적인 방법은 오차에 가중치를 적용한 합을 계산하는 것이다. 스타일 트랜스퍼 논문 구현체의 깃허브 저장소(https://github.com/leongatys/PytorchNeuralStyleTransfer)와 같은 가중치를 사용한다. 예제의 구현 코드에서는 약간 수정된 버전을 사용한다. 다음 코드는 선택된 레이어의 필터 수로 가중치를 만드는 과정을 설명한다.

```
style_weights = [1e3/n**2 for n in [64,128,256,512,512]]
content_weights = [1e0]
weights = style_weights + content_weights
```

`print` 함수로 VGG 레이어를 출력하면 모델을 시각화할 수 있다. 이 함수를 이용해 현재 모델의 레이어 구조를 관찰하고 다른 레이어 조합을 실험해볼 수 있다. VGG 모델 `print` 함수로 VGG 레이어를 출력하는 코드는 다음과 같다.

```
print(vgg)

# 결과

Sequential(
  (0): Conv2d (3, 64, kernel_size=(3, 3), stride=(1, 1), padding=(1, 1))
  (1): ReLU(inplace)
  (2): Conv2d (64, 64, kernel_size=(3, 3), stride=(1, 1), padding=(1, 1))
  (3): ReLU(inplace)
  (4): MaxPool2d(kernel_size=(2, 2), stride=(2, 2), dilation=(1, 1))
  (5): Conv2d (64, 128, kernel_size=(3, 3), stride=(1, 1), padding=(1, 1))
  (6): ReLU(inplace)
  (7): Conv2d (128, 128, kernel_size=(3, 3), stride=(1, 1), padding=(1, 1))
  (8): ReLU(inplace)
  (9): MaxPool2d(kernel_size=(2, 2), stride=(2, 2), dilation=(1, 1))
  (10): Conv2d (128, 256, kernel_size=(3, 3), stride=(1, 1), padding=(1, 1))
  (11): ReLU(inplace)
  (12): Conv2d (256, 256, kernel_size=(3, 3), stride=(1, 1), padding=(1, 1))
  (13): ReLU(inplace)
  (14): Conv2d (256, 256, kernel_size=(3, 3), stride=(1, 1), padding=(1, 1))
  (15): ReLU(inplace)
  (16): Conv2d (256, 256, kernel_size=(3, 3), stride=(1, 1), padding=(1, 1))
  (17): ReLU(inplace)
  (18): MaxPool2d(kernel_size=(2, 2), stride=(2, 2), dilation=(1, 1))
  (19): Conv2d (256, 512, kernel_size=(3, 3), stride=(1, 1), padding=(1, 1))
```

```
  (20): ReLU(inplace)
  (21): Conv2d (512, 512, kernel_size=(3, 3), stride=(1, 1), padding=(1, 1))
  (22): ReLU(inplace)
  (23): Conv2d (512, 512, kernel_size=(3, 3), stride=(1, 1), padding=(1, 1))
  (24): ReLU(inplace)
  (25): Conv2d (512, 512, kernel_size=(3, 3), stride=(1, 1), padding=(1, 1))
  (26): ReLU(inplace)
  (27): MaxPool2d(kernel_size=(2, 2), stride=(2, 2), dilation=(1, 1))
  (28): Conv2d (512, 512, kernel_size=(3, 3), stride=(1, 1), padding=(1, 1))
  (29): ReLU(inplace)
  (30): Conv2d (512, 512, kernel_size=(3, 3), stride=(1, 1), padding=(1, 1))
  (31): ReLU(inplace)
  (32): Conv2d (512, 512, kernel_size=(3, 3), stride=(1, 1), padding=(1, 1))
  (33): ReLU(inplace)
  (34): Conv2d (512, 512, kernel_size=(3, 3), stride=(1, 1), padding=(1, 1))
  (35): ReLU(inplace)
  (36): MaxPool2d(kernel_size=(2, 2), stride=(2, 2), dilation=(1, 1))
)
```

예술적 이미지를 생성하기 위해서는 오차 함수와 최적화 알고리즘을 정의해야 한다. 우리는 다음 절에서 이 두 가지를 초기화해본다.

각 레이어의 오차 함수 만들기

앞에서 이미 파이토치 레이어로 오차 함수를 정의했다. 이제는 스타일 오차와 콘텐츠 손실을 위한 오차 레이어를 만들어보자. 레이어별 오차 함수는 다음과 같이 구현될 수 있다.

```
loss_fns = [StyleLoss()] * len(style_layers) + [nn.MSELoss()] * len(content_
layers)
```

loss_fns는 일련의 스타일 오차 객체StyleLoss와 콘텐츠 오차 객체(nn.MSELoss)를 포함하는 리스트다. 스타일 오차 객체와 콘텐츠 오차 객체 크기는 style_layers와 content_layers 배열 크기를 기준으로 만들어진다.

옵티마이저 만들기

일반적으로 신경망에서 학습시키는 대상은 네트워크의 파라미터다. 그러나 스타일 트랜스퍼에서는 VGG 모델을 피처 추출기로 사용할 뿐이다. VGG 파리미터를 옵티마이저에 전달하지 않는다. 스타일 트랜스퍼에서는 opt_img 변수를 옵티마이저에 전달해 지정한 콘텐츠와 스타일을 갖도록 이미지 데이터를 최적화한다. 값을 최적화하는 옵티마이저는 다음 코드와 같이 구현될 수 있다.

```
optimizer = optim.LBFGS([opt_img]);
```

이제 스타일 트랜스퍼 모델을 학습시키기 위한 모든 구성 요소를 만들었다.

학습

이 예제에서 사용하는 학습 코드는 지금까지 살펴본 다른 예제와 약간 다르다. 여기에서는 여러 레이어에서 오차를 계산해야 하고, 옵티마이저가 실행될 때마다 입력 이미지를 변경하면 콘텐츠와 스타일이 목적 콘텐츠와 목적 스타일에 더 가까워질 것이다. 실습에 사용된 코드를 살펴본 후 스타일 트랜스퍼 예제를 실행해보자.

```
max_iter = 500
show_iter = 50
n_iter=[0]

while n_iter[0] <= max_iter:

    def closure():
        optimizer.zero_grad()

        out = extract_layers(loss_layers,opt_img,model=vgg)
        layer_losses = [weights[a] * loss_fns[a](A, targets[a])
                        for a,A in enumerate(out)]
        loss = sum(layer_losses)
        loss.backward()
```

```
        n_iter[0]+=1
        # 오차 출력
        if n_iter[0]%show_iter == (show_iter-1):
            print('Iteration:%d, loss:%f'%(n_iter[0]+1, loss.data[0]))

        return loss

    optimizer.step(closure)
```

500회의 반복하는 학습을 진행한다. 매번 반복마다 extract_layers 함수를 호출해 VGG 모델로부터 여러 레이어의 출력을 추출한다. 여기에서 변경되는 유일한 것은 opt_img의 값이다. opt_img에는 스타일 이미지를 포함한다. 출력이 추출되면, 추출된 레이어를 순회하며 오차를 계산하고, 이 값을 해당 목표값과 함께 오차 함수에 전달한다. 이 오차를 모두 합산한 후에 backward 함수를 호출한다. closure 함수는 마지막에 이 오차를 반환한다. closure 함수는 max_iter만큼 반복하면서 optimizer.step 메서드와 함께 호출된다. 학습 과정에서 GPU를 사용한다면, 학습은 수분 안에 끝날 것이다. 학습을 GPU가 아닌 CPU로 수행한다면, 학습 시간이 상당히 오래 걸린다. 이 경우, 입력 이미지의 크기를 줄이면 실행 속도를 높일 수 있다.

500번 에폭을 실행하면, 다음과 같은 이미지를 얻을 수 있다. 콘텐츠와 스타일의 다양한 조합을 시도해보고, 흥미로운 이미지를 만들어보자.

▲ **그림 7.4** 예제 생성적 신경망으로 만든 새로운 이미지

다음 절에서는 DCGAN deep convolutional generative adversarial networks 을 사용해 사람의 얼굴을 만들어본다.

생성적 적대 신경망

GAN Generative Adversarial Network (생성적 적대 신경망)은 지난 몇 년간 매우 높은 인기를 누리고 있다. GAN 분야에서는 매주 상당한 발전을 이루고 있다. GAN은 매우 활발한 연구 커뮤니티를 갖게 됐고, 이제는 딥러닝의 중요한 하위 분야 중 하나가 됐다. GAN은 2014년 이안 굿펠로우 Ian Goodfellow 에 의해 소개됐다. GAN은 생성기 Generator 와 판별기 Discriminator 라고 불리는 2개의 심층 신경망을 학습시키고 서로 경쟁시켜 비지도학습 문제를 해결한다. 이 학습 과정에서 두 심층 신경망은 맡은 일을 더 잘하게 된다.

GAN에 위조지폐범(생성기 Generator)과 경찰(판별기 Discriminator)의 관계를 적용하면, 이해하기 쉬워진다. 처음에 위조지폐범은 경찰에게 위조지폐를 보여준다. 경찰은 그 지폐를 가짜로 간주하고 위조지폐범에게 왜 가짜인지 설명한다. 위조지폐범은 경찰의 피드백에 근거해 새로운 위조지폐를 만든다. 경찰은 위조지폐에서 가짜를 찾아내고, 다시 가짜인 이유를 위조지폐범에게 알려준다. 이 과정은 위조지폐범이 경찰이 인식하지 못하는 위조지폐를 만들 때까지 계속 반복된다. 생성기는 GAN 시나리오에서 학습 과정을 통해 이미지와 더 비슷한 가짜 이미지를 만들게 되고, 분류기는 실제 이미지와 가짜 이미지를 더 잘 식별하게 된다.

GAN은 위조 네트워크 Forger Network 와 전문가 네트워크 Expoert Network 의 조합이다. 각각 상대 네트워크를 이기도록 훈련된다. 생성기 네트워크는 입력으로 랜덤 벡터를 사용해 위조 이미지를 만든다. 판별기 네트워크는 이미지를 입력하고, 그 이미지가 실제인지 가짜인지를 예측한다. 판별기 네트워크에는 실제 이미지가 입력될 수도 있고, 가짜 이미지가 입력될 수도 있다.

생성기 네트워크는 이미지를 생성하고 판별기 네트워크를 속여 현실임을 믿도록 훈련된다. 판별기 네트워크는 속지 않으려고 끊임없이 개선하면서 생성기 네트워크에 피드백을 전달한다. 이론적으로 GAN의 개념은 간단하지만 실제로 작동하는 GAN 모델을 교육하는 것은 매우 어렵다. 훈련을 진행하기 위해서는 2개의 심층 신경망이 필요하다.

DCGAN은 스스로 학습하고 의미 있는 이미지를 생성하는 GAN 모델을 구축하는 방법을 소개한 GAN 초기 모델 중 하나다. 자세한 내용은 다음에서 확인할 수 있다.
https://arxiv.org/pdf/1511.06434.pdf

다음 다이어그램은 GAN 모델의 아키텍처다.

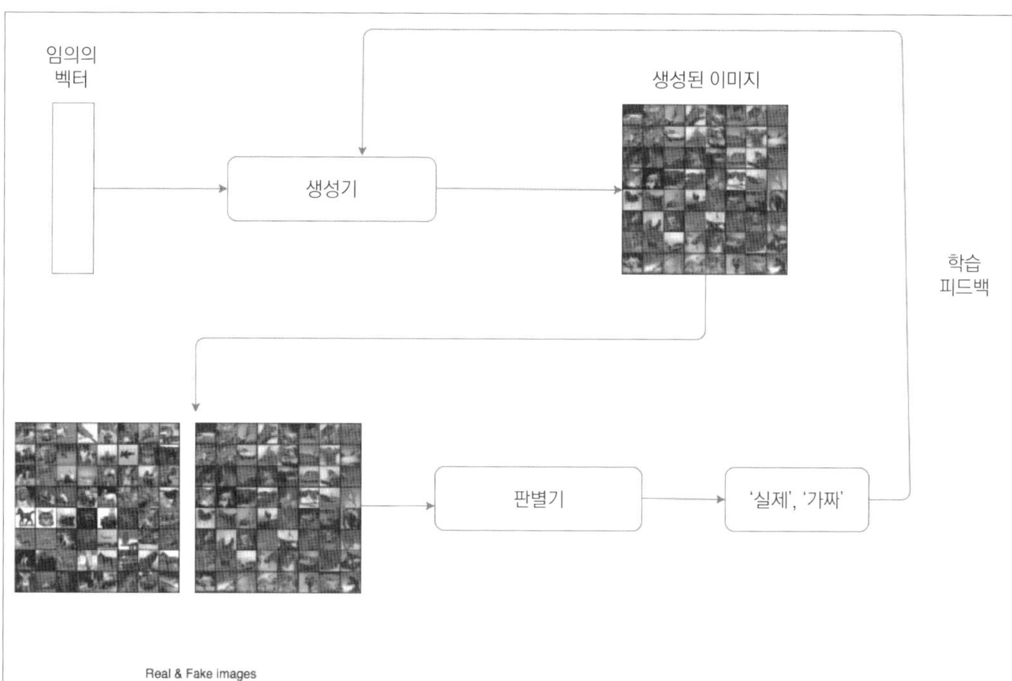

▲ 그림 7.5 GAN 모델 아키텍처

이 아키텍처의 각 구성 요소에 대해 살펴본 후에 몇 가지 추론에 대해 살펴본다. 그리고 다음 절에서 파이토치로 이러한 흐름을 구현해본다. 이 파이토치 구현 코드 부분을 마치면, DCGAN의 작동 방식에 대한 기본적인 지식을 습득하게 될 것이다.

심층 컨볼루션 GAN

이 절에서는 앞에서 소개한 DCGAN 논문을 기초로 GAN 아키텍처를 훈련시키는 여러 부분을 구현해본다. DCGAN 학습에 필요한 요소는 다음과 같다.

- 생성기 네트워크: 생성기 네트워크는 고정된 차원의 잠재 벡터Latent Vector를 어떤 형상의 이미지에 대응시킨다. 예제에서 사용할 이미지 형상은 (3, 64, 64)다.
- 판별기 네트워크: 생성기 네트워크가 만든 이미지 또는 실제 데이터셋의 이미지를 입력받는다. 그리고 이미지가 실제인지 가짜인지 평가 점수를 출력한다.
- 생성기와 판별기를 위한 오차 함수 정의
- 옵티마이저 정의
- GAN 학습

이들 각각에 대해서는 다음 절에서 자세하게 살펴본다. 7장의 GAN 구현 코드는 깃허브 파이토치 예제를 사용한다.

https://github.com/pytorch/examples/tree/master/dcgan

생성기 네트워크 정의

생성기 네트워크는 고정된 차원의 랜덤 백터를 입력으로 사용한다. 그리고 랜덤 벡터에 전치 컨볼루션, 배치 정규화 그리고 ReLU 활성화를 적용하고 필요한 크기의 이미지를 생성한다. 생성기 구현을 다루기 전에 전치 컨볼루션 및 배치 정규화가 무엇인지 살펴보자.

전치 컨볼루션

전치 컨볼루션Transposed Convolutions을 부분 스트라이드 컨볼루션fractionally strided convolutions이라고도 한다. 전치 컨볼루션은 일반적인 컨볼루션이 동작하는 방식과 반대 방식으로 동작한다. 직관적으로 설명하면 전치 컨볼루션은 입력 벡터를 더 높은 차원에 매핑하는 방법을 계산하려 한다. 이해를 돕기 위해 그림 7.6을 살펴보자.

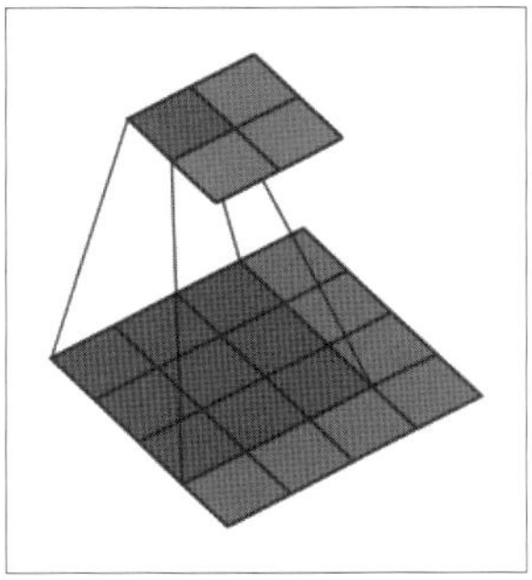

▲ **그림 7.6** 전치 컨볼루션

이 다이어그램은 씨아노(또 다른 인기 있는 딥러닝 프레임워크) 문서(http://deeplearning.net/software/theano/tutorial/conv_arithmetic.html)에서 가져왔다. 전치 컨볼루션의 작동 방식에 대해 좀 더 자세히 알고 싶다면, 이 씨아노 문서를 읽어볼 것을 추천한다. 현재 중요한 것은 벡터를 필요한 차원의 텐서로 변환하는 것이고, 역전파를 통해 커널 값을 조정할 수 있다는 점이다.

배치 정규화

머신 러닝 또는 딥러닝 알고리즘에 전달되는 모든 피처는 정규화된다는 것을 몇 차례 소개했다. 즉, 피처 값에서 데이터의 평균을 빼고, 데이터의 표준 편차로 나눔으로써 데이터에 단위 표준 편차를 부여한다. 정규화된 데이터는 0을 중심으로 집중하게 된다. 일반적으로 파이토치의 `torchvision.Normalize` 메서드를 사용해 이 작업을 수행한다. 다음 코드에서 데이터 정규화 방법을 확인할 수 있다.

```
transforms.Normalize((0.5, 0.5, 0.5), (0.5, 0.5, 0.5))
```

지금까지 살펴본 모든 예제에서, 데이터는 신경망에 입력되기 전에 정규화됐다. 중간 레이어는 정규화된 데이터가 입력된다는 보장은 없다. 그림 7.7은 신경망의 중간 레이어가 정규화된 데이터를 얻지 못하는 이유를 설명한다.

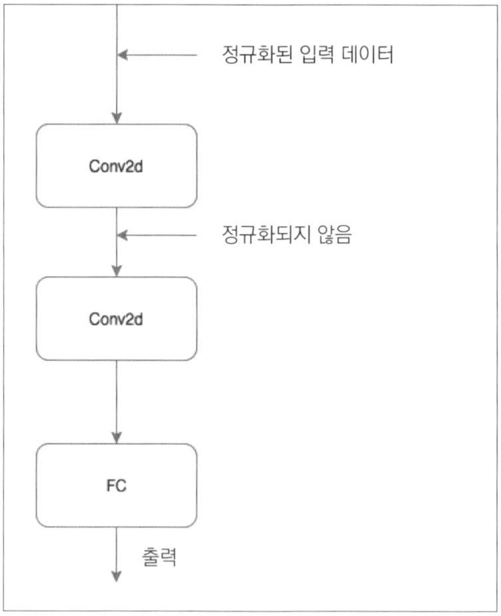

▲ **그림 7.7** 중간 컨볼루션 레이어의 입력 데이터와 정규화

배치 정규화는 학습 과정에서 평균과 분산이 변경되는 경우에 중간 데이터를 정규화하는 조정 함수 또는 레이어로 동작한다. 요페[Ioffe]와 세게디[Szegedy]가 2015년에 배치 정규화를 소개했다(https://arxiv.org/abs/1502.03167). 배치 정규화는 학습, 검증 또는 테스트 과정에서 다르게 작동한다. 학습 과정에서는 배치 데이터 단위로 평균과 분산이 계산된다. 검증과 테스트 단계에서는 전체 데이터의 평균과 분산값을 사용한다. 배치 정규화를 사용하기 위해 이해해야 할 것은 중간 데이터를 표준화하는 것이다. 배치 정규화를 사용하면 다음과 같은 이점을 얻을 수 있다.

- 네트워크의 기울기 흐름이 개선되고, 더 깊은 네트워크를 구축할 수 있음
- 더 큰 학습률을 사용할 수 있음
- 초기화의 강한 의존성을 줄일 수 있음
- 정규화의 형태로 동작하고 드롭아웃의 의존성을 줄일 수 있음

ResNet, 인셉션과 같은 대부분의 최신 아키텍처는 배치 정규화를 광범위하게 사용한다. 배치 정규화 레이어는 다음 이미지와 같이 컨볼루션 레이어 또는 선형/전연결 레이어 다음에 위치한다.

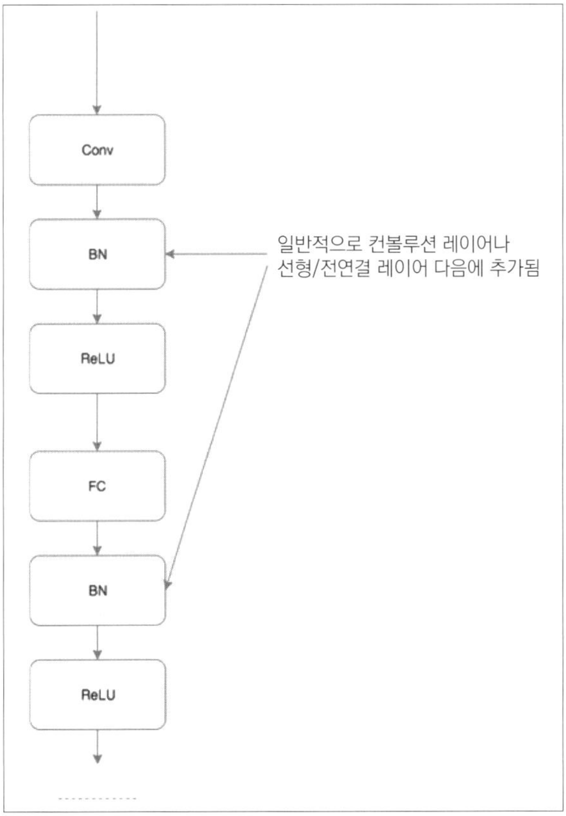

▲ **그림 7.8** 배치 정규화 레이어 위치

지금까지는 생성기 네트워크의 주요 구성 요소를 살펴봤다.

생성기 네트워크 정의

이 절에서는 생성기 네트워크의 구현 코드를 살펴보고, 생성기 네트워크의 주요 특징에 대해 설명한다.

```
class Generator(nn.Module):
    def __init__(self):
        super(Generator, self).__init__()

        self.main = nn.Sequential(
            # 입력: Z, 컨볼루션에 전달
            nn.ConvTranspose2d(nz, ngf * 8, 4, 1, 0, bias=False),
            nn.BatchNorm2d(ngf * 8),
            nn.ReLU(True),
            # 상태 크기: (ngf*8) x 4 x 4
            nn.ConvTranspose2d(ngf * 8, ngf * 4, 4, 2, 1, bias=False),
            nn.BatchNorm2d(ngf * 4),
            nn.ReLU(True),
            # 상태 크기: (ngf*4) x 8 x 8
            nn.ConvTranspose2d(ngf * 4, ngf * 2, 4, 2, 1, bias=False),
            nn.BatchNorm2d(ngf * 2),
            nn.ReLU(True),
            # 상태 크기: (ngf*2) x 16 x 16
            nn.ConvTranspose2d(ngf * 2, ngf, 4, 2, 1, bias=False),
            nn.BatchNorm2d(ngf),
            nn.ReLU(True),
            # 상태 크기: (ngf) x 32 x 32
            nn.ConvTranspose2d( ngf, nc, 4, 2, 1, bias=False),
            nn.Tanh()
            # 상태 크기: (nc) x 64 x 64
        )

    def forward(self, input):
        output = self.main(input)
        return output

netG = Generator()
netG.apply(weights_init)
print(netG)
```

지금까지 살펴봤던 대부분의 예제 코드에서는 forward 메서드에서 여러 레이어를 사용해 흐름을 정의했다. 생성기 네트워크에서 __init__ 메서드 내부에서 여러 레이어를 정의하고, sequential 모델을 사용해 데이터의 흐름을 정의한다.

Generator 모델은 크기가 nz인 텐서를 입력으로 가져온 후, 이를 전치 컨볼루션에 전달해 입력을 생성해야 하는 이미지 크기에 대응시킨다. forward 함수는 입력을 순차 모듈로 전달하고 출력을 반환한다.

Generator 네트워크의 마지막 레이어는 tanh다. 이 레이어는 Generator 네트워크가 생성하는 값의 범위를 한정한다.

임의의 수로 가중치를 초기화하는 방법 대신, 논문에 정의된 가중치를 사용해 모델을 초기화했다. 다음은 가중치를 초기화하는 코드다.

```
def weights_init(m):
    classname = m.__class__.__name__
    if classname.find('Conv') != -1:
        m.weight.data.normal_(0.0, 0.02)
    elif classname.find('BatchNorm') != -1:
        m.weight.data.normal_(1.0, 0.02)
        m.bias.data.fill_(0)
```

생성기 객체인 netG의 apply 메서드에 weight_init 함수를 매개변수로 입력하면, 레이어 수만큼 weight_init 함수가 호출된다. weight_init 함수가 호출될 때, netG의 각 레이어가 함수의 전달 인자로 제공된다. 이때 입력된 레이어가 컨볼루션 레이어일 경우 평균이 0, 표준편차가 0.02가 되도록 초기화하고, 배치 정규화 레이어일 경우 평균이 1, 표준편차가 0.02가 되도록 초기화한다. 다음 코드를 사용해 네트워크 객체에서 함수를 호출한다.

```
netG.apply(weights_init)
```

판별기 네트워크 정의

다음 판별기 네트워크 코드를 빠르게 살펴본 후, 판별기 네트워크의 주요 특징에 관해 설명한다.

```
class Discriminator(nn.Module):
    def __init__(self):
        super(_netD, self).__init__()
        self.main = nn.Sequential(
            # 입력: (nc) x 64 x 64
            nn.Conv2d(nc, ndf, 4, 2, 1, bias=False),
            nn.LeakyReLU(0.2, inplace=True),
            # 상태 크기: (ndf) x 32 x 32
            nn.Conv2d(ndf, ndf * 2, 4, 2, 1, bias=False),
            nn.BatchNorm2d(ndf * 2),
            nn.LeakyReLU(0.2, inplace=True),
            # 상태 크기: (ndf*2) x 16 x 16
            nn.Conv2d(ndf * 2, ndf * 4, 4, 2, 1, bias=False),
            nn.BatchNorm2d(ndf * 4),
            nn.LeakyReLU(0.2, inplace=True),
            # 상태 크기: (ndf*4) x 8 x 8
            nn.Conv2d(ndf * 4, ndf * 8, 4, 2, 1, bias=False),
            nn.BatchNorm2d(ndf * 8),
            nn.LeakyReLU(0.2, inplace=True),
            # 상태 크기: (ndf*8) x 4 x 4
            nn.Conv2d(ndf * 8, 1, 4, 1, 0, bias=False),
            nn.Sigmoid()
        )

    def forward(self, input):
        output = self.main(input)
        return output.view(-1, 1).squeeze(1)

netD = Discriminator()
netD.apply(weights_init)
print(netD)
```

위 판별기 네트워크에서 두 가지 중요한 특징은 활성화 함수로 Leaky ReLU를 사용하고, 마지막 활성화 레이어로 시그모이드를 사용하는 것이다. 먼저 Leaky ReLU가 무엇인지 살펴보자.

Leaky ReLU는 죽어가는 ReLU 문제를 해결하기 위한 시도다. Leaky ReLU는 입력이 음수일 때 0을 반환하는 함수 대신 0.001과 같은 매우 작은 숫자를 출력한다. GAN 논문에서, Leaky ReLU를 사용하면 판별기 네트워크 성능이 향상되는 것으로 보고되고 있다.

또 다른 중요한 차이점은 판별기 네트워크의 마지막에 전연결 레이어를 사용하지 않는 것이다. 마지막으로 전연결 레이어가 전역 평균 풀링으로 대체되는 것이 일반적이다. 그러나 전역 평균 풀링을 사용하면 수렴 속도(정확한 분류자를 만드는 데 필요한 반복 횟수)가 줄어든다. 마지막 컨볼루션 레이어는 평평해지고 시그모이드 레이어로 전달된다.

이 두 가지 차이점을 제외하면 나머지 부분은 지금까지 살펴본 다른 이미지 분류기 네트워크와 유사하다.

오차와 옵티마이저 정의

다음 코드에서 이진 교차 엔트로피 오차와 2개의 옵티마이저를 정의한다. 하나는 생성기 네트워크를 위한 옵티마이저, 나머지 하나는 판별기 네티워크를 위한 옵티마이저다.

```
# 이진 교차 엔트로피 오차
criterion = nn.BCELoss()

# 옵티마이저 설정
optimizerD = optim.Adam(netD.parameters(), lr, betas=(beta1, 0.999))
optimizerG = optim.Adam(netG.parameters(), lr, betas=(beta1, 0.999))
```

지금까지는 이전 예제에서 살펴봤던 것과 매우 유사하다. 생성기 네트워크와 판별기 네트워크를 어떻게 훈련시키는지 살펴보자.

판별기 네트워크 학습

판별기 네트워크의 오차는 실제 이미지에서와 가짜 이미지에서 어떻게 수행되는지에 따라 결정된다. 이 오차는 다음과 같이 정의된다.

$$loss = maximize\ log(D(x)) + log(1-D(G(z)))$$

따라서 실제 이미지와 생성기 네트워크에 의해 생성된 가짜 이미지로 판별기 네트워크를 학습시켜야 한다.

실제 이미지로 판별기 학습시키기

실제 이미지를 GT^Ground Truth[1] 데이터로 해 판별기 네트워크를 학습시켜보자.

먼저 동일한 작업을 수행하는 코드를 살펴본 후 주요 특징을 살펴본다.

```
output = netD(inputv)
errD_real = criterion(output, labelv)
errD_real.backward()
```

위 코드는 판별기 이미지에 필요한 오차와 기울기를 계산한다. `inputv` 및 `labelv`는 CIFAR10 데이터셋 및 레이블의 입력 이미지의 실제 이미지다. 다른 이미지 분류기 네트워크에서 사용하는 것과 유사하다.

가짜 이미지로 판별기 학습시키기

이제는 판별기를 훈련시키기 위해 랜덤 이미지를 전달한다.

코드를 살펴본 후 주요 특징을 살펴보자.

1 Ground Truth는 여러 분야에서 사용되는 용어로 직접 관찰 또는 실제 수집 데이터를 의미한다. 머신 러닝에서는 기준값의 의미를 갖는다. – 옮긴이

```
fake = netG(noisev)
output = netD(fake.detach())
errD_fake = criterion(output, labelv)
errD_fake.backward()
optimizerD.step()
```

이 코드의 첫 번째 줄은 크기가 100인 벡터를 전달하고 생성기 네트워크(netG)는 이미지를 생성한다. 이미지가 실제인지 가짜인지를 식별하기 위해 이미지를 판별기 네트워크에게 전달한다. 판별기 네트워크가 훈련을 받을 때 생성기 네트워크가 훈련받기를 원하지 않는다. 따라서 가짜 이미지의 detach 메서드를 호출해 그래프에서 가짜 이미지를 제거한다. backward 메서드를 호출해 모든 기울기가 계산되면, 옵티마이저를 호출해 판별기 네트워크를 학습시킨다.

생성기 네트워크 학습

코드를 먼저 살펴본 후 주요 특징을 살펴보자.

```
netG.zero_grad()
# 가짜 레이블은 생성기 비용을 위해 실제 레이블로 만듦
labelv = Variable(label.fill_(real_label))
output = netD(fake)
errG = criterion(output, labelv)
errG.backward()
optimizerG.step()
```

위 코드는 가짜 이미지로 판별기 네트워크를 학습시켰던 코드와 몇 가지를 제외하고는 상당히 비슷한 것으로 보인다. 생성기 네트워크로 만든 가짜 이미지를 입력한다. 그러나 이번에는 생성기가 만든 그래프를 분리시키지 않았다. 왜냐하면 생성기가 훈련되길 원하기 때문이다. errG를 계산하고, errG의 backward 메서드를 호출해 기울기를 계산했다. 그다음, 생성기 옵티마이저를 호출해 생성기 네트워크를 훈련시킨다. 생성기가 약간 사실적인 이미지를 생성하기 위해서는 이 전체 프로세스를 여러 번 반복해야 한다.

전체 네트워크 학습시키기

GAN을 학습시키는 방법에 대해 부분적으로 나눠 살펴봤다. 이를 정리하고 GAN 네트워크를 학습시키는 전체 코드를 살펴본다.

- 실제 이미지로 판별기 네트워크를 학습
- 가짜 이미지로 판별기 네트워크를 학습
- 판별기 네트워크 최적화
- 판별기 네트워크의 피드백을 기반으로 생성기 네트워크 학습
- 생성기 네트워크 최적화

다음 코드를 사용해 네트워크를 학습시킨다.

```
for epoch in range(niter):
    for i, data in enumerate(dataloader, 0):
        ############################
        # (1) D 네트워크 업데이트: maximize log(D(x)) + log(1 - D(G(z)))
        ###########################
        # 실제 데이터로 훈련
        netD.zero_grad()
        real, _ = data
        batch_size = real.size(0)
        if torch.cuda.is_available():
            real = real.cuda()
        input.resize_as_(real).copy_(real)
        label.resize_(batch_size).fill_(real_label)
        inputv = Variable(input)
        labelv = Variable(label)

        output = netD(inputv)
        errD_real = criterion(output, labelv)
```

```
errD_real.backward()
D_x = output.data.mean()

# 가짜 데이터로 훈련
noise.resize_(batch_size, nz, 1, 1).normal_(0, 1)
noisev = Variable(noise)
fake = netG(noisev)
labelv = Variable(label.fill_(fake_label))
output = netD(fake.detach())
errD_fake = criterion(output, labelv)
errD_fake.backward()
D_G_z1 = output.data.mean()
errD = errD_real + errD_fake
optimizerD.step()

############################
# (2) G 네트워크 학습: maximize log(D(G(z)))
###########################
netG.zero_grad()
# 가짜 레이블은 생성기 비용을 위해 실제 레이블로 만듦
labelv = Variable(label.fill_(real_label))
output = netD(fake)
errG = criterion(output, labelv)
errG.backward()
D_G_z2 = output.data.mean()
optimizerG.step()

print('[%d/%d][%d/%d] Loss_D:%.4f Loss_G:%.4f D(x):%.4f D(G(z)):%.4f /%.4f'
     % (epoch, niter, i, len(dataloader),
         errD.data[0], errG.data[0], D_x, D_G_z1, D_G_z2))
if i% 100 == 0:
    vutils.save_image(real_cpu,
            '%s/real_samples.png'% outf,
            normalize=True)
    fake = netG(fixed_noise)
    vutils.save_image(fake.data,
            '%s/fake_samples_epoch_%03d.png'% (outf, epoch),
            normalize=True)
```

`vutils.save_image`는 텐서를 취해 이미지로 저장한다. 미니배치로 이미지가 제공될 경우, 여러 이미지가 격자 형태로 저장된다.

다음 절에서는 생성된 이미지와 실제 이미지를 살펴본다.

생성 이미지 검토

위 코드로 생성된 이미지와 실제 이미지를 비교해보자.

학습을 마친 생성기 네트워크는 다음 이미지를 생성했다.

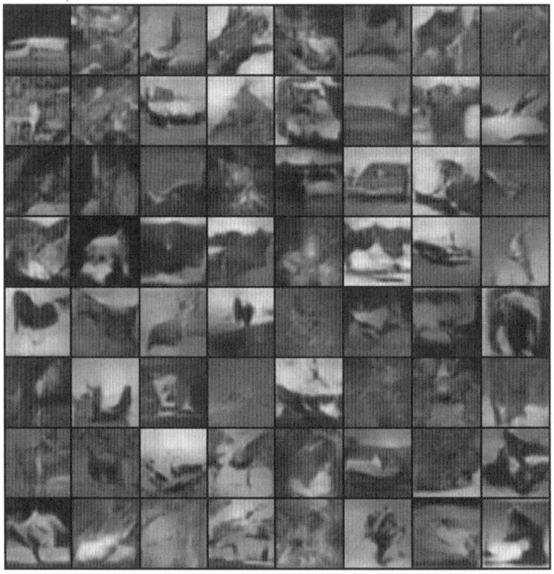

▲ **그림 7.9** 생성기 네트워크가 생성한 이미지

실제 이미지는 다음과 같다.

▲ **그림 7.10** 원본 이미지

두 세트의 이미지를 비교해보면 GAN이 이미지를 생성하는 방법을 학습할 수 있음을 확인할 수 있다. GAN 알고리즘으로 새로운 이미지를 생성하는 생성기를 학습시킨 것 외에도 분류 문제에 사용할 수 있는 판별기 네트워크도 만들었다. 판별기 네트워크가 이용할 수 있는 라벨 데이터가 제한된다고 할지라도 대상 이미지에 대한 주요 피처를 학습할 수 있다. 라벨 데이터가 부족할 때, GAN을 훈련시켜 판별기를 만들고 이 판별기의 피처를 추출한 후, 이 피처를 근간으로 새로운 분류기를 만들 수도 있다.

다음 절에서는 텍스트 생성에 필요한 딥러닝 알고리즘에 대해 알아본다.

언어 모델

이 절에서는 텍스트를 생성하는 방법을 순환 신경망RNN에 학습시켜볼 것이다. 여기에서 만들어볼 순환 신경망은 어떤 상황에서 다음 단어를 예측할 수 있다. 이것은 휴대 전화의 스위프트 앱이 제공하는 기능과 비슷하다. 스위프트 앱은 핸드폰에서 텍스트를 입력할 때, 다음 단어를 예측하고 추천해 핸드폰의 텍스트 입력 효율을 높인다. 순차적 데이터를 생성하는 기능은 다음과 같은 여러 분야의 애플리케이션에서 사용될 수 있다.

- 이미지 자막Image captioning
- 언어 번역Language translation
- 음성 인식Speech recognition
- 자동 메일 답장Automatic email reply

6장, '시퀀스 데이터와 텍스트 딥러닝'에서 RNN을 학습시키기 어렵다는 것을 설명했다. 그래서 Long Short-Term MemoryLSTM라고 불리는 RNN의 변형을 사용한다고 했다. LSTM 알고리즘의 개발은 1997년에 시작됐지만, 지난 몇 년 동안 높은 인기를 누렸다. 강력한 하드웨어 및 품질 데이터를 사용하게 되면서 인기를 얻었으며, 드롭아웃과 같은 기법의 발전은 LSTM 모델을 이전보다 훨씬 더 쉽게 학습하는 데 도움이 된다.

LSTM 모델을 사용해 문자 수준 언어 모델이나 단어 수준 언어 모델을 생성하는 것이 일반적이다. 문자 수준 언어 모델링에서 한 문자를 제시하면, LSTM 모델은 다음 문자를 예측하도록 훈련받는다. 단어 수준 언어 모델링에서 단어를 제시하면 LSTM 모델은 다음 단어를 예측한다. 이 절에서는 파이토치 LSTM 모델을 사용해 단어 수준 언어 모델을 작성해본다. 다른 모듈을 학습시킬 때와 마찬가지로 다음과 같은 단계를 따를 것이다.

- 데이터 준비하기
- 데이터 배치 처리기 생성
- LSTM 기반 모델 정의
- 모델 학습
- 모델 테스트

이 절에서는 파이토치의 https://github.com/pytorch/examples/tree/master/word_language_model에서 제공하는 언어 모델 예제의 단순 버전을 소개한다.

데이터 준비

이 예제에서는 WikiText2라는 데이터셋을 사용한다. WikiText 언어 모델 데이터셋은 위키피디아Wikipedia의 검증된 문서[2]에서 추출한 1억 개 이상의 토큰 모음이다. 널리 사용되는 또 다른 데이터셋인 Penn TreebankPTB의 전처리된 버전과 비교할 때 WikiText2는 2배가 더 크다. WikiText 데이터셋은 훨씬 더 큰 어휘를 포함하며, 원래의 대소 문자, 구두점 및 숫자를 유지한다. 이 데이터셋에는 전체 문서가 포함되기 때문에 장기 의존성Long Term Dependency을 이용하는 모델에 적합하다.

이 데이터셋은 "Pointer Sentinel Mixture Models(https://arxiv.org/abs/1609.07843)"이라는 논문에 소개됐다. 이 논문에서는 특정 문제를 해결하는 데 사용할 수 있는 솔루션을 소개한다. 여기서 소프트맥스 레이어가 있는 LSTM은 문맥이 명확하지 않기 때문에 희귀 단어Rare Word를 예측하는 데 어려움이 있다고 말한다. 지금은 이를 고려할 필요가 없다. 이 개념은 고급 개념이므로 이 책의 범위를 벗어난다.

다음 스크린샷으로 WikiText 덤프 내에서 데이터가 어떻게 보이는지 확인할 수 있다.

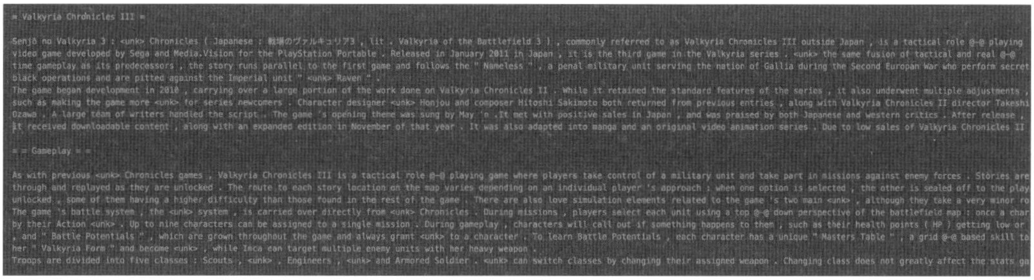

▲ **그림 7.11** WikiText 덤프 데이터

2 WikiText2는 "verified Good and Featured articles"로 만들어진 데이터셋이다. 위키피디아는 문서의 품질과 구성을 기준으로 Good Article과 Featured Article을 관리한다(참고: https://en.wikipedia.org/wiki/Wikipedia:Compare_criteria_Good_v._Featured_article). –옮긴이

평소와 같이 torchtext는 데이터셋을 다운로드하고 읽는 것에 대한 추상화를 제공함으로써 데이터셋을 보다 쉽게 사용할 수 있게 한다. 이를 수행하는 코드를 살펴보자.

```
TEXT = d.Field(lower=True, batch_first=True)
train, valid, test = datasets.WikiText2.splits(TEXT,root='data')
```

위 코드는 WikiText2 데이터를 다운로드하고 train, valid 및 test 데이터셋으로 나눈다. 언어 모델링의 주요 차이점은 데이터가 처리되는 방법이다. WikiText2에 있는 모든 텍스트 데이터는 하나의 긴 텐서에 저장된다. 데이터가 더 잘 처리되는 방법을 이해하기 위해 다음 코드와 결과를 살펴보자.

```
print(len(train[0].text))

# 출력
2088628
```

위 결과에서 알 수 있듯이, 예제의 필드는 하나뿐이며 모든 텍스트가 포함돼 있다. 텍스트가 어떻게 표현되는지 살펴보자.

```
print(train[0].text[:100])

# 첫 100개 토큰 결과

'<eos>', '=', 'valkyria', 'chronicles', 'iii', '=', '<eos>', '<eos>', 'senjō',
'no', 'valkyria', '3', ':', '<unk>', 'chronicles', '(', 'japanese', ':', '3',
',', 'lit', '.', 'valkyria', 'of', 'the', 'battlefield', '3', ')', ',',
'commonly', 'referred', 'to', 'as', 'valkyria', 'chronicles', 'iii', 'outside',
'japan', ',', 'is', 'a', 'tactical', 'role', '@-@', 'playing', 'video', 'game',
'developed', 'by', 'sega', 'and', 'media.vision', 'for', 'the', 'playstation',
'portable', '.', 'released', 'in', 'january', '2011', 'in', 'japan', ',', 'it',
'is', 'the', 'third', 'game', 'in', 'the', 'valkyria', 'series', '.', '<unk>',
'the', 'same', 'fusion', 'of', 'tactical', 'and', 'real', '@-@', 'time',
```

```
'gameplay', 'as', 'its', 'predecessors', ',', 'the', 'story', 'runs', 'parallel',
'to', 'the', 'first', 'game', 'and', 'follows', 'the'
```

이제, 초기 텍스트가 표시된 이미지와 토큰화되는 방식을 확인하라. WikiText2 데이터를 나타내는 길이가 2,088,628인 긴 시퀀스가 있다. 다음에는 데이터를 일괄 처리하기 위해 배치 처리기를 만드는 방법을 소개한다.

배치 처리기 생성

코드를 살펴보고 순차적 데이터 배치 처리와 관련된 두 가지 주요 사항을 이해해보자.

```
train_iter, valid_iter, test_iter = data.BPTTIterator.splits(
    (train, valid, test), batch_size=20, bptt_len=35, device=0)
```

이 코드에서는 두 가지 중요한 사항이 있다. 하나는 `batch_size`, 다른 하나는 `bptt_len`이다. bptt는 “backpropagation through time”의 줄임말이다. 이 매개변수는 각 단계를 통해 데이터가 어떻게 변환되는지에 대한 간단한 아이디어를 제공한다.

배치

전체 데이터를 시퀀스로 처리하는 것은 매우 어렵고 계산 비용을 고려할 때도 효율적이지 않다. 따라서 시퀀스 데이터를 여러 배치로 나누고, 각 시퀀스를 별도로 처리한다. 데이터 배치 처리할 때 모델은 더 빨리 학습하며, 훨씬 더 효과적이다. 영어 알파벳이 시퀀스인 예제를 배치 형태로 나눠보자.

시퀀스: a, b, c, d, e, f, g, h, i, j, k, l, m, n, o, p, q, r, s, t, u, v, w, x, y, z.

앞에 알파벳 시퀀스를 4개의 배치로 변환하면 다음과 같이 나뉜다.

$a \quad g \quad m \quad s \quad y$

$b \quad h \quad n \quad t \quad z$

c i o u

d j p v

e k q w

f l r x

대부분의 경우, 텍스트 모델에 큰 영향을 미치지 않기 때문에 작은 배치를 구성하는 마지막 여분의 단어나 토큰을 다듬지 않는다.

예제 WikiText2의 경우, 데이터를 20개의 배치로 나누면, 각 배치는 104,431개의 요소를 갖는다.

Backpropagation through time

이 이터레이터에 전달하는 다른 중요한 매개변수는 "backpropagation through time"[BPTT]이다. 실제로 의미하는 것은 모델이 기억해야 하는 시퀀스 길이다. 숫자가 높을수록 모델의 복잡성과 모델에 필요한 GPU 메모리가 증가한다.

위의 배치 처리된 알파벳 데이터를 길이가 2인 시퀀스로 나누는 방법을 살펴보자.

a g m s

b h n t

위 예제는 모델에 입력으로 전달될 것이다. 출력은 입력으로부터 나오지만 다음 값을 포함한다.

b h n t

c I o u

예제 WikiText2의 경우에서 배치 처리된 데이터를 분할할 때, 크기가 30인 데이터를 얻는다. 여기서 30은 시퀀스의 길이다.

LSTM에 기반을 둔 모델 정의

6장, '시퀀스 데이터와 텍스트 딥러닝'에서 살펴봤던 네트워크와 약간 비슷한 모델을 정의한다. 두 모델에는 몇 가지 차이점이 있다. 네트워크 아키텍처는 다음 이미지와 같이 표현될 수 있다.

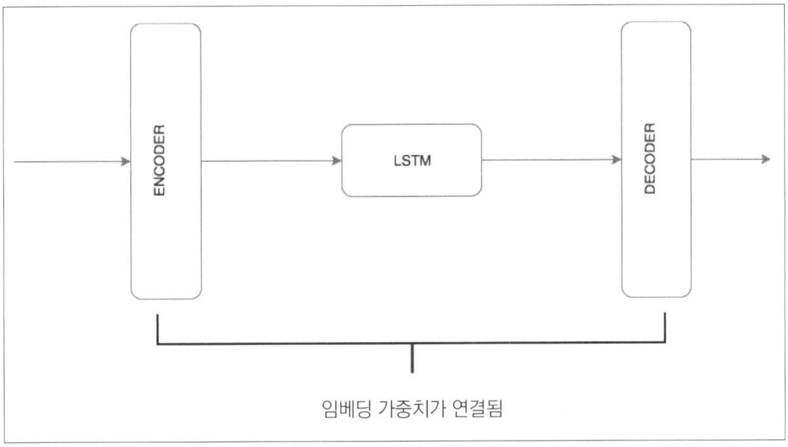

▲ **그림 7.12** 언어 모델 아키텍처

코드를 살펴본 후 코드의 중요 부분을 살펴보자.

```
class RNNModel(nn.Module):
    def __init__(self,ntoken,ninp,nhid,nlayers,dropout=0.5,tie_weights=False):
        #ntoken: 어휘의 단어의 수
        #ninp: LSTM에 입력되는 단어의 임베딩 차원
        #nlayer: LSTM에 사용될 레이어 수
        #Dropout: 과대적합 방지
        #tie_weights: encoder와 decoder에 같은 가중치 사용
        super().__init__()
        self.drop = nn.Dropout()
        self.encoder = nn.Embedding(ntoken,ninp)
        self.rnn = nn.LSTM(ninp,nhid,nlayers,dropout=dropout)
        self.decoder = nn.Linear(nhid,ntoken)
        if tie_weights:
            self.decoder.weight = self.encoder.weight
```

```
        self.init_weights()
        self.nhid = nhid
        self.nlayers = nlayers

    def init_weights(self):
        initrange = 0.1
        self.encoder.weight.data.uniform_(-initrange,initrange)
        self.decoder.bias.data.fill_(0)
        self.decoder.weight.data.uniform_(-initrange,initrange)

    def forward(self,input,hidden):
        emb = self.drop(self.encoder(input))
        output,hidden = self.rnn(emb,hidden)
        output = self.drop(output)
        s = output.size()
        decoded = self.decoder(output.view(s[0]*s[1],s[2]))
        return decoded.view(s[0],s[1],decoded.size(1)),hidden

    def init_hidden(self,bsz):
        weight = next(self.parameters()).data

        return (Variable(weight.new(self.nlayers,bsz,self.nhid).zero_
()),Variable(weight.new(self.nlayers,bsz,self.nhid).zero_()))
```

`__init__` 메서드에서는 embedding, dropout, RNN, decoder와 같은 모든 레이어를 생성한다. 초기 언어 모델에서는 임베딩 레이어가 일반적으로 마지막 레이어에서 사용되지 않았다. 임베딩을 사용하고 최종 임베디드를 최종 출력 레이어의 임베딩과 연결하면 언어 모델의 정확성이 향상된다. 이 개념은 2016년 프레스Press와 울프Wolf의 논문인 "Using the Output Embedding to Improve Language Models"(https://arxiv.org/abs/1608.05859)와 인안Inan과 그의 공동 저자에 의해 2016년에 작성된 "Tying Word Vectors and Word Classifiers: A Loss Framework for Language Modeling"(https://arxiv.org/abs/1611.01462)이라는 논문에 소개됐다. 인코더와 디코더의 가중치를 묶었으면, `init_weights` 메서드를 호출해 레이어의 가중치를 초기화한다.

forward 함수는 모든 레이어의 흐름을 정의한다. 마지막 선형 레이어는 LSTM 레이어의 출력을 어휘 크기의 임베딩에 대응시킨다. forward 함수에 입력 데이터의 흐름은 임베딩 레이어를 통과한 후 RNN(예제에서는 LSTM)으로 전달되고, 마지막으로 선형 레이어인 디코더에 전달된다.

학습과 평가 함수 정의

모델을 학습시키는 코드는 이전 예제에서 살펴본 것과 매우 유사하다. 학습된 모델이 더 잘 작동하는 데는 몇 가지 중요한 변경 사항이 있다. 코드를 먼저 보고, 핵심 부분을 살펴보자.

```
criterion = nn.CrossEntropyLoss()

def trainf():
    # 드롭아웃을 가능하게 하는 트레이닝 모드를 켠다.
    lstm.train()
    total_loss = 0
    start_time = time.time()
    hidden = lstm.init_hidden(batch_size)
    for i,batch in enumerate(train_iter):
        data, targets = batch.text,batch.target.view(-1)
        # 각 배치를 시작하고, 숨겨진 상태를 이전에 생성된 상태에서 분리
        # 그렇지 않은 경우, 모델은 데이터셋을 시작하기 위해 역전파를 시도
        hidden = repackage_hidden(hidden)
        lstm.zero_grad()
        output, hidden = lstm(data, hidden)
        loss = criterion(output.view(-1, ntokens), targets)
        loss.backward()

        # `clip_grad_norm`은 RNNs / LSTM의 기울기 폭발을 방지
        torch.nn.utils.clip_grad_norm(lstm.parameters(), clip)
        for p in lstm.parameters():
            p.data.add_(-lr, p.grad.data)

        total_loss += loss.data
```

```
        if i% log_interval == 0 and i > 0:
            cur_loss = total_loss[0] / log_interval
            elapsed = time.time() - start_time
            (print('| epoch {:3d} | {:5d}/{:5d} batches | lr {:02.2f} | ms/batch
{:5.2f} | loss {:5.2f} | ppl {:8.2f}'.format(epoch, i, len(train_iter),
lr,elapsed * 1000 / log_interval, cur_loss, math.exp(cur_loss))))
            total_loss = 0
            start_time = time.time()
```

모델에서 드롭아웃을 사용하기 때문에 훈련 및 검증/테스트 데이터셋에서 다르게 사용해야 한다. 모델에서 train()을 호출하면 학습 중에 드롭아웃이 활성화된다. 모델의 eval()을 호출하면 드롭아웃이 비활성화된다.

```
lstm.train()
```

LSTM 모델의 경우 입력과 함께 hidden 변수도 전달해야 한다. init_hidden 함수는 배치 크기를 입력으로 가져온 후, 입력과 함께 사용할 수 있는 hidden 변수를 반환한다. 학습 데이터를 반복하고 입력 데이터를 모델에 전달할 수 있다. 시퀀스 데이터를 처리하기 때문에 모든 반복에 대해 새로운 히든 상태(랜덤으로 초기화됨)로 시작하는 것이 의미가 없다. 그래서 detach 메서드를 호출해 그래프에서 제거한 후, 이전 반복에서 숨겨진 상태를 사용한다. detach 메서드를 호출하지 않으면 GPU 메모리가 부족할 때까지 매우 긴 시퀀스의 기울기를 계산하게 된다.

LSTM 모델에 입력을 전달하고 CrossEntropyLoss를 사용해 오차를 계산한다. 숨겨진 상태의 이전 값을 사용하는 방법은 repackage_hidden 함수에서 구현된다.

```
def repackage_hidden(h):
    """새로운 변수에 hidden 상태를 래핑한다."""
    if type(h) == Variable:
        return Variable(h.data)
    else:
        return tuple(repackage_hidden(v) for v in h)
```

RNN과 LSTM 및 Gated Recurrent Unit[GRU]과 같은 변형은 기울기 폭발 문제로 어려움을 겪는다. 문제를 피하는 간단한 방법은 기울기를 자르는 것이다. 이 작업은 다음 코드에서 수행된다.

```
torch.nn.utils.clip_grad_norm(lstm.parameters(), clip)
```

다음 코드는 매개변수의 값을 수동으로 조정한다. 옵티마이저를 수동으로 구현하면 미리 작성된 옵티마이저를 사용하는 것보다 더 많은 유연성을 얻을 수 있다.

```
for p in lstm.parameters():
    p.data.add_(-lr, p.grad.data)
```

우리는 모든 매개변수를 반복하고 기울기값에 학습률[Learning rate]를 곱한 값을 더한다. 모든 매개변수를 업데이트하면 시간, 오차 및 복잡성과 같은 모든 통계가 기록된다.

검증을 위해 비슷한 함수를 하나 더 작성한다. 여기서는 모델에서 eval 메서드를 호출한다. evaluate 함수는 다음 코드를 사용해 정의된다.

```
def evaluate(data_source):
    # 드롭아웃을 비활성화하는 평가 모드를 켠다.
    lstm.eval()
    total_loss = 0
    hidden = lstm.init_hidden(batch_size)
    for batch in data_source:
        data, targets = batch.text,batch.target.view(-1)
        output, hidden = lstm(data, hidden)
        output_flat = output.view(-1, ntokens)
        total_loss += len(data) * criterion(output_flat, targets).data
        hidden = repackage_hidden(hidden)
    return total_loss[0]/(len(data_source.dataset[0].text)//batch_size)
```

eval 메서드를 호출하고 모델의 매개변수를 업데이트하지 않는 것을 제외하면 학습 로직과 평가 로직은 비슷하다.

모델 학습

다음 코드를 사용해 40에폭 동안 모델을 학습시키고 검증할 수 있다.

```
# 40에폭 동안 학습
best_val_loss = None
epochs = 40

for epoch in range(1, epochs+1):
    epoch_start_time = time.time()
    trainf()
    val_loss = evaluate(valid_iter)
    print('-' * 89)
    print('| end of epoch {:3d} | time: {:5.2f}s | valid loss {:5.2f} | '
        'valid ppl {:8.2f}'.format(epoch, (time.time() - epoch_start_time),
                                   val_loss, math.exp(val_loss)))
    print('-' * 89)
    if not best_val_loss or val_loss < best_val_loss:
        best_val_loss = val_loss
    else:
        # 검증 데이터셋에서 개선이 없을 경우 학습률을 줄임, 20으로 시작
lr /= 4.0
```

위 코드는 모델을 40에폭 동안 훈련시킨다. 학습 초기에 20의 높은 학습률로 시작하고 검증 오차가 더 이상 개선되지 않는다면, 학습률을 줄인다. 40에폭 동안 모델을 학습시키면, 약 108.45의 ppl 점수를 얻을 수 있다. 모델을 실행하면 다음 블록과 같은 실행 로그가 출력된다.

```
--------------------------------------------------------------------------------
---------
| end of epoch  39 | time: 34.16s | valid loss  4.70 | valid ppl   110.01
--------------------------------------------------------------------------------
---------
| epoch  40 |   200/ 3481 batches | lr 0.31 | ms/batch 11.47 | loss  4.77 | ppl
117.40
```

```
| epoch  40 |   400/ 3481 batches | lr 0.31 | ms/batch  9.56 | loss  4.81 | ppl
122.19
| epoch  40 |   600/ 3481 batches | lr 0.31 | ms/batch  9.43 | loss  4.73 | ppl
113.08
| epoch  40 |   800/ 3481 batches | lr 0.31 | ms/batch  9.48 | loss  4.65 | ppl
104.77
| epoch  40 |  1000/ 3481 batches | lr 0.31 | ms/batch  9.42 | loss  4.76 | ppl
116.42
| epoch  40 |  1200/ 3481 batches | lr 0.31 | ms/batch  9.55 | loss  4.70 | ppl
109.77
| epoch  40 |  1400/ 3481 batches | lr 0.31 | ms/batch  9.41 | loss  4.74 | ppl
114.61
| epoch  40 |  1600/ 3481 batches | lr 0.31 | ms/batch  9.47 | loss  4.77 | ppl
117.65
| epoch  40 |  1800/ 3481 batches | lr 0.31 | ms/batch  9.46 | loss  4.77 | ppl
118.42
| epoch  40 |  2000/ 3481 batches | lr 0.31 | ms/batch  9.44 | loss  4.76 | ppl
116.31
| epoch  40 |  2200/ 3481 batches | lr 0.31 | ms/batch  9.46 | loss  4.77 | ppl
117.52
| epoch  40 |  2400/ 3481 batches | lr 0.31 | ms/batch  9.43 | loss  4.74 | ppl
114.06
| epoch  40 |  2600/ 3481 batches | lr 0.31 | ms/batch  9.44 | loss  4.62 | ppl
101.72
| epoch  40 |  2800/ 3481 batches | lr 0.31 | ms/batch  9.44 | loss  4.69 | ppl
109.30
| epoch  40 |  3000/ 3481 batches | lr 0.31 | ms/batch  9.47 | loss  4.71 | ppl
111.51
| epoch  40 |  3200/ 3481 batches | lr 0.31 | ms/batch  9.43 | loss  4.70 | ppl
109.65
| epoch  40 |  3400/ 3481 batches | lr 0.31 | ms/batch  9.51 | loss  4.63 | ppl
102.43
val loss 4.686332647950745
-----------------------------------------------------------------------------------
---------
| end of epoch  40 | time: 34.50s | valid loss  4.69 | valid ppl   108.45
-----------------------------------------------------------------------------------
---------
```

지난 몇 개월 동안, 데이터 과학자들은 사전 학습된 임베딩을 생성하기 위한 언어 모델을 생성하는 이전 접근 방식을 탐구하기 시작했다. 이 접근 방식에 관심이 있다면 제르미 하워드와 세바스티안 루더Sebastian Ruder의 "Fine-tuned Language Models for Text Classification"라는 논문(https://arxiv.org/abs/1801.06146)을 읽어보라. 언어 모델링 기술을 사용해 도메인별 단어 임베딩을 준비하는 방법에 대한 세부 정보가 많으며, 나중에 텍스트 분류 문제와 같은 다양한 NLP 작업에 사용할 수 있을 것이다.

요약

7장에서는 생성적 네트워크를 이용해 예술가의 스타일을 모방하는 스타일 트랜스퍼를 만드는 딥러닝 알고리즘을 학습시키는 방법에 대해 알아봤다. 또한 GAN과 DCGAN을 이용해 새로운 이미지를 만들어봤다. 마지막으로 LSTM을 이용해 텍스트를 생성해봤다.

8장, '모던 네트워크 아키텍처'에서는 ResNet, 인셉션과 같은 최신 아키텍처를 살펴본다. 이런 최신 아키텍처를 이용해 더 뛰어난 컴퓨터 비전 모델을 만들 수 있고, 언어 번역과 이미지 캡션에 이용할 수 있는 Seq-to-Seq 모델을 만들 수 있다.

08

모던 네트워크 아키텍처

7장, '생성적 신경망'에서는 예술적 이미지를 만들고, 기존 데이터셋을 기반으로 새로운 이미지를 만들고 텍스트를 생성하는 데 딥러닝 알고리즘을 사용하는 방법에 대해 알아봤다. 8장에서는 최신 컴퓨터 비전 애플리케이션과 자연어 시스템을 지원하는 다양한 네트워크 아키텍처를 소개한다. 8장에서는 다음과 같은 아키텍처를 살펴본다.

- ResNet
- 인셉션
- DenseNet
- 인코더-디코더Encoder-Decoder 아키텍처

최신 네트워크 아키텍처

딥러닝 모델이 학습에 실패했을 때, 가장 먼저 할 수 있는 일은 모델에 레이어를 추가하는 것이다. 모델에 레이어를 추가하면 모델 정확도가 향상되고, 어느 순간 모델 정확도는 포화 상태가 되기 시작한다. 이 상태에서 더 많은 레이어를 추가하면 성능이 저하되기 시작한다. 특정 숫자 이상으로 레이어를 추가하면 기울기가 급격히 증가하거나 기울기 소실과 같은 문제가 발생하기도 한다. 이러한 문제는 가중치 초기화를 신중히 하거나 중간에 표준화 레이어를 삽입하면 부분적으로 해결할 수 있다. ResNet, 인셉션과 같은 최신 아키텍처는 바로 가기 연결(Residual Connection, Short-cut Connection)이나 다른 여러 가지 기법을 도입해 이러한 문제를 해결한다.

ResNet

ResNet은 네트워크 레이어에 바로 가기 연결을 추가하고 잔여 매핑을 명시적으로 지정해 이러한 문제를 해결한다. 다음 이미지는 ResNet의 작동 방식을 보여준다.

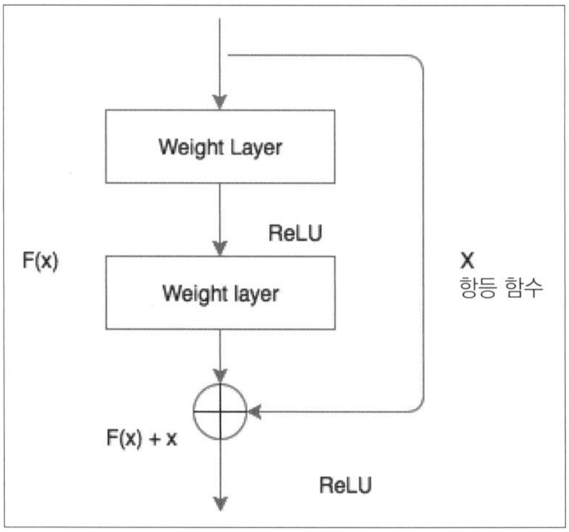

▲ **그림 8.1** ResNet의 작동 방식

지금까지 살펴봤던 모든 네트워크에서는 서로 다른 레이어를 쌓아 입력(x)이 출력($H(x)$)에 대응하는 함수를 찾으려고 했다. ResNet은 새로운 해결법을 제안했다. x에서 $H(x)$로의 기본 대응을 학습하는 대신, 두 레이어 간의 차이를 학습한다. 이때 $H(x)$를 계산하려면 입력에 잔차를 추가하면 된다. 잔차는 $F(x) = H(x) - x$가 된다. 직접 $H(x)$를 학습하는 대신, $F(x) + x$를 학습한다.

각 ResNet 블록은 일련의 레이어와 블록 입력에서 블록 출력으로 추가하는 바로 가기 연결로 구성된다. add 연산은 요소 단위[element-wise]로 수행되며, 입출력은 크기가 같아야 한다. 크기가 다른 경우에는 패딩을 사용할 수 있다. 다음 코드로 단순한 ResNet 블록의 어떤 모습인지 파악할 수 있을 것이다.

```
class ResNetBasicBlock(nn.Module):

    def __init__(self,in_channels,out_channels,stride):

        super().__init__()
        self.conv1 = nn.Conv2d(in_channels,out_channels,kernel_size=3,stride=stri
de,padding=1,bias=False)
        self.bn1 = nn.BatchNorm2d(out_channels)
        self.conv2 = nn.Conv2d(out_channels,out_channels,kernel_size=3,stride=str
ide,padding=1,bias=False)
        self.bn2 = nn.BatchNorm2d(out_channels)
        self.stride = stride

    def forward(self,x):

        residual = x
        out = self.conv1(x)
        out = F.relu(self.bn1(out),inplace=True)
        out = self.conv2(out)
        out = self.bn2(out)
        out += residual
        return F.relu(out)
```

`ResNetBasicBlock` 클래스의 생성자 메서드인 `__init__` 메서드에서는 컨볼루션 레이어, 배치 정규화 레이어와 ReLU 레이어와 같은 여러 레이어를 만들고 초기화한다. `forward` 메서드는 입력이 반환되기 바로 전에 레이어의 출력에 다시 추가된다는 것을 제외하고는 지금까지 살펴본 것과 거의 비슷하다.

파이토치 torchvision 패키지는 즉시 사용할 수 있는 여러 레이어의 ResNet 모델을 제공한다. 파이토치 torchvision 패키지에서 제공하는 ResNet 모델은 다음과 같다.

- ResNet-18
- ResNet-34
- ResNet-50
- ResNet-101
- ResNet-152

이 모델을 이용하면 전이 학습을 진행할 수 있다. torchvision 인스턴스를 사용하면 이러한 모델 중 하나를 만들고 사용하면 된다. 지금까지 이 작업을 몇 번 했지만, 다음 코드를 다시 한번 생각해보자.

```
from torchvision.models import resnet18

resnet = resnet18(pretrained=False)
```

그림 8.2에서 34개 레이어의 ResNet 모델의 모습을 확인할 수 있다.

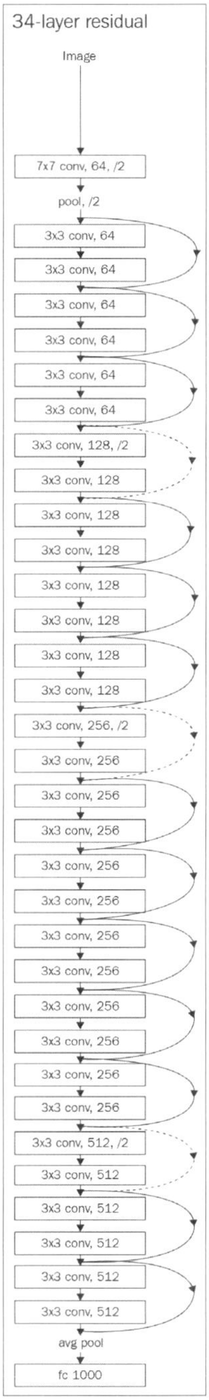

▲ **그림 8.2** 34개 레이어 ResNet 모델

이 네트워크가 여러 개의 ResNet 블록으로 구성돼 있는 것을 확인할 수 있다. 1,000개의 레이어를 갖는 모델의 학습을 실험해본 사례도 있다. 실제 사용 사례의 경우, 개인적인 권장 사항은 소규모 네트워크로 시작하는 것이다. 이러한 최신 네트워크의 또 다른 주요 이점은 VGG와 같은 모델에 비해 매개변수가 매우 적다는 것이다.

많은 학습 파라미터가 필요한 전연결 레이어를 최대한 사용하지 않기 때문이다. 컴퓨터 비전 분야의 문제를 해결하는 데 사용되는 또 다른 인기 있는 아키텍처는 인셉션이다. 인셉션 아키텍처로 넘어가기 전에 개와 고양이 데이터셋으로 ResNet 모델을 학습해본다. 5장, '컴퓨터 비전 딥러닝'에서 사용한 데이터를 사용하고, ResNet에서 미리 계산된 컨볼루션 피처를 사용해 모델을 신속하게 학습시킬 것이다. 이 모델 학습은 다음과 같은 단계로 진행한다.

- 파이토치 데이터셋 만들기
- 학습 및 검증을 위한 데이터 로더 생성
- ResNet 모델 만들기
- 컨볼루션 피처 추출
- 미리 계산된 컨볼루션 피처 및 로더를 위한 사용자 정의 파이토치 데이터셋 클래스 작성
- 단순한 선형 모델 만들기
- 모델 학습 및 검증

ResNet 모델 학습을 마치면, DenseNet, 인셉션에 대해 이 학습 단계를 반복한다. 마지막으로, 이 최신 모델을 결합해 더 강력한 새로운 모델을 만드는 앙상블 기법에 대해 알아본다.

파이토치 데이터셋 만들기

필요한 모든 기본 변환을 포함하는 변환 객체를 만들고, 5장 '컴퓨터 비전 딥러닝'에서 만든 데이터 디렉터리의 이미지를 ImageFolder를 이용해 로드한다. 다음 코드와 같이, 변환 객체와 데이터셋을 만들 수 있다.

```
data_transform = transforms.Compose([
        transforms.Resize((299,299)),
        transforms.ToTensor(),
        transforms.Normalize([0.485, 0.456, 0.406], [0.229, 0.224, 0.225])
    ])

# 강아지와 고양이 데이터셋
train_dset = ImageFolder('../../chapter5/dogsandcats/train/',transform=data_
transform)
val_dset = ImageFolder('../../chapter5/dogsandcats/valid/',transform=data_
transform)

classes=2
```

위 코드는 별도의 부가 설명이 필요 없을 정도로 명확하며, 이것이 파이토치 코드의 장점이다.

학습과 검증을 위한 로더 생성

데이터셋이 제공하는 데이터를 배치 형식으로 읽어들이기 위해 파이토치 로더를 사용한다. 파이토치 로더를 사용하면 데이터 혼합(섞기)과 멀티스레드 사용과 같은 여러 가지 이점을 얻을 수 있으며, 처리 속도를 높일 수도 있다. 다음 코드로 파이토치 로더를 만들 수 있다.

```
train_loader = DataLoader(train_dset,batch_size=32,shuffle=False,num_workers=3)
val_loader = DataLoader(val_dset,batch_size=32,shuffle=False,num_workers=3)
```

이번 예제에서는 모든 데이터의 컨볼루션 연산을 미리 처리하고, 그 결과를 재사용하는 방식을 사용한다.[1] 이때에는 데이터의 정확한 순서를 유지해야 한다. 데이터 순서를 섞으면, 정확한 레이블을 유지할 수 없다. 따라서 파이토치 로더를 만들 때, shuffle 파라미터가 false인지를 확인해야 한다. 그렇지 않으면 순서를 맞추는 로직은 코드 내에서 추가해야 한다.

ResNet 모델 만들기

미리 학습된 resnet34 모델의 레이어로 새로운 파이토치 시퀀스 모델을 만들 것이다. 파이토치 시퀀스 모델을 만들 때, resnet34의 레이어 중에서 마지막 선형 레이어를 제외한 나머지 레이어만 사용한다.[2] 미리 학습된 모델을 이용해 이미지 데이터의 피처를 추출한다. 이 과정은 다음 코드와 같이 구현될 수 있다.

```
# ResNet 모델 생성
my_resnet = resnet34(pretrained=True)

if is_cuda:
    my_resnet = my_resnet.cuda()

my_resnet = nn.Sequential(*list(my_resnet.children())[:-1])
```

위 코드에서는 torchvision 패키지에서 제공하는 미리 학습된 resnet34 모델을 만든다. 그리고 다음 라인에서 마지막 레이어를 제외한 ResNet의 모든 레이어를 선택한 후, `nn.Sequential`을 이용해 새 모델을 만든다.

1 5장, '컴퓨터 비전 딥러닝'에서 사용했던 전이 학습 방식이다. ResNet의 컨볼루션 레이어는 고정하고, 분류를 담당하는 선형 레이어만을 학습시키는 방식이다. 이때 컨볼루션 학습 파라미터는 학습되지 않고 고정된다. 따라서 모든 미니배치에서 반복적으로 컨볼루션 레이어를 수행할 필요가 없다. 모든 입력 데이터의 컨볼루션 레이어 처리 결과를 저장하고 재사용하면, 모델 학습 시간을 크게 줄일 수 있다. – 옮긴이

2 resnet34의 컨볼루션 레이어만을 사용해 전이 학습을 수행한다. 컨볼루션 피처는 사전에 학습된 모델을 그대로 사용하고, 분류를 담당하는 마지막 선형 레이어만을 새로 학습시킬 것이다. – 옮긴이

```
for p in my_resnet.parameters():
    p.requires_grad = False
```

nn.Sequential 인스턴스를 사용하면 여러 파이토치 레이어를 사용해 새로운 모델을 신속하게 만들 수 있다. 이 모델이 만들어지면, 반드시 requires_grad 매개변수를 False로 설정해야 한다.[3] 학습 파라미터의 requires_grad를 False로 설정하면, 파이토치는 해당 학습 파라미터의 기울기를 관리하지 않는다.

컨볼루션 피처 추출

학습 데이터 로더와 검증 데이터 로더의 모든 데이터를 새로 만든 시퀀스 모델에 통과시키고, 그 결과를 리스트에 저장한다. 모든 입력 데이터의 컨볼루션 피처를 미리 계산해놓으면, 모든 반복(미니배치)에서 이 연산을 수행하지 않고, 미리 계산된 결과를 재사용하기 때문에 모델을 학습시키는 시간을 크게 절약할 수 있다. 모든 입력 데이터의 컨볼루션 피처를 미리 계산하는 기능은 다음 코드와 같이 구현할 수 있다.

```
# 학습 데이터 처리

# 학습 데이터의 레이블 저장 리스트
trn_labels = []

# 학습 데이터의 컨볼루션 피처 저장 리스트
trn_features = []

# 모든 학습 데이터에 대해 반복, 계산된 피처와 레이블 저장
for d,la in train_loader:
    o = m(Variable(d.cuda()))
    o = o.view(o.size(0),-1)
    trn_labels.extend(la)
```

3 이 ResNet 예제에서는 컨볼루션 레이어는 미리 학습한 레이어를 그대로 사용하고, 분류를 담당하는 선형 레이어만을 학습한다. 따라서 컨볼루션 레이어가 학습하지 않도록 고정하는 설정을 적용한다. – 옮긴이

```
    trn_features.extend(o.cpu().data)

# 검증 데이터 처리

# 모든 검증 데이터에 대해 반복, 계산된 피처와 레이블 저장
val_labels = []
val_features = []
for d,la in val_loader:
    o = m(Variable(d.cuda()))
    o = o.view(o.size(0),-1)
    val_labels.extend(la)
    val_features.extend(o.cpu().data)
```

학습 데이터셋과 검증 데이터셋의 컨볼루션 피처 계산이 완료되면, 미리 계산된 컨볼루션 피처 리스트로부터 데이터를 가져오는 사용자 정의 데이터셋을 만들어야 한다. 이제 미리 계산된 컨볼루션 피처를 위한 데이터셋과 로더를 만들어본다.

미리 계산된 컨볼루션 피처와 로더를 위한 사용자 정의 파이토치 데이터셋 클래스 만들기

앞에서 파이토치 데이터셋을 만드는 방법을 알아봤다. 이 파이토치 데이터셋 클래스는 torch.utils.data의 `Dataset` 클래스를 상속해야 하고, `__getitem__(self, index)`와 데이터셋의 데이터 길이를 반환하는 `__len__(self)` 메서드를 구현해야 한다. 미리 계산된 컨볼루션 피처를 위한 사용자 정의 데이터셋은 다음과 같이 구현될 수 있다.

```
class FeaturesDataset(Dataset):

    def __init__(self,featlst,labellst):
        self.featlst = featlst
        self.labellst = labellst

    def __getitem__(self,index):
        return (self.featlst[index],self.labellst[index])
```

```
    def __len__(self):
        return len(self.labellst)
```

사용자 정의 데이터셋 클래스를 생성한 후, 미리 계산된 컨볼루션 피처를 위한 데이터 로더를 만든다. 데이터셋 객체와 클래스 로더는 다음 코드와 같이 구현될 수 있다.

```
# 학습과 검증용 데이터셋 생성
trn_feat_dset = FeaturesDataset(trn_features,trn_labels)
val_feat_dset = FeaturesDataset(val_features,val_labels)

# 학습과 검증용 데이터 로더 생성
trn_feat_loader = DataLoader(trn_feat_dset,batch_size=64,shuffle=True)
val_feat_loader = DataLoader(val_feat_dset,batch_size=64)
```

이제 미리 계산된 컨볼루션 피처를 분류 카테고리에 대응시키는 간단한 선형 모델을 만들 차례다.

단순한 선형 모델 만들기

미리 계산된 컨볼루션 피처를 관련된 카테고리에 대응시키는 간단한 선형 모델을 만들어 본다. 이 예제에서 분류 클래스 수는 2개다.

```
class FullyConnectedModel(nn.Module):

    def __init__(self,in_size,out_size):
        super().__init__()
        self.fc = nn.Linear(in_size,out_size)

    def forward(self,inp):
        out = self.fc(inp)
        return out

fc_in_size = 8192
```

```
fc = FullyConnectedModel(fc_in_size,classes)
if is_cuda:
    fc = fc.cuda()
```

이제 새 모델을 학습시키고 데이터셋을 검증할 차례다.

모델 학습과 검증

5장, '컴퓨터 비전 딥러닝'에서 사용했던 것과 같은 `fit` 함수를 사용한다. 지면을 고려해 여기에 `fit` 함수 전체를 포함시키지는 않았다. 다음은 `fit` 함수 중에서 모델을 훈련하고 결과를 출력하는 부분의 코드다.

```
train_losses , train_accuracy = [],[]
  val_losses , val_accuracy = [],[]
  for epoch in range(1,10):
      epoch_loss, epoch_accuracy = fit(epoch,fc,trn_feat_loader,phase='training')
      val_epoch_loss , val_epoch_accuracy = fit(epoch,fc,val_feat_loader,
      phase='validation')
      train_losses.append(epoch_loss)
      train_accuracy.append(epoch_accuracy)
      val_losses.append(val_epoch_loss)
      val_accuracy.append(val_epoch_accuracy)
```

위 코드가 포함된 `fit` 함수를 실행하면, 다음과 같은 형태의 결과가 출력된다.

```
# 실행 결과
# 결과
training loss is 0.082 and training accuracy is 22473/23000     97.71
validation loss is   0.1 and validation accuracy is 1934/2000      96.7
training loss is  0.08 and training accuracy is 22456/23000     97.63
validation loss is  0.12 and validation accuracy is 1917/2000     95.85
training loss is 0.077 and training accuracy is 22507/23000     97.86
validation loss is   0.1 and validation accuracy is 1930/2000      96.5
```

```
training loss is 0.075 and training accuracy is 22518/23000      97.9
validation loss is 0.096 and validation accuracy is 1938/2000      96.9
training loss is 0.073 and training accuracy is 22539/23000      98.0
validation loss is   0.1 and validation accuracy is 1936/2000      96.8
training loss is 0.073 and training accuracy is 22542/23000     98.01
validation loss is 0.089 and validation accuracy is 1942/2000      97.1
training loss is 0.071 and training accuracy is 22545/23000     98.02
validation loss is  0.09 and validation accuracy is 1941/2000     97.05
training loss is 0.068 and training accuracy is 22591/23000     98.22
validation loss is 0.092 and validation accuracy is 1934/2000      96.7
training loss is 0.067 and training accuracy is 22573/23000     98.14
validation loss is 0.085 and validation accuracy is 1942/2000      97.1
```

위 출력 로그에서 확인할 수 있는 것처럼, 예제 ResNet 모델은 98%의 학습 정확도와 97%의 검증 정확도를 달성했다. 다음 절에서는 DenseNet, 인셉션과 같은 최신 아키텍처에 대해 알아보고, 이 모델에 미리 계산된 컨볼루션 피처 연산을 적용하는 방법과 이렇게 확보한 컨볼루션 피처를 이용해 모델을 학습시키는 방법에 대해 알아본다.

인셉션

지금까지 살펴본 컴퓨터 비전 모델의 대부분 딥러닝 알고리즘은 필터 크기가 1 × 1, 3 × 3, 5 × 5, 7 × 7인 필터로 컨볼루션 레이어나 맥스 풀링을 사용해 만든다. 인셉션Inception 모듈은 크기가 다른 여러 필터로 컨볼루션 연산을 수행하고, 모든 출력을 연결한다.[4] 인셉션 모델은 그림 8.3과 같이 설명할 수 있다.

4 인셉션 모델은 컨볼루션 레이어를 만들 때, 어떤 필터 크기가 적합한지에 대한 고민을 해결해준다. 인셉션 모델에서는 여러 사이트의 필터를 한꺼번에 사용하기 때문에 어떤 필터가 더 효과적인지까지도 네트워크 모델이 학습한다. – 옮긴이

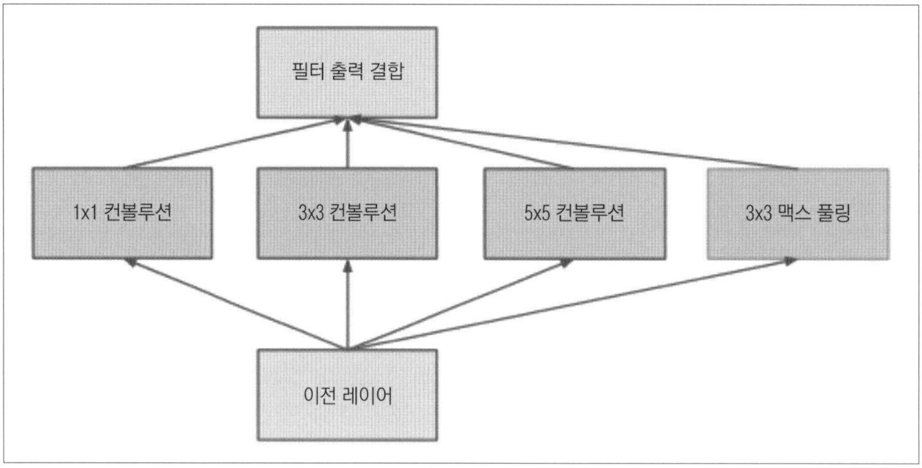

▲ **그림 8.3** 인셉션 모델(출처: https://arxiv.org/pdf/1409.4842.pdf)

앞에서 소개한 인셉션 블록 이미지에서 입력에 크기가 다른 여러 필터를 적용해 컨볼루션 연산을 수행한다. 인셉션 블록에서 수행된 모든 컨볼루션 연산 결과는 하나로 연결돼 출력된다. 다음은 인셉션 모듈을 단순화한 다이어그램이다. 입력 데이터를 3 × 3과 5 × 5 컨볼루션에 통과시키기 전에 1 × 1 컨볼루션을 먼저 적용하는 인셉션 블록의 변형된 형태가 일반적으로 사용된다. 1 × 1 컨볼루션은 차원 축소의 역할을 담당한다. 이 변형된 인셉션 블록은 계산량의 병목 문제를 해결하는 데 유용하다. 1 × 1 컨볼루션은 한 번에 하나의 값을 채널에 통과시킨다. 예를 들어, 입력 크기가 10 × 64 × 64 크기의 입력에 10 × 1 × 1 필터를 적용하면 출력 크기는 100 × 64 × 64가 된다. 그림 8.4는 차원을 축소하는 인셉션 블록의 형태를 보여준다.

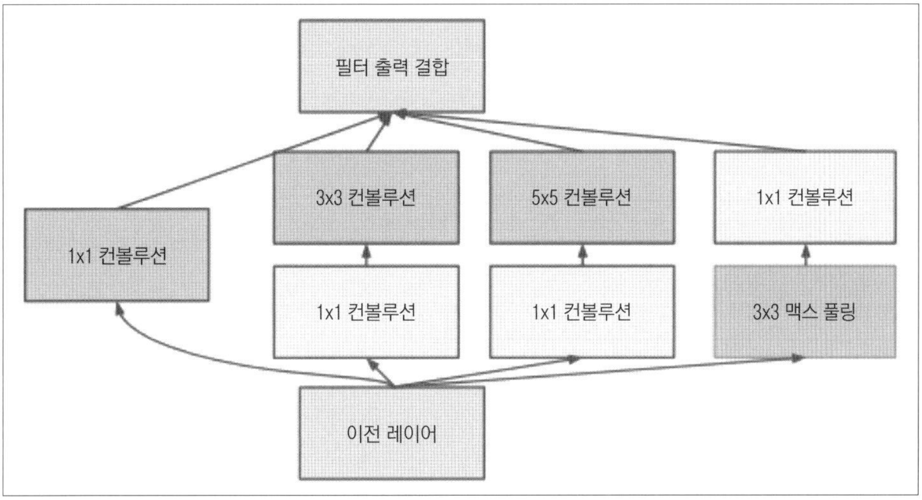

▲ **그림 8.4** 차원 축소 기법이 적용된 인셉션 모델(출처: https://arxiv.org/pdf/1409.4842.pdf)

앞에서 소개한 인셉션 블록은 파이토치 코드로 다음과 같이 구현된다.

```
class BasicConv2d(nn.Module):

    def __init__(self, in_channels, out_channels, **kwargs):
        super(BasicConv2d, self).__init__()
        self.conv = nn.Conv2d(in_channels, out_channels, bias=False, **kwargs)
        self.bn = nn.BatchNorm2d(out_channels)

    def forward(self, x):
        x = self.conv(x)
        x = self.bn(x)
        return F.relu(x, inplace=True)


class InceptionBasicBlock(nn.Module):

    def __init__(self, in_channels, pool_features):
        super().__init__()
        self.branch1x1 = BasicConv2d(in_channels, 64, kernel_size=1)
```

```
        self.branch5x5_1 = BasicConv2d(in_channels, 48, kernel_size=1)
        self.branch5x5_2 = BasicConv2d(48, 64, kernel_size=5, padding=2)

        self.branch3x3dbl_1 = BasicConv2d(in_channels, 64, kernel_size=1)
        self.branch3x3dbl_2 = BasicConv2d(64, 96, kernel_size=3, padding=1)

        self.branch_pool = BasicConv2d(in_channels, pool_features, kernel_size=1)

    def forward(self, x):
        branch1x1 = self.branch1x1(x)

        branch5x5 = self.branch5x5_1(x)
        branch5x5 = self.branch5x5_2(branch5x5)

        branch3x3dbl = self.branch3x3dbl_1(x)
        branch3x3dbl = self.branch3x3dbl_2(branch3x3dbl)

        branch_pool = F.avg_pool2d(x, kernel_size=3, stride=1, padding=1)
        branch_pool = self.branch_pool(branch_pool)

        outputs = [branch1x1, branch5x5, branch3x3dbl, branch_pool]
        return torch.cat(outputs, 1)
```

위 코드에서는 BasicConv2d 클래스와 InceptionBasicBlock 클래스를 정의한다. BasicConv2d는 입력 이미지에 2D 컨볼루션 레이어, 배치 정규화와 ReLU 레이어를 적용하는 사용자 정의 레이어와 같은 역할을 한다. 코드 구조가 반복적으로 발생할 때, BasicConv2와 같은 사용자 정의 레이어를 만들어 사용하면, 코드가 더 세련되고 관리하기 편해진다.

InceptionBasic 클래스는 앞에 두 번째 그림의 변형된 인셉션 블록을 구현한다. 이 클래스를 더 작은 코드 단위로 살펴보고, 클래스를 구현한 방법과 동작 방식을 이해해보자.

```
branch1x1 = self.branch1x1(x)
```

위 코드는 1 × 1 컨볼루션 블록을 적용해 입력을 변환한다.

```
branch5x5 = self.branch5x5_1(x)
branch5x5 = self.branch5x5_2(branch5x5)
```

위 코드에서는 입력 데이터에 1 × 1 컨볼루션 블록을 적용한 후에 5 × 5 컨볼루션 블록을 적용해 입력을 변환한다.

```
branch3x3dbl = self.branch3x3dbl_1(x)
branch3x3dbl = self.branch3x3dbl_2(branch3x3dbl)
```

위 코드에서는 입력 데이터에 1 × 1 컨볼루션 블록을 적용한 후에 3 × 3 컨볼루션 블록을 적용해 입력을 변환한다.

```
branch_pool = F.avg_pool2d(x, kernel_size=3, stride=1, padding=1)
branch_pool = self.branch_pool(branch_pool)
```

위 코드에서는 1 × 1 컨볼루션 블록과 함께 평균 풀링Average Pooling을 적용하고, 마지막에 모든 결과를 연결한다. 인셉션 네트워크는 여러 개의 인셉션 블록으로 구성된다. 다음 이미지는 인셉션 아키텍처가 어떻게 보이는지를 보여준다.

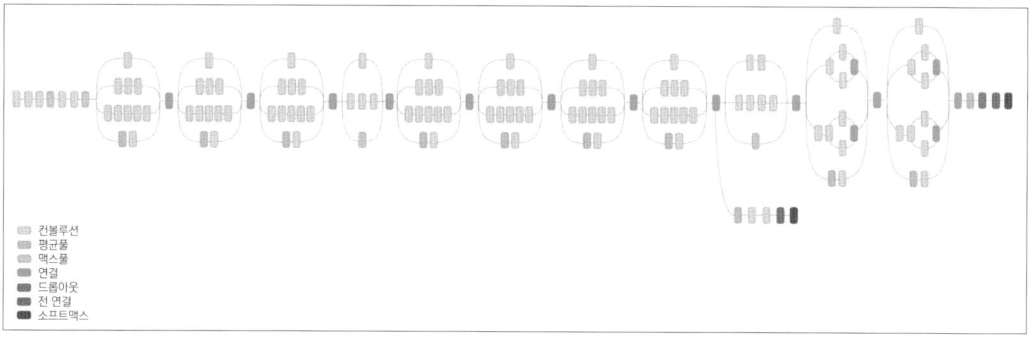

▲ **그림 8.5** 인셉션 아키텍처

torchvision 패키지는 앞에서 살펴본 ResNet 네트워크와 같은 방식으로 인셉션 네트워크 모델을 제공한다. 초기 인셉션 블록에는 현재 많은 개선 사항이 반영된 상태다. 파이토치는 현재 인셉션 모델로 Inception v3을 제공한다. torchvision이 제공하는 Inception v3 모델을 사용해 미리 계산된 컨볼루션 피처를 사용하는 방법을 알아보자. 앞에서 살펴본 ResNet과 같은 데이터 로더를 사용한다. 따라서 이 절에서는 데이터 로딩 프로세스를 별도로 다루지 않을 것이다. 이 절에서는 다음과 같은 주제를 다룬다.

- 인셉션 모델 만들기
- `register_forward_hook`을 이용해 컨볼루션 피처 추출하기
- 컨볼루션 피처를 만들기 위한 새로운 데이터셋 만들기
- 전연결 모델 만들기
- 모델 학습과 검증

인셉션 모델 만들기

Inception v3 모델은 출력을 만드는 두 가지 흐름을 가진다. 원래 모델 학습에서는 스타일 트랜스퍼에서 했던 것처럼 모든 오차를 합한다. 현재 다루는 예제에서 인셉션을 사용해 미리 컨볼루션된 피처를 계산하고, 이 결과를 이용하는 방식을 사용한다. 이에 대한 자세한 내용은 이 책의 범위를 벗어난다. 인셉션 모델이 작동 방식에 대해 더 알고 싶다면 인셉션 모델의 논문과 소스 코드(https://github.com/pytorch/vision/blob/master/torchvision/models/inception.py)를 살펴보는 것이 도움이 될 것이다. `aux_logits` 매개변수를 `False`로 설정해 두 줄기의 흐름 중에 하나 비활성화할 수 있다. 다음 코드는 모델을 만들고 `aux_logits` 매개변수를 `False`로 설정하는 방법을 설명한다.

```
my_inception = inception_v3(pretrained=True)
my_inception.aux_logits = False
if is_cuda:
    my_inception = my_inception.cuda()
```

인셉션 모델에서 컨볼루션 피처를 추출하는 것은 ResNet에서처럼 간단치 않다. 따라서 register_forward_hook을 이용해 활성화된 값을 추출한다.

register_forward_hood를 이용해 컨볼루션 피처 추출하기

스타일 트랜스퍼 예제에서 활성값을 계산할 때 사용했던 기법을 사용한다. 지금 예제에서는 특정 레이어의 출력만을 추출할 것이기 때문에 다음과 같이 약간 수정된 LayerActivations 클래스를 사용한다.

```
class LayerActivations():
    features=[]

    def __init__(self,model):
        self.features = []
        self.hook = model.register_forward_hook(self.hook_fn)

    def hook_fn(self,module,input,output):

        self.features.extend(output.view(output.size(0),-1).cpu().data)

    def remove(self):

        self.hook.remove()
```

hook 함수 이외의 나머지 코드도 스타일 트랜스퍼 예제에서 사용했던 코드와 유사하다. 모든 이미지의 출력을 추출하고 저장할 때, 추출 데이터를 GPU[Graphics Processing Unit] 메모리에 저장할 수 없다. 따라서 GPU로부터 CPU로 텐서를 추출하고, Variable이 아닌 텐서 형태로 저장한다. 데이터 로더는 텐서 형태만을 작동하기 때문에 이 데이터를 텐서로 변환한다. 다음 코드에서는 인셉션 모델의 마지막 레이어에서 추출하기 위해 LayerActivations 객체를 사용한다. 여기서 추출한 출력은 마지막 레이어에서 평균 풀링 레이어, 드롭아웃 및 선형 레이어를 거치지 않은 결과다. 마지막 레이어에서 유용한 정보 오차를 피하기 위해 평균 풀링 레이어를 건너뛴 값을 추출한다.

```
# 특정 레이어에 인셉션 모듈의 출력을 저장하는 LayerActivations 객체를 생성
trn_features = LayerActivations(my_inception.Mixed_7c)
trn_labels = []

# 모델이 모든 데이터를 전달하면, 모든 출력은 LayerActivations 객체의 feature
# 리스트에 저장된다.
for da,la in train_loader:
    _ = my_inception(Variable(da.cuda()))
    trn_labels.extend(la)
trn_features.remove()

# 검증 데이터셋에 동일한 프로세스 반복

val_features = LayerActivations(my_inception.Mixed_7c)
val_labels = []
for da,la in val_loader:
    _ = my_inception(Variable(da.cuda()))
    val_labels.extend(la)
val_features.remove()
```

위 코드로 입력 이미지에 대한 미리 계산된 컨볼루션 피처 데이터에 필요한 데이터셋과 로더를 만들어보자.

컨볼루션 피처를 위한 새로운 데이터셋 만들기

FeaturesDataset 클래스를 이용해 새 데이터셋 및 데이터 로더를 만들 수 있다. 데이터셋과 로더를 만드는 코드는 다음과 같다.

```
# 학습 및 검증 데이터셋을 미리 계산한 피처

trn_feat_dset = FeaturesDataset(trn_features.features,trn_labels)
val_feat_dset = FeaturesDataset(val_features.features,val_labels)

# 학습 및 검증 데이터셋을 미리 계산한 데이터 로더
trn_feat_loader = DataLoader(trn_feat_dset,batch_size=64,shuffle=True)
val_feat_loader = DataLoader(val_feat_dset,batch_size=64)
```

이제 미리 계산된 컨볼루션 피처를 학습하는 새로운 모델을 만들어보자.

전연결 모델 만들기

단순한 모델에는 과적합 문제가 발생할 수 있다. 이 문제를 고려해 모델에 드롭아웃 레이어를 추가했다. 드롭아웃은 과적합을 방지하는 기법이다. 드롭아웃이 적용된 모델을 만드는 코드는 다음과 같다.

```
class FullyConnectedModel(nn.Module):

    def __init__(self,in_size,out_size,training=True):
        super().__init__()
        self.fc = nn.Linear(in_size,out_size)

    def forward(self,inp):
        out = F.dropout(inp, training=self.training)
        out = self.fc(out)
        return out

# 선택된 컨볼루션 피처의 출력 크기 fc_in_size = 131072
fc = FullyConnectedModel(fc_in_size,classes)
if is_cuda:
    fc = fc.cuda()
```

이렇게 모델을 만들었다면, 이제 모델을 학습시킬 차례다.

모델 학습과 검증

ResNet 예제와 다른 예제에서 사용했던 fit 함수와 학습 로직을 사용한다. 학습 코드를 먼저 살펴보고, 이 학습 코드의 결과 로그를 살펴보자.

```
for epoch in range(1,10):
    epoch_loss, epoch_accuracy = fit(epoch,fc,trn_feat_loader,phase='training')
    val_epoch_loss , val_epoch_accuracy = fit(epoch,fc,
```

```
    val_feat_loader,phase='validation')
    train_losses.append(epoch_loss)
    train_accuracy.append(epoch_accuracy)
    val_losses.append(val_epoch_loss)
    val_accuracy.append(val_epoch_accuracy)
```

```
# 결과
training loss is 0.78 and training accuracy is 22825/23000 99.24
validation loss is 5.3 and validation accuracy is 1947/2000 97.35
training loss is 0.84 and training accuracy is 22829/23000 99.26
validation loss is 5.1 and validation accuracy is 1952/2000 97.6
training loss is 0.69 and training accuracy is 22843/23000 99.32
validation loss is 5.1 and validation accuracy is 1951/2000 97.55
training loss is 0.58 and training accuracy is 22852/23000 99.36
validation loss is 4.9 and validation accuracy is 1953/2000 97.65
training loss is 0.67 and training accuracy is 22862/23000 99.4
validation loss is 4.9 and validation accuracy is 1955/2000 97.75
training loss is 0.54 and training accuracy is 22870/23000 99.43
validation loss is 4.8 and validation accuracy is 1953/2000 97.65
training loss is 0.56 and training accuracy is 22856/23000 99.37
validation loss is 4.8 and validation accuracy is 1955/2000 97.75
training loss is 0.7 and training accuracy is 22841/23000 99.31
validation loss is 4.8 and validation accuracy is 1956/2000 97.8
training loss is 0.47 and training accuracy is 22880/23000 99.48
validation loss is 4.7 and validation accuracy is 1956/2000 97.8
```

학습 로직의 로그를 보면 인셉션 모델은 학습 데이터셋에 대해 99%의 정확도를 달성했고, 검증 데이터셋에 대해서는 97.8%의 정확도를 보여주고 있다. 이 인셉션 모델은 미리 계산한 모든 데이터의 피처를 메모리에 저장하고 있기 때문에 모델을 학습시키는 시간은 수분 안에 끝날 것이다. 이 모델을 여러분 컴퓨터에서 돌릴 때, 메모리 부족 에러가 발생한다면 메모리에 피처를 보관하지 말아야 한다.

다음 절에서는 또 다른 흥미로운 아키텍처에 대해 알아본다. 바로 DenseNet이다. DenseNet은 작년에 가장 주목을 많이 받은 아키텍처다.

DenseNet: 컨볼루션 네트워크의 전연결 아키텍처

ResNet, 인셉션과 같은 성공한 유명한 아키텍처는 더 깊고 넓은 네트워크가 중요하다. ResNet은 더 깊은 네트워크를 지원하기 위해 바로 가기 연결Shortcut Connection을 사용한다. DenseNet은 각 레이어가 그다음의 모든 레이어에 연결되는 새로운 개념을 소개한다. 즉, 특정 레이어는 앞에 위치하는 모든 레이어의 피처 맵을 입력받게 된다. 이러한 작동 방식은 다음과 같은 수식으로 표현될 수 있다.

$$X_l = H_l(x_0, x_1, x_2, \ldots, x_{l-1})$$

그림 8.6은 5개 레이어로 덴스 블록을 구성할 때, 덴스 블록이 어떻게 만들어지는지를 설명하고 있다.

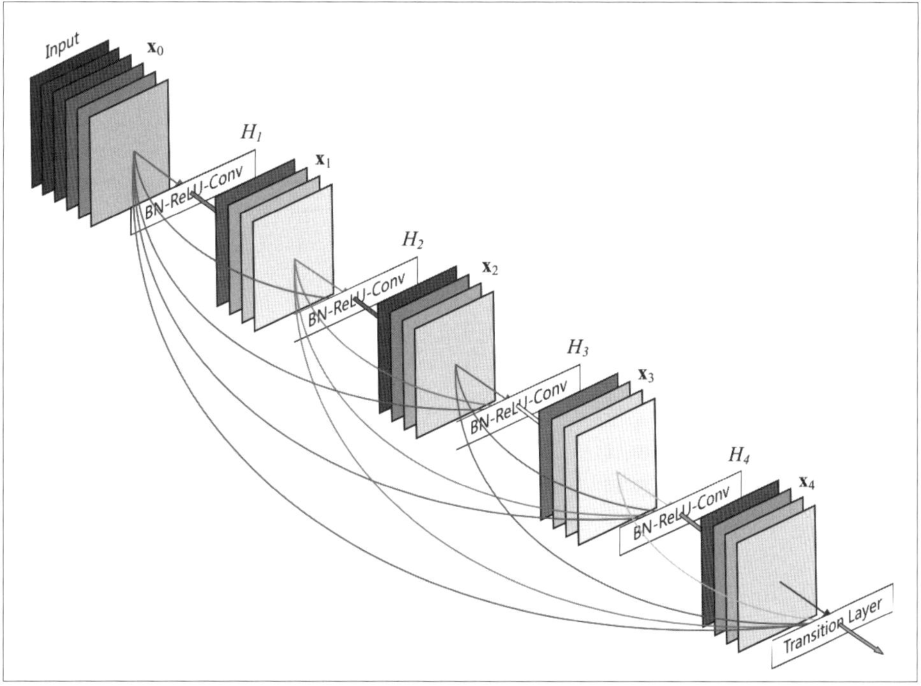

▲ **그림 8.6** DenseNet 아키텍처(출처: https://arxiv.org/abs/1608.06993)

torchvision 패지키는 DenseNet 구현체를 제공한다. 소스 코드는 파이토치 깃허브 저장소(https://github.com/pytorch/vision/blob/master/torchvision/models/densenet.py)에서 확인할 수 있다. Torchvision이 제공하는 DenseNet 구현체의 핵심인 `_DenseBlock`과 `_DenseLayer`에 대해 알아보자.

DenseBlock

먼저 `DenseBlock` 클래스의 코드를 살펴보자.

```
class _DenseBlock(nn.Sequential):
    def __init__(self, num_layers, num_input_features, bn_size, growth_rate,
drop_rate):
        super(_DenseBlock, self).__init__()
        for i in range(num_layers):
            layer = _DenseLayer(num_input_features + i * growth_rate, growth_
rate, bn_size, drop_rate)
            self.add_module('denselayer%d'% (i + 1), layer)
```

DenseBlock은 차례대로 레이어를 추가하는 시퀀스 모듈이다. 블록의 생성자의 레이어 수 매개변수(`num_layers`)만큼 `_Denselayer` 객체를 만들고, `_DenseBlock` 객체에 이 레이어를 순서에 맞게 추가한다. 마법과 같은 모든 기능은 DenseLayer 내부에서 일어난다. DenseLayer 내부에서 어떤 일이 일어나는지 살펴보자.

DenseLayer

딥러닝 네트워크가 작동하는 방식을 이해하는 효과적인 방법 중 하나는 소스 코드를 직접 살펴보는 것이다. 파이토치는 매우 깔끔하고 잘 정리된 네트워크 구현 코드를 제공한다. 파이토치가 제공하는 코드는 가독성이 좋기 때문에 딥러닝 네트워크를 이해하는 데 효과적이다. 그럼 DenseLayer 구현 코드를 살펴보자.

```
class _DenseLayer(nn.Sequential):
    def __init__(self, num_input_features, growth_rate, bn_size, drop_rate):
        super(_DenseLayer, self).__init__()
        self.add_module('norm.1', nn.BatchNorm2d(num_input_features)),
        self.add_module('relu.1', nn.ReLU(inplace=True)),
        self.add_module('conv.1', nn.Conv2d(num_input_features, bn_size *
                        growth_rate, kernel_size=1, stride=1, bias=False)),
        self.add_module('norm.2', nn.BatchNorm2d(bn_size * growth_rate)),
        self.add_module('relu.2', nn.ReLU(inplace=True)),
        self.add_module('conv.2', nn.Conv2d(bn_size * growth_rate, growth_rate,
                        kernel_size=3, stride=1, padding=1, bias=False)),
        self.drop_rate = drop_rate

    def forward(self, x):
        new_features = super(_DenseLayer, self).forward(x)
        if self.drop_rate > 0:
            new_features = F.dropout(new_features, p=self.drop_rate,
training=self.training)
        return torch.cat([x, new_features], 1)
```

파이썬 클래스 상속 코드가 익숙치 않다면, 위 코드는 비직관적으로 보일 수도 있다. _DenseLayer는 nn.Sequential의 하위 클래스다. 생성자와 forward 메서드에서 어떤 일이 수행되는지 살펴보자.

생성자 __init__ 메서드에서는 입력 데이터가 전달될 모든 레이어이고, 순서대로 모델에 추가한다. __init__ 메서드는 지금까지 살펴본 다른 네트워크 아키텍처와 매우 유사하다.

마법은 forward 메서드에서 일어난다. 입력 데이터가 forward 메서드에 입력되면, _DenseLayer 클래스의 부모 클래스인 nn.Sequential의 forward 메서드가 실행된다. Sequenctial 클래스의 forward에서 동작하는 코드를 살펴보자. 원본 코드는 다음 주소에서 확인할 수 있다.

https://github.com/pytorch/pytorch/blob/409b1c8319ecde4bd62fcf98d0a6658ae7a4ab23/torch/nn/modules/container.py

```
def forward(self, input):
    for module in self._modules.values():
        input = module(input)
    return input
```

입력 데이터는 이전에 Sequential 블록에 추가된 모든 레이어에 전달된다. 그리고 출력은 입력에 연결된다. 이 과정은 블록에 레이어 수만큼 반복된다.

DenseNet 블록의 작동 방식에 대한 이해를 바탕으로, DenseNet을 이용해 컨볼루션 피처를 미리 계산하고, 이 연산 결과를 이용해 분류 모델을 만드는 방법을 살펴본다. 아키텍처 수준에서 보면 DenseNet 구현체는 VGG 구현체와 매우 유사하다. 또한 DenseNet 구현체는 1개의 피처 모듈과 1개의 분류 모듈로 구성된다. 모든 Dense 블록은 이 피처 모듈에 포함된다. 그리고 분류 모듈에는 전연결 모델이 포함돼 있다. 다음 절에서 이 모델을 구축해본다. 데이터 로더와 데이셋을 만드는 방법과 같이 ResNet, 인셉션에 설명한 것과 유사한 부분은 건너뛸 것이다. 앞으로 다음과 같은 단계를 다룰 것이다.

- DenseNet 모델 만들기
- DenseNet 피처 추출
- 데이터셋과 로더 만들기
- 전연결 모델을 생성하고 학습

지금까지의 코드는 대부분 매우 명확하고 자기 기술적이다.

DenseNet 모델 생성

파이토치 torchvision 패키지는 121, 161, 169, 201 레이어의 미리 학습된 DensNet 모델을 제공한다. 레이어 크기와 사전 학습 여부는 생성자 매개변수로 선택할 수 있다. 이 절에서는 121개 레이어 모델을 만들어본다. 앞에서 설명한 것처럼, DenseNet 모델은 2개의 모듈로 구성된다. 하나는 덴스 블록으로 구성된 피처 모듈이고, 나머지 하나는 분류기 모듈로 전연결 블록을 포함한다. 예제에서 DenseNet을 이미지 피처 추출기로 사용할 것이기 때문에 여기에서는 피처 모듈만을 사용한다.

```
my_densenet = densenet121(pretrained=True).features
if is_cuda:
    my_densenet = my_densenet.cuda()

for p in my_densenet.parameters():
    p.requires_grad = False
```

이제 이미지를 입력해 DenseNet 피처를 추출해보자.

DenseNet 피처 추출

전에 인셉션에서 했던 것과 매우 비슷한 작업을 진행한다. 다른 점이 있다면 피처를 추출하기 위해 `register_forward_hook`을 사용하지 않는다는 점이다. 다음 코드는 DenseNet 피처를 추출하는 방법을 보여준다.

```
# 학습 데이터셋을 위한 리스트
trn_labels = []
trn_features = []

# 학습 데이터셋의 DenseNet 피처를 저장
for d,la in train_loader:
    o = my_densenet(Variable(d.cuda()))
    o = o.view(o.size(0),-1)
    trn_labels.extend(la)
    trn_features.extend(o.cpu().data)

# 검증 데이터셋을 위한 리스트
val_labels = []
val_features = []

# 검증 데이터셋의 DenseNet 피처를 저장
```

```
for d,la in val_loader:
    o = my_densenet(Variable(d.cuda()))
    o = o.view(o.size(0),-1)
    val_labels.extend(la)
    val_features.extend(o.cpu().data)
```

위 코드는 ResNet, 인셉션에서 살펴봤던 코드와 매우 유사하다.

데이터셋과 로더 만들기

ResNet 예제에서 만들었던 FeaturesDataset 클래스를 사용한다. 다음 코드에서는 FeaturesDataset 클래스를 이용해 학습 데이터셋과 검증 데이터셋을 위한 데이터 로더를 만든다.

```
# 학습과 검증 컨볼루션 피처를 위한 데이터셋 생성
trn_feat_dset = FeaturesDataset(trn_features,trn_labels)
val_feat_dset = FeaturesDataset(val_features,val_labels)

# 학습과 검증 데이터셋의 배치 처리를 위한 데이터 로드 생성
trn_feat_loader = DataLoader(trn_feat_dset,batch_size=64,shuffle=True,
drop_last=True)
val_feat_loader = DataLoader(val_feat_dset,batch_size=64)
```

이제 모델을 만들고 학습을 진행할 차례다.

전연결 모델을 생성하고 학습

ResNet, 인셉션에서 사용한 것과 같은 단순한 선형 모델을 사용한다. 모델을 학습하는 데 사용할 네트워크 아키텍처는 다음 코드와 같이 구현된다.

```
class FullyConnectedModel(nn.Module):

    def __init__(self,in_size,out_size):
```

```
        super().__init__()
        self.fc = nn.Linear(in_size,out_size)

    def forward(self,inp):
        out = self.fc(inp)
        return out

fc = FullyConnectedModel(fc_in_size,classes)
if is_cuda:
    fc = fc.cuda()
```

위 코드에서 만든 모델을 학습시키기 위해 다음 fit 메서드를 사용한다. 다음 코드에서 학습 코드와 그 실행 결과를 확인할 수 있다.

```
train_losses , train_accuracy = [],[]
val_losses , val_accuracy = [],[]
for epoch in range(1,10):
    epoch_loss, epoch_accuracy = fit(epoch,fc,trn_feat_loader,phase='training')
    val_epoch_loss , val_epoch_accuracy = fit(epoch,fc,
    val_feat_loader,phase='validation')
    train_losses.append(epoch_loss)
    train_accuracy.append(epoch_accuracy)
    val_losses.append(val_epoch_loss)
    val_accuracy.append(val_epoch_accuracy)
```

위 학습 코드의 결과는 다음과 같다.

```
# 실행 결과

training loss is 0.057 and training accuracy is 22506/23000 97.85
validation loss is 0.034 and validation accuracy is 1978/2000 98.9
training loss is 0.0059 and training accuracy is 22953/23000 99.8
validation loss is 0.028 and validation accuracy is 1981/2000 99.05
training loss is 0.0016 and training accuracy is 22974/23000 99.89
validation loss is 0.022 and validation accuracy is 1983/2000 99.15
training loss is 0.00064 and training accuracy is 22976/23000 99.9
```

```
validation loss is 0.023 and validation accuracy is 1983/2000 99.15
training loss is 0.00043 and training accuracy is 22976/23000 99.9
validation loss is 0.024 and validation accuracy is 1983/2000 99.15
training loss is 0.00033 and training accuracy is 22976/23000 99.9
validation loss is 0.024 and validation accuracy is 1984/2000 99.2
training loss is 0.00025 and training accuracy is 22976/23000 99.9
validation loss is 0.024 and validation accuracy is 1984/2000 99.2
training loss is 0.0002 and training accuracy is 22976/23000 99.9
validation loss is 0.025 and validation accuracy is 1985/2000 99.25
training loss is 0.00016 and training accuracy is 22976/23000 99.9
validation loss is 0.024 and validation accuracy is 1986/2000 99.3
```

위 알고리즘은 학습 데이터셋에 대해 99%의 정확도를 보이고 검증 데이터셋에 대해서도 99%의 정확도를 달성하는 것을 확인할 수 있다. 검증 데이터셋을 만들 때 이미지 구성이 달라질 수 있고, 이러한 차이에 따라 위 결과는 달라질 수 있다.

DenseNet은 다음과 같은 장점을 갖는다.

- 필요한 파라미터 수를 상당히 줄일 수 있다.
- 베니시 그레이디언트 문제를 완화시킨다.
- 피처를 재사용할 수 있다.

다음 절에서는 ResNet, DenseNet, 인셉션의 여러 모델을 사용해, 미리 계산된 컨볼루션 피처의 장점을 결합하는 하나의 모델을 만드는 방법에 대해 알아본다.

앙상블 모델

이제 여러 모델을 결합해 더 강력한 모델을 만들어볼 차례다. 이런 형태의 모델을 앙상블 모델이라고 한다. 앙상블 모델을 구축하는 데에는 다양한 기법이 있다. 이 절에서는 세 가지 모델(ResNet, DenseNet, 인셉션)이 만든 컨볼루션 피처를 이용해 출력을 만드는 방법에 대해 알아본다. 8장의 다른 예제에서 사용한 것과 같은 데이터셋을 사용한다.

앙상블 모델 아키텍처는 그림 8.7과 같다.

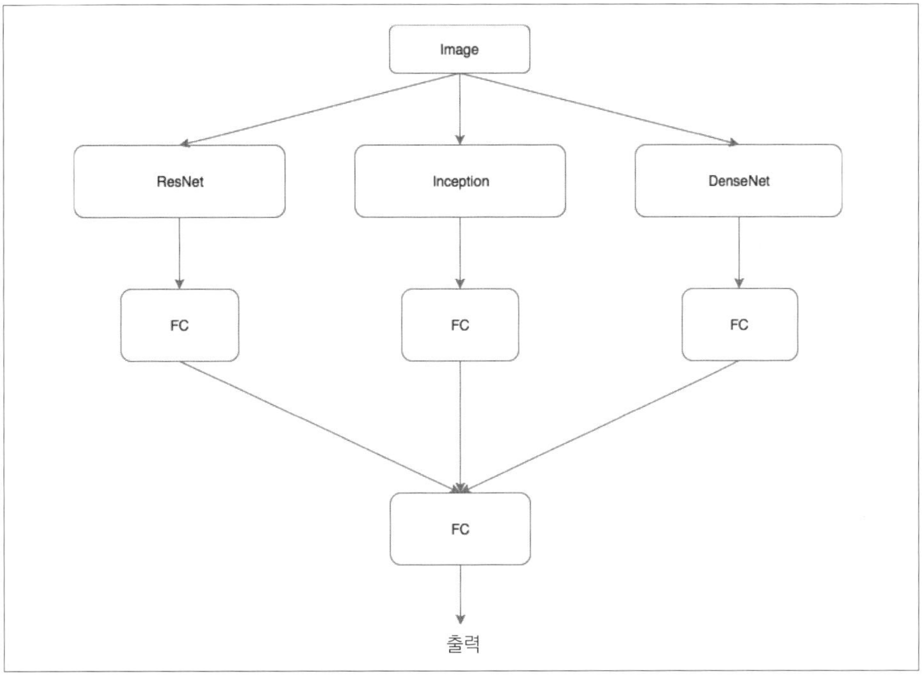

▲ **그림 8.7** 앙상블 모델 아키텍처

위 이미지는 앙상블 모델을 만들기 위해 무엇을 할지 보여준다. 이것을 다음과 같이 요약할 수 있다.

1. 3개 모델 만들기
2. 생성한 모델을 이용해 이미지 피처 추출
3. 레이블과 함께 세 가지 모델의 모든 피처를 반환하는 사용자 정의 데이터셋 생성
4. 위 그림 아키텍처와 유사한 모델 만들기
5. 모델을 학습시키고 검증

각 단계를 자세히 살펴보자.

3개 모델 만들기

앙상블 모델에서 3개 모델을 다음 코드와 같이 만들 수 있다.

```
# ResNet 모델 생성
my_resnet = resnet34(pretrained=True)

if is_cuda:
    my_resnet = my_resnet.cuda()

my_resnet = nn.Sequential(*list(my_resnet.children())[:-1])

for p in my_resnet.parameters():
    p.requires_grad = False

# 인셉션 모델 생성

my_inception = inception_v3(pretrained=True)
my_inception.aux_logits = False
if is_cuda:
    my_inception = my_inception.cuda()
for p in my_inception.parameters():
    p.requires_grad = False

# DenseNet 모델 생성

my_densenet = densenet121(pretrained=True).features
if is_cuda:
    my_densenet = my_densenet.cuda()

for p in my_densenet.parameters():
    p.requires_grad = False
```

이렇게 3개 모델을 만들었으면, 이제 이미지를 입력하고 이미지 피처를 추출해보자.

이미지 피처 추출

이 절에서는 8장에서 개별적으로 살펴본 3개 알고리즘을 결합한다.

```
### ResNet 네트워크
trn_labels = []
trn_resnet_features = []
for d,la in train_loader:
      o = my_resnet(Variable(d.cuda()))
      o = o.view(o.size(0),-1)
      trn_labels.extend(la)
      trn_resnet_features.extend(o.cpu().data)
val_labels = []
val_resnet_features = []
for d,la in val_loader:
      o = my_resnet(Variable(d.cuda()))
      o = o.view(o.size(0),-1)
      val_labels.extend(la)
      val_resnet_features.extend(o.cpu().data)

### 인셉션 네트워크

trn_inception_features = LayerActivations(my_inception.Mixed_7c)
for da,la in train_loader:
      _ = my_inception(Variable(da.cuda()))

trn_inception_features.remove()

val_inception_features = LayerActivations(my_inception.Mixed_7c)
for da,la in val_loader:
      _ = my_inception(Variable(da.cuda()))

val_inception_features.remove()

### DenseNet 네트워크


trn_densenet_features = []
```

```
for d,la in train_loader:
      o = my_densenet(Variable(d.cuda( )))
      o = o.view(o.size(0),-1)
      trn_densenet_features.extend(o.cpu( ).data)

val_densenet_features = []
for d,la in val_loader:
      o = my_densenet(Variable(d.cuda( )))
      o = o.view(o.size(0),-1)
      val_densenet_features.extend(o.cpu( ).data)
```

지금까지 3개 모델을 사용해 이미지 피처를 만들었다. 메모리 문제가 발생했다면, 모델 중 1개를 제거하거나 메모리에 피처를 저장하는 단계를 중단할 수 있다. 피처를 메모리에 저장하지 않을 경우 학습은 느려질 것이다. 클라우드상에서 CUDA 인스턴스를 사용하는 상황에서 메모리 부족 현상이 발생했다면, 더 상위 사양 인스턴스로 전환해 문제를 해결할 수도 있다.

데이터 로더와 사용자 정의 데이터셋 생성

지금까지 사용했던 FeaturesDataSet 클래스는 1개 모델만 출력하도록 개발됐기 때문에 이번 앙상블 모델에 사용할 수 없다. 따라서 3개 모델의 피처를 모두 수용할 수 있도록 FeaturesDataset 클래스를 다음 코드와 같이 약간 수정해 사용한다.

```
class FeaturesDataset(Dataset):

    def __init__(self,featlst1,featlst2,featlst3,labellst):
        self.featlst1 = featlst1
        self.featlst2 = featlst2
        self.featlst3 = featlst3
        self.labellst = labellst

    def __getitem__(self,index):
        return (self.featlst1[index],self.featlst2[index],self.
```

```
featlst3[index],self.labellst[index])

    def __len__(self):
        return len(self.labellst)

trn_feat_dset = FeaturesDataset(trn_resnet_features,trn_inception_features.
features,trn_densenet_features,trn_labels)
val_feat_dset = FeaturesDataset(val_resnet_features,val_inception_features.
features,val_densenet_features,val_labels)
```

다른 모델에서 생성된 모든 피처를 저장하는 __init__ 메서드와 이미지의 피처와 레이블을 검색하는 __getitem__ 메서드를 변경했다. FeaturesDataset 클래스를 사용하면 학습 데이터와 검증 데이터 모두에 사용할 데이터셋 인스턴스를 만들 수 있다. 이렇게 데이터셋이 만들어지면, 다음 코드로 데이터를 배치 처리하는 데이터 로더를 만들 수 있다.

```
trn_feat_loader = DataLoader(trn_feat_dset,batch_size=64,shuffle=True)
val_feat_loader = DataLoader(val_feat_dset,batch_size=64)
```

앙상블 모델 만들기

앞에서 소개한 아키텍처 다이어그램과 같은 모델을 만들어야 한다. 다음은 이 아키텍처의 구현 코드다.

```
class EnsembleModel(nn.Module):

    def __init__(self,out_size,training=True):
        super().__init__()
        self.fc1 = nn.Linear(8192,512)
        self.fc2 = nn.Linear(131072,512)
        self.fc3 = nn.Linear(82944,512)
        self.fc4 = nn.Linear(512,out_size)
```

```
    def forward(self,inp1,inp2,inp3):
        out1 = self.fc1(F.dropout(inp1,training=self.training))
        out2 = self.fc2(F.dropout(inp2,training=self.training))
        out3 = self.fc3(F.dropout(inp3,training=self.training))
        out = out1 + out2 + out3
        out = self.fc4(F.dropout(out,training=self.training))
        return out

em = EnsembleModel(2)
if is_cuda:
    em = em.cuda()
```

앞에 코드에서 서로 다른 모델에서 생성된 피처를 가져오는 3개의 선형 레이어를 만들었다. 이 3개의 선형 레이어의 모든 출력을 합한 후 필요한 선형 레이어에 대응하는 다른 선형 레이어로 전달한다. 모델의 과적합을 방지하기 위해 드롭아웃을 적용했다.

모델 학습시키고 검증

데이터 로더에서 생성된 3개의 입력값을 수용하려면 fit 메서드를 약간 변경해야 한다. 새로운 fit 함수는 다음과 같이 작성될 수 있다.

```
def fit(epoch,model,data_loader,phase='training',volatile=False):
    if phase == 'training':
        model.train()
    if phase == 'validation':
        model.eval()
        volatile=True
    running_loss = 0.0
    running_correct = 0
    for batch_idx , (data1,data2,data3,target) in enumerate(data_loader):
        if is_cuda:
            data1,data2,data3,target = data1.cuda(),data2.cuda(),data3.
cuda(),target.cuda()
        data1,data2,data3,target = Variable(data1,volatile),Variable(data2,
volatile),Variable(data3,volatile),Variable(target)
```

```
        if phase == 'training':
            optimizer.zero_grad()
        output = model(data1,data2,data3)
        loss = F.cross_entropy(output,target)

        running_loss += F.cross_entropy(output,target,size_average=False).data[0]
        preds = output.data.max(dim=1,keepdim=True)[1]
        running_correct += preds.eq(target.data.view_as(preds)).cpu().sum()
        if phase == 'training':
            loss.backward()
            optimizer.step()

    loss = running_loss/len(data_loader.dataset)
    accuracy = 100. * running_correct/len(data_loader.dataset)

    print(f'{phase} loss is {loss:{5}.{2}} and {phase} accuracy is {running_
correct}/{len(data_loader.dataset)}{accuracy:{10}.{4}}')
    return loss,accuracy
```

위의 코드에서 볼 수 있듯이, 데이터 로더가 3개의 입력과 하나의 레이블을 반환한다는 점을 제외하면 대부분의 코드는 같다.

모델을 학습시키는 코드는 다음과 같다.

```
train_losses , train_accuracy = [],[]
val_losses , val_accuracy = [],[]
for epoch in range(1,10):
    epoch_loss, epoch_accuracy = fit(epoch,em,trn_feat_loader,phase='training')
    val_epoch_loss , val_epoch_accuracy = fit(epoch,em,val_feat_
loader,phase='validation')
    train_losses.append(epoch_loss)
    train_accuracy.append(epoch_accuracy)
    val_losses.append(val_epoch_loss)
```

위 코드를 실행하면 다음과 같은 결과가 출력된다.

```
# 결과

training loss is 7.2e+01 and training accuracy is 21359/23000 92.87
validation loss is 6.5e+01 and validation accuracy is 1968/2000 98.4
training loss is 9.4e+01 and training accuracy is 22539/23000 98.0
validation loss is 1.1e+02 and validation accuracy is 1980/2000 99.0
training loss is 1e+02 and training accuracy is 22714/23000 98.76
validation loss is 1.4e+02 and validation accuracy is 1976/2000 98.8
training loss is 7.3e+01 and training accuracy is 22825/23000 99.24
validation loss is 1.6e+02 and validation accuracy is 1979/2000 98.95
training loss is 7.2e+01 and training accuracy is 22845/23000 99.33
validation loss is 2e+02 and validation accuracy is 1984/2000 99.2
training loss is 1.1e+02 and training accuracy is 22862/23000 99.4
validation loss is 4.1e+02 and validation accuracy is 1975/2000 98.75
training loss is 1.3e+02 and training accuracy is 22851/23000 99.35
validation loss is 4.2e+02 and validation accuracy is 1981/2000 99.05
training loss is 2e+02 and training accuracy is 22845/23000 99.33
validation loss is 6.1e+02 and validation accuracy is 1982/2000 99.1
training loss is 1e+02 and training accuracy is 22917/23000 99.64
validation loss is 5.3e+02 and validation accuracy is 1986/2000 99.3
```

위 결과를 보면 앙상블 모델은 학습 데이터셋에 대해 99.6%의 정확도와 검증 데이터셋에 대해 99.3%의 정확도를 달성하고 있다. 앙상블 모델은 강력하지만, 연산 비용이 많이 든다. 앙상블 모델은 캐글과 같은 데이터 분석 경쟁 대회와 같이 문제를 해결할 때 사용하기 좋은 기법이다.

인코더-디코더 아키텍처

이 책에서 지금까지 살펴본 대부분 딥러닝 알고리즘은 학습 데이터를 해당 레이블에 매핑하는 모델이었다. 이 모델들은 시퀀스 데이터를 학습하거나 다른 시퀀스나 이미지를 생성하는 작업에는 적합하지 않다. 이런 시퀀스 데이터를 처리해야 하는 애플리케이션에는 다음과 같은 것들이 있다.

- 언어 번역
- 이미지 자막Image Captioning
- 이미지 생성(seq2img)
- 음성 인식
- 질문 답변 시스템Question answering

대부분 이런 문제는 sequence–to–sequence 매핑의 형태로 볼 수 있으며, 이는 인코더–디코더Encoder-Decoder 아키텍처라는 아키텍처 형태를 사용해 해결할 수 있다. 이 절에서는 인코더–디코더 아키텍처를 대략적으로 살펴본다. 인코더–디코더 아키텍처 구현 코드는 다루지 않을 것이다. 인코더–디코더 아키텍처에 대한 예제를 다루기 위해서는 추가적인 선행 학습과 연구가 필요하기 때문에 이 책의 범위를 넘어선다.

인코더–디코더 아키텍처는 다음과 같이 설명할 수 있다.

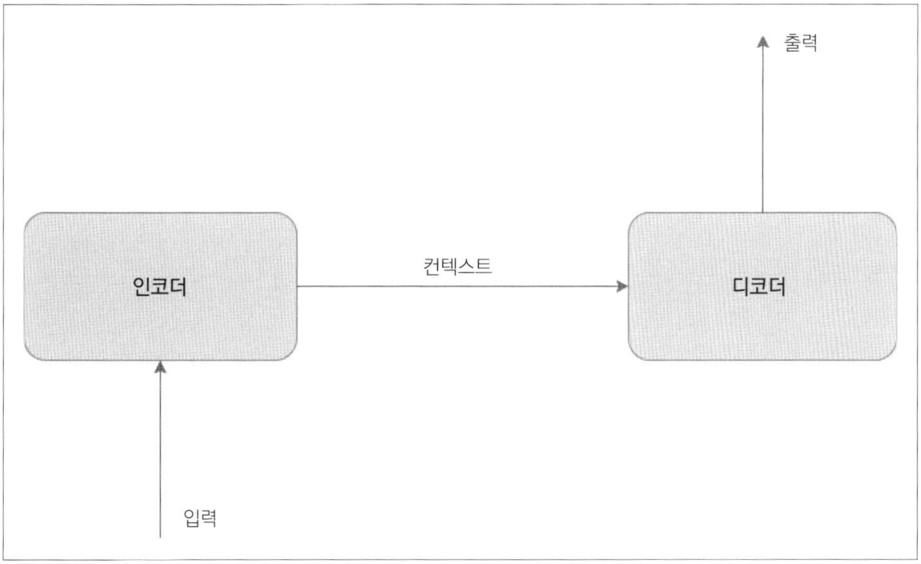

▲ **그림 8.8** 인코더–디코더 아키텍처

일반적으로 입력 데이터가 시퀀스 데이터일 경우 인코더는 RNN, 입력 데이터가 이미지 데이터일 경우 인코더는 CNN이다. 인코더는 입력받는 이미지 또는 시퀀스 데이터를 모든 정보를 보관하는 고정 길이 벡터로 변환한다. 디코더는 다른 RNN이거나 CNN이다. 디코더는 인코더가 생성한 벡터를 디코딩하고 새로운 시퀀스 데이터를 생성하는 것을 학습한다. 이미지 캡션 시스템의 인코더-디코더 아키텍처는 그림 8.9와 같은 형태로 묘사될 수 있다.

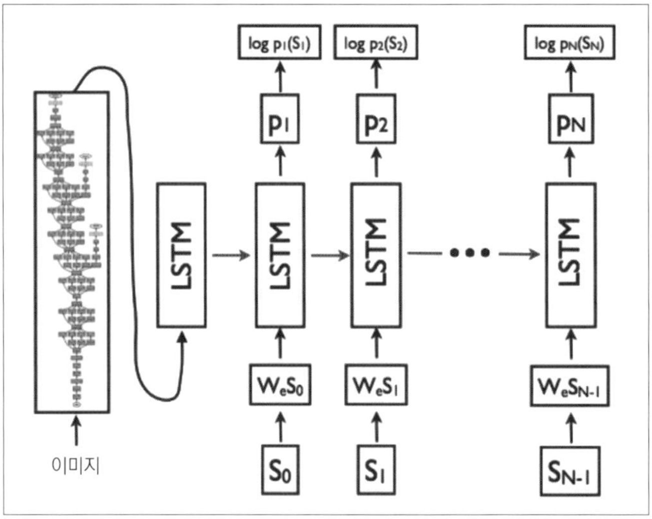

▲ **그림 8.9** 이미지 자막 시스템을 위한 인코더-디코더 아키텍처(출처: https://arxiv.org/pdf/1411.4555.pdf)

이미지 자막 시스템의 인코더-디코더 아키텍처 내부에서 일어나는 일에 좀 더 자세히 살펴보자.

인코더

이미지 자막 시스템의 경우 이미지에서 피처를 추출하기 위해 ResNet, 인셉션과 같은 사전 학습된 아키텍처를 사용한다. 앙상블 모델과 마찬가지로 선형 레이어를 사용해 고정된 벡터 길이를 출력한 후 해당 선형 레이어를 학습할 수 있게 만든다.

디코더

디코더는 이미지에 대한 자막을 생성하는 LSTM 레이어다. 간단한 모델을 만든다면, 입력으로써 인코더 임베딩을 LSTM에 한 번 전달한다. 그러나 이 경우에 디코더가 학습하기 꽤 어려울 수 있다. 이런 방식 대신 디코더의 모든 단계에 인코더 임베딩을 제공하는 방식이 더 일반적으로 사용된다. 디코더는 입력된 이미지의 자막을 가장 잘 설명하는 텍스트 시퀀스를 생성하는 것을 학습한다.

요약

8장에서는 ResNet, DenseNet, 인셉션 같은 최신 아키텍처에 대해 살펴봤다. 또한 이러한 모델을 이용해 전이 학습하는 방법과 앙상블 모델을 만드는 방법에 대해 알아봤다. 마지막으로 언어 번역 시스템과 같은 많은 시스템에 이용되는 인코더-디코더 아키텍처를 소개했다.

9장, '마지막 그리고 새로운 시작'에서는 이 책의 학습 과정에서 얻은 결론과 함께 이제 어디로 가야 할지에 대해 알아본다. 파이토치에 대한 많은 자료와 파이토치를 사용해 연구됐거나 개발 중인 멋진 학습 프로젝트에 대해 알아본다.

09

마지막 그리고 새로운 시작

이제 모든 여정이 끝났다. 9장까지 파이토치 딥러닝을 읽어준 여러분께 감사드린다. 여기까지 학습을 진행했다면, 파이토치로 딥러닝 애플리케이션을 개발하는 데 필요한 핵심 메커니즘과 API에 대해 명확한 이해를 하게 됐을 것이다. 이제는 파이토치 기본 블록을 사용하는 데 어려움이 없을 것이고, 이 기본 블록을 이용해 최신 딥러닝 알고리즘을 개발할 수 있을 것이다.

다음은?

9장에서는 지금까지 배운 내용을 요약하고 다양한 프로젝트와 추가 자료로 무엇이 있는지 살펴본다. 이 프로젝트와 자료는 최신 연구에 대한 정보를 통해 여러분은 딥러닝 최신 경향과 정보를 업데이트할 수 있을 것이다.

개요

지금까지 학습한 것들 다시 한번 간략하게 되짚어보자.

- 인공지능, 머신 러닝의 역사: 하드웨어와 알고리즘이 크게 발전하면서 다양한 애플리케이션이 딥러닝으로 구현됐고, 큰 성공을 거뒀다.
- 신경망을 개발하기 위해 Variable, Tensor 및 nn.module과 같은 파이토치의 여러 빌딩 블록을 이용하는 방법에 대해 알아봤다.
- 데이터 전처리를 위한 파이토치 데이터셋, 텐서 배치 처리를 위한 데이터 로더, 네트워크 아키텍처를 만드는 데 필요한 torch.nn 패키지와 같은 신경망을 학습하는 데 필요한 여러 프로세스를 알아보고, 파이토치 오차 함수와 옵티마이저를 사용하는 방법에 대해 알아봤다.
- 머신 러닝 알고리즘을 학습시키는 과정에서 발생할 수 있는 과대적합, 과소적합과 같은 여러 이슈에 대해 알아보고, 과대적합 문제를 피하기 위해 이용되는 데이터 증식, 드롭아웃 그리고 배치 정규화와 같은 여러 기법에 대해 알아봤다.
- CNN을 구성하는 여러 빌딩 블록에 대해 알아보고, 사전에 학습된 모델을 사용하는 전이 학습에 대해 설명했다. 또한 모델을 훈련하는 데 걸리는 시간을 줄이기 위해 사전에 학습된 피처를 사용하는 기법에 대해 살펴봤다.
- 워드 임베딩에 대해 알아보고, 문장 분류 문제에 워드 임베딩을 사용하는 방법에 대해 살펴봤다. 그리고 사전 학습된 워드 임베딩을 사용하는 방법을 소개했다. 또한 RNN과 RNN의 변종인 LSTM에 대해 설명하고, 문장 분류 문제에 RNN과 LSTM을 사용하는 방법을 알아봤다.
- 생성 모델에 대해 알아보고, 파이토치로 예술적 스타일 트랜스퍼를 만들어봤다. 또한 GAN을 사용해 새로운 CIFAR 이미지를 만드는 방법을 소개했다. 또한 새로운 문장을 생성하거나 도메인 고유의 임베딩을 만드는 데 사용될 수 있는 언어 모델링 기술을 살펴봤다.

- ResNet, 인셉션, DenseNet 및 인코드-디코더 아키텍처와 같은 최신 아키텍처에 대해 알아봤다. 또한 전이 학습에 이 모델들을 사용하는 방법을 알아봤다. 그리고 이 모든 모델을 결합해 앙상블 모델을 만들어봤다.

연구 가치가 있는 흥미로운 아이디어

이 책에서 배운 개념 대부분은 딥러닝에 힘입어 현대 애플리케이션의 기초를 이루고 있다. 이 절에서는 컴퓨터 비전 및 자연어 처리[NLP]와 관련된 여러 흥미로운 프로젝트를 살펴본다.

객체 인식

이 책에서 살펴본 모든 예제는 주어진 이미지가 고양이인지 아니면 개인지를 감지하는 것이었다. 그러나 실세계의 문제는 여기에 국한되지 않는다. 현실 세계 문제에서는 다음과 같이 1개 이미지에서 여러 객체를 식별할 수 있어야 한다.

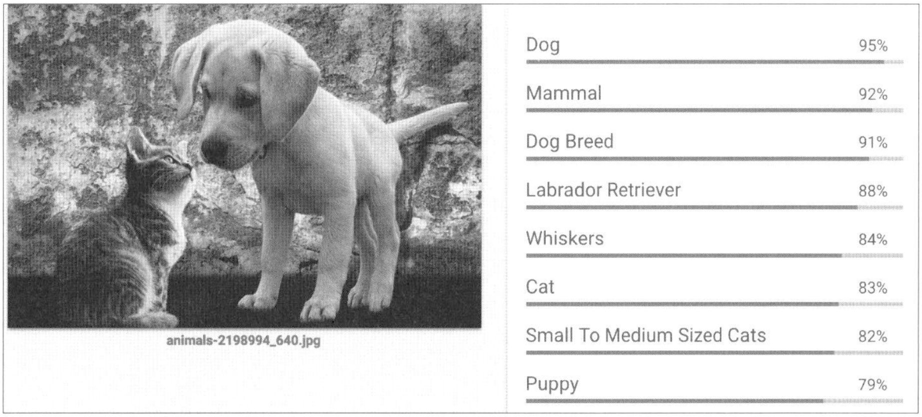

▲ **그림 9.1** 객체 인식 알고리즘의 출력

위 그림은 개와 고양이 같은 객체를 탐지하는 객체 탐지 알고리즘의 출력 결과를 보여준다. 상용 이미지 분류 알고리즘이 있는 것처럼, 객체 인식 시스템 구축을 돕는 뛰어난 다수의 알고리즘이 존재한다. 주요 객체 인식 알고리즘과 중요 논문 목록은 다음과 같다.

- SSD Single Shot Multibox Detector : https://arxiv.org/abs/1512.02325
- Faster RCNN: https://arxiv.org/abs/1506.01497
- YOLO2: https://arxiv.org/abs/1612.08242

이미지 분할

당신이 건물 테라스에서 이 책을 읽고 있다고 가정해보자. 당신 주위에 무엇이 보이는가? 여러분에게 보이는 것을 대략 그릴 수 있는가? 만약 여러분이 예술가라면, 아마도 여러분을 둘러싸고 있는 건물, 나무, 새 그리고 몇 가지 재미있는 것을 그릴 것이다. 이미지 분할 알고리즘은 유사한 것을 캡처하려고 한다. 이미지가 주어지면 각 픽셀의 예측을 생성한다. 다시 말해 각 픽셀이 어떤 클래스에 포함되는지 구분한다. 그림 9.2는 이미지 분할 알고리즘이 식별하는 것이 무엇인지를 보여준다.

▲ **그림 9.2** 이미지 분할 알고리즘의 출력

이미지 분할에 대해 더 알아보고 싶다면, 다음 주요 알고리즘을 확인해보기 바란다.

- R-CNN: https://arxiv.org/abs/1311.2524
- Fast R-CNN: https://arxiv.org/abs/1504.08083
- Faster R-CNN: https://arxiv.org/abs/1506.01497
- Mask R-CNN: https://arxiv.org/abs/1703.06870

파이토치 OpenNMT

OpenNMT^Open-Source Neural Machine Translation^(오픈소스 신경망 기계 번역) 프로젝트(https://github.com/OpenNMT/OpenNMT-py)는 인코더-디코더 아키텍처로 많은 애플리케이션 구축을 돕는다. OpenNMT를 이용해 번역 시스템, 텍스트 요약 및 이미지 텍스트 변환 애플리케이션을 만들 수 있다.

Alien NLP

Alian NLP는 복잡한 여러 NLP 작업을 단순하고 쉽게 만드는 오픈소스 프로젝트로, 파이토치를 기반으로 개발됐다. Alien NLP의 기능과 사용법을 이해하는 데는 다음 데모 페이지(http://demo.allennlp.org/machine-comprehension)가 유용하다.

FAST.AI – 신경망을 더 쉽게

딥러닝에 대한 학습과 더 큰 영감을 얻을 수 있는 곳 중에 하나가 바로 fast.ai(http://www.fast.ai) MOOC다. 위대한 멘토인 제르미 하워드와 레이첼 토머스는 모든 사람이 딥러닝을 할 수 있다는 것을 목표로 fast.ai를 만들었다. 제르미 하워드와 레이첼 토머스는 fast.ai의 커리큘럼을 위해 파이토치를 기반으로 놀라운 프레임워크(https://github.com/fastai/fastai)를 개발했다. 이 프레임워크를 사용하면 딥러닝 애플리케이션 개발이 더 쉽고

빨라진다. 아직 fast.ai 코스를 수강하지 않았다면, 지금 바로 시작할 것을 추천한다. fast.ai 프레임 워크가 어떻게 만들어졌는지 살펴보면 여러 강력한 기술과 기법에 대한 통찰력을 얻을 수 있을 것이다.

ONNX

ONNX(http://onnx.ai)는 프로젝트가 발전함에 따라 접합한 도구를 선택할 수 있도록 돕는 오픈 생태계를 향한 첫 번째 단계다. ONNX는 딥러닝 모델의 오픈소스 포맷을 제공한다. 이 오픈소스 포맷은 기본 연산자, 표준 데이터 형식과 확장 가능한 계산 그래프 모델을 정의한다. Caffe2, PyTorch, Microsoft Cognitive Toolkit, Apache MXNet 및 기타 딥러닝 도구가 ONNX을 지원하거나 개발 중에 있다. ONNX를 이용해 파이토치 모델에 프로덕트이오나이제이션Productionization[1] 기법을 적용할 수 있다.

지속적인 정보 업데이트 방법

딥러닝 분야의 최신 정보와 상태를 유지하는 데 있어 트위터와 같은 소셜 미디어 플랫폼은 매우 유용하다. 트위터에는 여러분들이 팔로우할 많은 사람이 있다. 누구를 팔로우해야 할지 잘 모르겠다면, 제르미 하워드(https://twitter.com/jeremyphoward)와 제르미 하워드가 팔로우하는 사람들을 추천한다. 그들을 팔로우하면, 여러분을 위해 트위터 추천 시스템이 작동한다.

여러분이 팔로우해야 하는 또 다른 중요한 트위터 계정은 바로 PyTorch(https://twitter.com/PyTorch)이다. PyTorch 계정은 많은 뛰어난 사람이 관리하고 있으며, 이 계정을 통해 많은 멋진 자료가 공유되고 있다.

1 Productionization은 프로토 타입을 튜닝해 프로덕션 전환을 쉽게 하는 기법이다. ONNX를 이용하면 파이썬 기반 프레임워크(파이토치, 텐서플로와 케라스)로 개발된 딥러닝 모델을 C++ 기반의 Caffe2로 변환할 수 있다. ONNX를 통해 개발 효율성이 높은 프레임워크로 딥러닝 모델을 개발한 후, 이 모델을 운영 효율성이 높은 모델로 변환해 운영하는 방식이 가능해진다. – 옮긴이

연구 논문을 찾고 있다면, 수많은 뛰어난 연구가가 논문을 발표하는 arxiv-sanity (http://www.arxiv-sanity.com/)를 살펴보라.

파이토치에 관한 추가 자료로는 파이썬 튜토리얼(http://pytorch.org/tutorials/), 소스 코드 (https://github.com/pytorch/pytorch) 및 공식 문서(https://pytorch.org/docs/stable/index.html)가 있다.

요약

지금까지 살펴본 것 외에도 딥러닝과 파이토치에는 더 많은 것이 있다. 파이토치는 비교적 새로운 프레임워크로 이 책을 집필할 당시 나이가 1살이었다. 파이토치에는 학습할 것과 탐구할 것들로 가득하다. 앞으로 파이토치와 함께하는 해피 러닝Happy Learning이 되길 바란다.

찾아보기

ㅅ

ㅇ

ㅈ

ㅊ

ㅋ

E

F

G

H

I

K

L

PyTorch로 시작하는 딥러닝

딥러닝 기초에서 최신 모던 아키텍처까지

발　행 | 2019년 2월 18일

지은이 | 비슈누 수브라마니안
옮긴이 | 김 태 완

펴낸이 | 권 성 준
편집장 | 황 영 주
편　집 | 이 지 은
디자인 | 박 주 란

에이콘출판주식회사
서울특별시 양천구 국회대로 287 (목동)
전화 02-2653-7600, 팩스 02-2653-0433
www.acornpub.co.kr / editor@acornpub.co.kr

ISBN 979-11-6175-259-4
ISBN 978-89-6077-210-6 (세트)
http://www.acornpub.co.kr/book/deep-learning-pytorch

이 도서의 국립중앙도서관 출판시도서목록(CIP)은 서지정보유통지원시스템 홈페이지(http://seoji.nl.go.kr)와
국가자료공동목록시스템(http://www.nl.go.kr/kolisnet)에서 이용하실 수 있습니다.(CIP제어번호: CIP2019003881)

책값은 뒤표지에 있습니다.